Kulturelle Entdeckungen
Frankfurt/Main-Taunus

Frankfurt am Main
Hochtaunuskreis
Main-Taunus-Kreis

W0041110

Kulturelle Entdeckungen
Frankfurt/Main-Taunus
Frankfurt am Main, Hochtaunuskreis, Main-Taunus-Kreis

© 2012
Sparkassen-Kulturstiftung
Hessen-Thüringen (Herausgeber)

Redaktion:
Dr. Thomas Wurzel (verantwortlich)
Marietta Lüders
Dr. Wolfgang Fritzsche, Kultur-Büro AHB, Gustavsburg

Satz und Layout:
Müller-Stoiber & Reuss, Darmstadt

Druck und Bindung:
Frotscher Druck GmbH, Darmstadt

Vertrieb:
Verlag Schnell & Steiner GmbH,
Leibnizstraße 13, 93055 Regensburg
www.schnell-und-steiner.de

ISBN 978-3-7954-2670-5

Zu beziehen über
die Sparkassen-Kulturstiftung Hessen-Thüringen,
die Touristikbüros in den beteiligten Landkreisen
und über den Buchhandel.

Inhalt

Grußwort der Landräte und des Oberbürgermeisters

Die Stadt Frankfurt am Main, der Hochtaunuskreis und der Main-Taunus-Kreis verstehen sich als das Herzstück der Rhein-Main-Region. Dabei ist zu denken an die Bevölkerungsdichte, die Wirtschaftskraft und den Sitz zahlreicher wichtiger Institutionen. Das gilt aber auch und vor allem für die Geschichtslandschaft und ihre kulturellen Schätze. Der Taunus und die Stadt Frankfurt bilden gemeinsam eine historische Landschaft, die zu zahlreichen Entdeckungen einlädt.

Die Handels- und Messestadt Frankfurt ist seit jeher der wirtschaftliche Bezugspunkt der Städte und Dörfer in ihrer Umgebung gewesen. Und umgekehrt ist der Taunus seit seiner ästhetischen Entdeckung in der beginnenden Romantik das „Hausgebirge" und bis heute das bevorzugte Erholungsgebiet der Frankfurter.

Der besondere Reichtum dieser kulturellen Landschaft liegt in ihrer historisch gewachsenen kleinteiligen Vielfalt: Die Reichsstadt Frankfurt, die Landgrafen von Hessen-Homburg und Hessen-Darmstadt, die Grafen und Fürsten von Nassau-Usingen, die Kurerzbischöfe von Mainz, später das Herzogtum Nassau und das Königreich Preußen − es waren zahlreiche Einflüsse, die sich hier auf engstem Raum begegneten und zu einer großen kulturellen Vielfalt beitrugen. Die Zeugnisse römischer Geschichte, die Burgen der mittelalterlichen Adelsgeschlechter wie der Herren von Eppstein und der Herren von Kronberg, die Schlossbauten seit der Renaissance bis in die Zeit um 1900, die Häuser der Stadtbürger, die Kirchen aller Konfessionen − eine Liste, die sich noch lange fortschreiben ließe und die in ihrer Buntheit in diesem Band einen lebendigen Ausdruck findet.

Viel Bekanntes, aber vor allem auch viel Unbekanntes wird beim Blättern in diesem Band zu finden sein. Wir hoffen, dass er dazu beiträgt, die Region, in der wir leben, noch besser kennen und lieben zu lernen und zu manchen interessanten Ausflügen einlädt. Entdeckungen hält die Geschichtslandschaft Taunus und Frankfurt in Fülle bereit − Kleinodien, die oft in aufopferungsvoller Arbeit, nicht selten ehrenamtlich, gepflegt, erforscht und für die Öffentlichkeit erschlossen werden. In diesem Engagement für unser kulturelles Erbe zeigt sich der Bürgersinn dieser Region in besonders schöner Weise.

Wir wünschen den „Kulturellen Entdeckungen Frankfurt/Main-Taunus" eine zahlreiche interessierte Leserschaft. Der Sparkassen-Kulturstiftung Hessen-Thüringen und allen beteiligten Personen und Institutionen gilt unser herzlicher Dank.

Im November 2012

Landrat des Main-Taunus-Kreises
Michael Cyriax

Oberbürgermeister der Stadt Frankfurt am Main
Peter Feldmann

Landrat des Hochtaunuskreises
Ulrich Krebs

Vorwort

Der vorliegende „Frankfurt/Main-Taunus"-Band der von der Sparkassen-Kulturstiftung Hessen-Thüringen gemeinsam mit den Sparkassen herausgegebenen Reihe „Kulturelle Entdeckungen" ist der Stadt Frankfurt am Main, dem Hochtaunuskreis und dem Main-Taunus-Kreis gewidmet.

Mit ihm liegt nun der letzte Regionalband der insgesamt achtbändigen Reihe vor, die vielfältige Entdeckungen und Sehenswürdigkeiten im Land Hessen vorstellt. Ihren Ursprung hatte die Reihe der „Kulturellen Entdeckungen" im Jahr 1995. Der erste Band widmete sich den südlichen Landkreisen Bergstraße, Darmstadt-Dieburg und dem Odenwaldkreis. Damals war der Verein Museumsstraße Odenwald-Bergstraße e.V. gemeinsam mit der Sparkassen-Kulturstiftung Hessen-Thüringen maßgeblich an der Entwicklung des Konzeptes beteiligt. Unter Einbeziehung der Städte Darmstadt und Offenbach sowie der Landkreise Groß-Gerau und Offenbach hat es hier bereits mehrere erheblich erweiterte Neuauflagen gegeben. Südhessen war der Auftakt einer Reihe, die neben drei Nordhessen gewidmeten Bänden, auch die Gebiete der hessischen Lahn, der Kinzig mit Vogelsberg und Wetterau und zuletzt Nassau durch detaillierte Darstellungen erschließt.

Die Verbindung zwischen der Stadt Frankfurt am Main und ihren westlichen Nachbarn, dem Hochtaunuskreis und dem Main-Taunus-Kreis, führt zu einer abwechslungsreichen und spannenden Zusammenstellung von kulturellen Entdeckungen. Es werden urbane Sehenswürdigkeiten mit dem charakteristischen Flair der Landkreise verbunden, wodurch sich für jeden Geschmack ein Impuls für die individuelle Freizeitgestaltung finden lässt. Auch soll das Interesse auf eher Unbekanntes gelenkt werden. Dabei locken nicht nur historische Gemäuer wie die Burg Eppstein oder das Bassenheimer Palais. In Bad Soden (Main-Taunus-Kreis) beispielsweise wurde 1990 das „Märchenschloss aus 1001er Nacht" als unkonventionelles Wohnhaus nach einem Entwurf des berühmten Wiener Künstlers Friedensreich Hundertwasser errichtet. Das Gebäude bricht mit konventionellen Architekturtraditionen und stellt sich als Gegensatz zu den meist streng klassizistischen Wohnhäusern in seiner Umgebung dar. Neben zahlreichen Baudenkmälern laden auch die landgräfliche Gartenlandschaft in Bad Homburg, der Waldfriedhof in Hofheim und besonders der Große Feldberg zu Spaziergängen und Wanderungen ein. Von dieser höchsten Erhebung des Taunus kann man die Geschichte der Region erwandern: Der nahe gelegene Limeserlebnispfad Hochtaunus entlang der einstigen römischen Reichsgrenze macht die Geschichte des Landes Hessen im Altertum sozusagen erlebbar. In Kronberg im Taunus kann man den Blick so in die Landschaft richten wie es einst Schüler der Kronberger Malerkolonie taten, die in ihren Bildern das einmalige Panorama festgehalten haben. Auch in Frankfurt lassen sich historische Entwicklungen nachverfolgen: So war die Arbeitersiedlung Zeilsheim zu Zeiten ihrer Entstehung in den Jahren ab 1900 eine der modernsten Werksiedlungen Deutschlands und steht heute unter Denkmalschutz. Zahlreiche Kirchen wie beispielsweise die Sankt Leonhardskirche unweit des Eisernen Stegs oder die Paulskirche in der alljährlich der Friedenspreis des Deutschen Buchhandels verliehen wird, zeugen von der großen Bedeutung Frankfurts zu nahezu allen Zeiten. Neben den „Alten Bekannten" wie der Deutschen Börse oder dem Römer bietet der neue Band der Sparkassen-Kulturstiftung Hessen-Thüringen auch einen Blick auf Kuriositäten in Frankfurt: In Oberrad gibt es das „Grüne-Soße-Denkmal" zu bestaunen, mit dem das traditionelle Leibgericht vieler Hessen gewürdigt wird und dessen Geschmack auch ortsfremde Besucher immer wieder erliegen. In dessen unmittelbarer Nähe befindet sich das „Ich-Denkmal", welches den Betrachter dazu einlädt, ein Teil des Denkmals zu werden und sich somit selbst ein Denkmal zu setzen – zumindest auf einem Erinnerungsfoto. Wie im Hochtaunuskreis und Main-Taunus-Kreis bestehen in Frankfurt Möglichkeiten, Spaziergänge inmitten einer prächtigen Flora zu unternehmen. In Bockenheim bietet dies der von Heinrich Siesmeyer entworfene Palmengarten sowie der 1828 eröffnete Hauptfriedhof, auf dem man Ruhestätten bekannter Frankfurter Bürger wie beispielsweise die von Theodor W. Adorno, dem Verleger Siegfried Unseld oder auch von Goethes Eltern entdecken kann. Die vorliegenden „Kulturellen Entdeckungen" zeigen, dass es in Frankfurt außer den stadtbildprägenden Hochhäusern vieles zu entdecken gibt.

Die Sehenswürdigkeiten werden in kurzen und informativen Texten vorgestellt. Der innere Aufbau folgt, wie in allen Bänden der Reihe, einem lexikografischen Prinzip, das eine schnelle Auffindbarkeit gewährleistet. Das nach Landkreisen geordnete Register erleichtert die Benutzung ebenso wie die ausklappbare Karte, die einen guten Überblick bietet. Jedem Text sind Informationen zur Zugänglichkeit, zu Öffnungszeiten, zur Anfahrt sowie Kontaktdaten vorangestellt. Die ausgewählten Bilder ermöglichen es, erste Eindrücke zu gewinnen, welche sich bei der persönlichen Entdeckungsreise vervollständigen lassen. Die Auswahl der Sehenswürdigkeiten soll die Attraktivität der Region widerspiegeln. Sie beansprucht keine Vollständigkeit, die sie weder geben kann noch möchte. Der Band soll eine Orientierung über kulturelle Entdeckungen in Frankfurt, dem Hochtaunuskreis und dem Main-Taunus-Kreis geben, die zu jeder Zeit durch eigene Erfahrungen ergänzbar ist.

Besonderer Dank gilt den Autorinnen und Autoren, die bei der Erstellung der „Kulturellen Entdeckungen" mit ihrem Wissen über die lokalen Gegebenheiten mitgewirkt haben. Gerade durch die enge Zusammenarbeit mit ortskundigen Bürgerinnen und Bürgern ist es uns möglich, „Entdeckungen" abseits bereits bekannter Pfade vorzustellen. Ohne das Wissen „aus der Region – für die Region" wäre die Erarbeitung der vorliegenden Publikation nicht in solcher Qualität möglich. Hervorzuheben ist ebenfalls die gute Zusammenarbeit mit Herrn Gregor Maier vom Hochtaunuskreis und Herrn Bert Worbs vom Main-Taunus-Kreis. Herzlich möchten wir Herrn Dr. Wolfgang Fritzsche danken, der auch an der Konzeption dieses Bandes wieder beteiligt war und maßgeblich zum Erscheinungsbild der Reihe beigetragen hat. Für die freundliche Unterstützung beim Zusammentragen der Abbildungen möchten wir uns bei allen Personen und Institutionen bedanken. Dieser Band der „Kulturellen Entdeckungen" entstand als Gemeinschaftswerk der Sparkassen-Kulturstiftung Hessen-Thüringen, der Frankfurter Sparkasse und der TaunusSparkasse. Wir wünschen uns, dass Sie als Leserin und Leser durch die Lektüre zu neuen Entdeckungstouren angeregt werden und dabei kulturelle Entdeckungen erleben werden.

Frankfurt am Main, im November 2012

Gerhard Grandke
Vorsitzender des Vorstandes der Sparkassen-Kulturstiftung Hessen-Thüringen

Verzeichnis der Orte
nach der Stadt Frankfurt am Main und den Landkreisen

Main-Taunus-Kreis

Zeichenerklärung

- ⊗ Lage
- ⊙ Träger
- ❶ Zugänglichkeit
- ❶ Infos

Bad Homburg v. d. Höhe

B

Die Dankeskirche mit Anleihen aus Speyer, Aachen, San Marco und Istanbul

Bad Homburg v. d. Höhe
Evangelische Erlöserkirche

⊗ Dorotheenstraße 1

⌂ Ev. Kirchengemeinde

🕐 Di–So 10–17 Uhr

ℹ Gemeindebüro
Dorotheenstraße 3, Tel. 06172 21089
www.erloeserkirche-badhomburg.de

Die evangelische Pfarrkirche war 1689 im Rahmen des damaligen Schlossbaus abgerissen worden. Um 1820 begann Landgraf Friedrich VI. Joseph mit ersten Planungen zu einem Neubau, die aber nicht realisiert wurden. Unter seinem Nachfolger, Landgraf Ferdinand, wurde der Gedanke 1865 wieder aufgegriffen, ein Kirchenbaufonds eingerichtet und ein Kirchenbaurat bestellt. Erst unter dem Patronat Kaiser Wilhelms II. und seiner Ehefrau Kaiserin Auguste Viktoria nahmen die Pläne Gestalt an. Nach Entwürfen des 1902 verstorbenen Berliner Oberbaurates Max Spitta wurde unter Leitung von Franz Schwechten in den Jahren 1903 bis 1908 von der Firma Holzmann die prachtvolle Erlöserkirche in neoromanischen Formen errichtet. Franz Schwechten entwarf im Auftrag Kaiser Wilhelms auch die Berliner Gedächtniskirche in Anlehnung an die Gelnhäuser Marienkirche. Die Erlöserkirche vereint Zitate aus sämtlichen bedeutenden kaiserlichen Kirchenbauten des frühen bis späten Mittelalters. Die Kubatur des Sandsteinbaus weist unübersehbar auf den Dom zu Speyer hin, der kreuzförmige Grundriss mit Emporen und Kuppeln im

11

B

Inneren zitiert in Form und Ausstattung die Pfalzkapelle zu Aachen und byzantinische Vorbilder wie die Chorakirche in Istanbul, die Kathedrale San Marco in Venedig oder die Kathedrale von Monreale auf Sizilien.

Das im gedämpften Licht der farbig komplett ausgestalteten Kirche alles überstrahlende Goldmosaik der Kuppel zeigt Christus Pankreator. Auf den ersten Blick erscheint er nahezu identisch mit seinen Vorbildern in der Chorakirche und in Monreale, bei genauerem Hinsehen aber ist er dem neuzeitlichen Christusbild entsprechend abgewandelt. So weist er mit freundlichem Blick auf die Bibel und segnet die Welt anstatt sie zu belehren. Das Mosaik entwarf Hermann Schaper, die Fenster in Grisailletechnik Alexander Linnemann aus Frankfurt und die Bauplastik Gotthold Riegelmann aus Charlottenburg.

Die Raumwirkung dieses ungestört und perfekt erhaltenen Dokuments wilhelminischer Repräsentation lässt sich besonders eindrucksvoll während der regelmäßig stattfindenden Orgelkonzerte genießen. ●

Bad Homburg v. d. Höhe
Heiliges Grab auf dem Reformierten Friedhof

⊗ Saalburgstraße

☁ Ev. Erlöserkirchengemeinde

ⓘ von außen frei zugänglich, Besichtigungen und Führungen nach Absprache
Tel. 06172-21089

ⓔ www.erloeserkirche-badhomburg.de

Auf dem reformierten Friedhof in Bad Homburg v. d. Höhe steht ein kleines Gebäude, dessen Funktion nur wenigen Besuchern bekannt ist. Es handelt sich um ein so genanntes Heiliges Grab, eine der Nachbildungen des Christus-Grabes der Jerusalemer Grabeskirche, wie sie in

Das Heilige Grab stammt eigentlich aus Gelnhausen

Europa vom frühen Mittelalter bis in die Neuzeit hinein errichtet wurden.

Das Bauwerk blickt auf eine bewegte Geschichte zurück. Errichtet wurde es im Jahr 1490 auf dem Friedhof der Marienkirche in Gelnhausen. Zu jener Zeit war es durchaus üblich, aus dem Heiligen Land neben anderen Reliquien auch die „richtigen" Maße des Grabes Christi mitzubringen, um dieses bedeutende, aber ferne Heiligtum in die eigene Lebenswelt zu übertragen. Mit solchen Stiftungen konnte man Ablass zeitlicher Sündenstrafen erlangen und darüber hinaus den Menschen umliegender Gegenden eine Heiliggrab-Wallfahrt ohne die Gefahren und Kosten einer langwierigen Reise ins Heilige Land ermöglichen.

Mit der Reformation verlor das kleine Bauwerk in Gelnhausen derlei Funktionen. Es wurde nur noch selten besucht und begann zu verfallen, bis es in den zwanziger Jahren des 19. Jahrhunderts dem Straßenbau weichen sollte. Als der Hessen-Homburgische Landgraf Friedrich VI. Joseph von dem drohenden Abriss erfuhr, beschloss er, das Heilige Grab zu erwerben und nach Homburg überführen zu lassen. Dort wurde es auf dem reformierten Friedhof gleichsam als Requisite in einem melancholischen Garten wieder aufgestellt.

B

Doch schon in den 1880er Jahren stand erneut ein Abriss zur Diskussion, diesmal wegen Baufälligkeit. Allein die Achtung Kaiser Wilhelms I. als damaligem Landesherrn vor der inzwischen ausgestorbenen Landgrafenfamilie ermöglichte eine umfassende Restaurierung, die jedoch letztlich nicht zu nachhaltiger Bekanntheit führte.

Nach einem erneuten über hundertjährigen Dornröschenschlaf wurde die abermals dringend notwendige und im Jahr 2004 hervorragend durchgeführte Restaurierung des Heiligen Grabes mit dem Hessischen Denkmalschutzpreis belohnt. ●

Bad Homburg v. d. Höhe
Jupitersäule

❌ Unterhalb des Saalburgrestaurants in südwestlicher Richtung im Wald

⛰ Land Hessen

ℹ jederzeit frei zugänglich

🌐 www.regionalgeschichte.net/ rheinhessen/mainz/.../jupitersaeule.html

Die im Jahre 1912 errichtete Jupitersäule stellt eine Kopie der 1904/05 in Mainz bei archäologischen Grabungen in etwa 2.000 Bruchstücken gefundenen Säule dar. Sie wurde nach Rekonstruktion der archäologischen Fundstücke von den Mainzer Bildhauern Eduard Schmahl und C. Nebel hergestellt.

Die 12,50 Meter hohe Säule ist nicht nur die älteste, sondern auch die größte Säule dieser Art, die in den römischen Provinzen gefunden wurde. Die Säule wurde als Weihedenkmal zu Ehren des Kaisers Nero zwischen 54 und 68 nach Christus von zwei Mainzer Kaufleuten bei Mainz errichtet. Die Jupitersäule besteht aus zwei hohen Sockeln, und dem runden Säulenschaft, der sich nach oben hin verjüngt und mit einem korinthischen Kapitell abschließt, und einer hoch aufgerichtete Jupiterfigur, die Blitze aus Bronze schleudert. Insgesamt sind auf der reich gestalteten Säule 28 Gottheiten als Reliefs abgebildet. Auf dem Sockel werden in einer Weiheinschrift sowohl die Bewohner der Siedlung als auch die Finanziers, die beiden Kaufleute Quintus Julius Priscus und Quintus Julius Auctus, genannt. Außerdem werden die beiden wohl einheimischen Bildhauer „[Samus] et Severus Venicarii f(ilii) sculpserunt" erwähnt. Auf dem unteren Sockel sind in großen Reliefs Jupiter, Fortuna, Minerva, Mercurius und Herakles, auf dem oberen Apollon und die beiden Dioskuren abgebildet. Auf den Säulentrommeln sind

Die Säule wurde zu Ehren Jupiters errichtet

13

B

Neptun, Diana, Victoria und Mars neben weniger bekannten Göttern zu sehen. Nach seinem Selbstmord verfiel Nero auf Anordnung des Senates der „damnatio memoriae": Alle Erinnerung an ihn sollte gelöscht werden. Sein Name wurde auf der Säule ausgeschlagen, allerdings sind die Reste noch lesbar. In der Endphase des Römischen Reichs wurde die Säule gründlich zerschlagen, denn inzwischen war das Christentum zur Staatsreligion erhoben worden und die heidnischen Götter mussten verschwinden.

Die rekonstruierten Originalteile der Säule befinden sich im Landesmuseum Mainz und sind seit 2010 wieder zu besichtigen. ●

Bad Homburg v. d. Höhe
Landgräfliche Gartenlandschaft

❌ Stadtmitte bis Stadtrand (ausgeschildert)

☁ Privat und öffentliche Hand

❶ teilweise zugänglich, Führungen nach Absprache

❶ Flyer, Infotafeln, www.bad-homburg.de

Die Landgräfliche Gartenlandschaft Bad Homburg ist eine der größten und bedeutendsten gartenkünstlerischen Schöpfungen in Deutschland – ähnlich dem praktisch zeitgleich entstandenen, aber besser bekannten Wörlitzer Park bei Dessau in Sachsen-Anhalt. Hier in Homburg, wie die Residenzstadt damals noch hieß, entstanden die Anlagen zwischen 1770 und 1840. Sie gehen vom Schloss und Schlosspark der Landgrafen aus. Von dort führt die schnurgerade Tannenwaldallee in Richtung Westen zum Wald am Taunushang. Entlang dieser Allee reih(t)en sich einzelne Gärten und Waldparks, die von den Mitgliedern der landgräflichen Familie gestaltet wurden und zumeist ihre Namen tragen: Der Englische Garten, der Louisgarten, der Gustavsgarten, der Kleine Tannenwald, der Ferdinandsgarten, das Heuchelheimer Hohlfeld als Bindeglied und schließlich der Philippsgarten. Der Gustavsgarten und der Kleine Tannenwald werden fortlaufend restauriert und sind tagsüber geöffnet.

Westlich des Gotischen Hauses folgen der Große Tannenwald mit Lustwald, Buschwiesen, Forst- und Hirschgarten und Elisabethenschneise. Bei jedem Park oder Waldstück – ob heute noch erhalten oder nur noch in historischen Karten ab-

Kleiner Tannenwald: Über den Teich führt eine Brücke zur sechseckigen „offenen Colonnade"

Im Gotischen Haus zeigt das Stadtmuseum auch einen „Homburger Hut"

B

zulesen – stehen Infotafeln mit Hinweisen auf die Geschichte und Lage der Gartenanlagen, zudem restauriert die Stadt Bad Homburg v. d. Höhe einige der Gärten.

In der Mitte der Achse Tannenwaldallee – Elisabethschneise steht das Gotische Haus und bietet sich als Startpunkt für Spaziergänge an. Schon jetzt findet der Besucher im Museum eine Abteilung, die Einblicke in das (garten)künstlerische Werk von Landgräfin Elizabeth und die Bedeutung des Gotischen Hauses innerhalb der landgräflichen Garten- und Landschaftsgestaltung gibt.

Steht man vor der Waldseite des Gotischen Hauses, befindet sich rechts in Höhe der Wohnblocks in einem Waldstück das sogenannte Pferdegrab, die Begräbnisstätte des Lieblingspferdes Madjar von Landgraf Friedrich V. Ludwig. Ein neuer Weg – Teil der Rekonstruktion der alten Landschaftsparks – führt daran vorbei und in den Lustwald hinein. ●

Bad Homburg v. d. Höhe
Gotisches Haus

- ❌ Dornholzhausen, Stadtrand (ausgeschildert)
- ☁ Stadt Bad Homburg v. d. Höhe
- 🕐 Di-Sa 14-17 Uhr, So 10-18 Uhr, Führungen zu Sonderausstellungen So 15 Uhr und nach Absprache
- ℹ Flyer, Infotafeln www.bad-homburg.de/museum

Das Gotische Haus ist ein Jagd- und Lustschlösschen im neogotischen Stil der Romantik. Es liegt in der Verlängerung der Tannenwaldallee, die das Homburger Schloss einst mit dem Großen Tannenwald verband. Im dortigen Hirschgarten wurden schon im 18. Jahrhundert Jagdgesellschaften abgehalten. Landgraf Friedrich VI. Joseph (1769-1829) wünschte deshalb, sich zum Festmahl mit seiner Jagdgesellschaft in der Nähe zurückziehen zu können.

Erst 1823, nachdem er die englische Prinzessin Elizabeth (1770-1840) geheiratet hatte, konnte die neue Landgräfin ihm diesen Wunsch erfüllen. Sehr wahrscheinlich stammen die Pläne für das Gebäude von ihr selbst. Schon für den Park von Windsor Castle hatte sie eine Ruine im gotischen Stil Englands, dem Tudorstil, entworfen. Diese Variante der Neogotik setzt das Gotische Haus in einzigartiger Weise auf europäischem Festland fort. Es wurde kein Kulissenbau wie das Gotische Haus im Park von Wörlitz und keine Ruine wie im Park von Windsor Castle, sondern ein großzügiger Speisesaal mit angrenzenden Räumlichkeiten.

Nachdem Friedrich VI. Joseph 1829 gestorben war, wechselte das Gebäude oft die Besitzer und seine innere und äußere Gestaltung. Schließlich bezog es die Stadt Bad Homburg v. d. Höhe 1985 mit dem Stadtarchiv und dem Städtischen Museum mit seinem sehr beliebten Museumscafé.

B

Die Sammlung des Museums umfasst bürgerliche Schenkungen und städtische Ankäufe und geht selbst auf eine Schenkung des Mäzens Alfred Lindheimer im Jahr 1916 zurück. Die Dauerausstellung zeigt Exponate zur Geschichte der Landgrafschaft, der Stadt und ihrer Entwicklung zum internationalen Kur- und Badeort, ein Hölderlin-Kabinett, das an die beiden Aufenthalte des Dichters in Homburg v. d. Höhe erinnert, eine Abteilung zu Mode und Hut mit ihrem Meisterstück, dem „Homburg Hut", und ein Münzkabinett. Regelmäßig wechselnde Sonderausstellungen widmen sich Einzelaspekten dieser kunst- und kulturgeschichtlichen Sammlung.　　●

Der auffällige, liebenswerte Bau im Kurpark bezeugt anschaulich das internationale, mondäne Flair des Badeortes

Bad Homburg v. d. Höhe
Russisch-orthodoxe Allerheiligen-Kirche

❌ Kaiser-Friedrich-Promenade 84

☁ Orthodoxe Gemeinde

ℹ Führungen im Rahmen der Kurparkführungen jeweils am 1. Dienstag im Monat 15 Uhr ab Kaiser-Wilhelm-Bad

ℹ Pfarrbüro: Am Elisabethenbrunnen 4, Tel. 06172 456209

Seit Gründung des Kurbades war Bad Homburg ebenso wie andere Modebäder ein Magnet auch für russische Besucher. Mit Schließung der Spielbank 1872 ging die Zahl der Besucher zunächst zurück, stieg aber dank eines deutschrussischen Handelsabkommens und dem damit verbundenen erleichterten Devisenhandel nach 1894 rasch wieder an. Der Bau der russischen Kirche im Kurpark ging auf die Initiative des Geheimen Staatsrates Alexander von Poworoff zurück, der in St. Petersburg die finanziellen Mittel für den Kirchenbau sammelte. Auf einem von der Stadt zur Verfügung gestellten Grundstück wurde unter der Leitung des Stadtbaumeisters Louis Jacobi die Kirche nach einem Entwurf des russischen Architekten Louis N. Benois in den Jahren 1896 bis 1899 errichtet. Sowohl bei der Grundsteinlegung als auch bei der Einweihung waren kaiserliche Gäste anwesend: 1896 kam Zar Nikolaus mit seiner Gemahlin Alexandra, einer Darmstädter Prinzessin, zur Einweihung am 22. September 1899 reiste Kaiserin Friedrich an.

Louis Benois, der zur selben Zeit die russische Kirche auf der Mathildenhöhe in Darmstadt baute, orientierte sich bei seinen Plänen an den altrussischen Kirchen des 16. und 17. Jahrhunderts, deren Schmuckfreude er mit den Formen und Materialien des deutschen Historismus kombinierte.

B

Das Haupttor, die Porta Praetoria, des Römerkastells Saalburg

Der kleine Zentralbau mit Sakristei-Anbau und offener Eingangshalle unter verschieden geneigten Satteldächern wurde aus hellem Werkstein und roten Verblendklinkern errichtet. Die Wandflächen sind farbenprächtig dekoriert mit horizontalen Schmuckbändern aus Klinkern und Friesen aus blau-grundigen, grün-bunten Keramikfliesen, vermutlich von dem damals weltweit führenden Hersteller Villeroy und Boch. Das typisch russische Aussehen verleihen die grazile Laterne mit goldglänzender Zwiebelhaube und die breiten, spitzenartigen, ebenfalls vergoldeten Blechbänder an den Dachkanten.

Der überkuppelte Innenraum wird von einer reich geschnitzten Ikonostase dominiert, die Ausmalung der Innenwände wurde nach den Plänen Benois' erst 1981 durch den Ikonenmaler Adam W. Russak ausgeführt. ●

Bad Homburg v. d. Höhe

Römerkastell Saalburg – Archäologischer Park

✖ Saalburg 1, 61350 Bad Homburg v. d. H.

◉ Land Hessen, hessenArchäologie

➊ März–Oktober täglich 9-18 Uhr,
November–Februar täglich außer Mo
9–16 Uhr, 25.–26. Dezember und
1. Januar von 9-16 Uhr,
24. und 31. Dezember geschlossen

➊ Tel. 06175 9374-0
www.saalburgmuseum.de

Zur Römerzeit war die Saalburg ein Kastell, das der Überwachung eines Limesabschnitts im Taunus diente. Der Limes bildete vom Beginn des 2. Jahrhunderts nach Christus für rund 150 Jahre die Grenze des Römischen Reichs zu den Stammesgebieten der Germanen. Im Kastell waren 600 Mann, Fußsoldaten und Reiter, stationiert. Ein Dorf mit Handwerker-, Händler- und Wirtshäusern,

B

Badeanlage und Gästehaus umgab das Kastell. Diesen Häusern sind zwei Gebäude nachempfunden, die heute als Kasse und Museumsshop dienen. Nach ersten archäologischen Untersuchungen Mitte des 19. Jahrhunderts wurde auf Initiative Kaiser Wilhelms II. das Kastell von 1897 bis 1907 als Freilichtmuseum wieder aufgebaut. Von 2003 bis 2009 erfolgte mit der Rekonstruktion weiterer Gebäude der Ausbau zu einem archäologischen Park. Im Jahr 2005 wurde der Limes, und damit auch die Saalburg, in die UNESCO-Liste des Welterbes aufgenommen.

Ein anschauliches und lebendiges Bild von der römischen Lebensweise erschließt sich dem Besucher auf seinem Rundgang durch das Kastell. Innerhalb der Umwehrung mit Mauer und vier Toren sind eine Reihe von Gebäuden wieder aufgebaut worden. Das Horreum, der Getreidespeicher, dient als Ausstellungsraum. Zahlreiche archäologische Funde dokumentieren die unterschiedlichsten Bereiche des alltäglichen Lebens: Essen und Trinken, Bauen und Handwerk, Waffen und Ausrüstung, Kleidung und Schmuck, Medizin und Körperpflege, Geldwesen und Religion. Das Praetorium, das Wohnhaus des Kommandanten, beherbergt die Verwaltung des Museums und das Saalburg-Forschungsinstitut. Das zentrale Stabsgebäude, die Principia, beeindruckt durch seine große Halle und den stimmungsvollen Innenhof. Zur Römerzeit lagen hier das Fahnenheiligtum, die Amtsräume, Schreibstuben und Waffenkammern. Die Fabrica ist den Werkstattgebäuden römischer Militärlager nachempfunden. In den Centuriae, den Mannschaftsbaracken, waren die einfachen Soldaten untergebracht. Zu sehen ist eine Mannschaftsstube, das Contubernium, in dem acht Soldaten auf engstem Raum gewohnt haben.   ●

Bad Homburg v. d. Höhe
Schloss

❌ Herrngasse

☁ Verwaltung der Staatlichen Schlösser und Gärten Hessen

☉ Park und Höfe tagsüber frei zugänglich

ℹ Tel. 06172 9262-150 oder -159
http://www.schloesser-hessen.de

Von 1678 bis 1686 ließ Landgraf Friedrich II. von Hessen-Homburg ein repräsentatives Schloss, die „Friedrichsburg", in Form einer regelmäßigen Barockanlage an der Stelle einer älteren Turmburg errichten. Baumeister war Paul Andrich, welcher Teile der alten Burg erhielt. Heute dominiert der von weitem sichtbare Weiße Turm der mittelalterlichen Anlage den oberen Hof. Um den notwendigen Bauplatz für die geplante Anlage zu erhalten, musste die alte evangelische Kirche weichen. Größere Umgestaltungen in klassizistische Formen erfuhr das Schloss unter Landgraf Friedrich VI. Joseph nach Plänen von Georg Moller in den Jahren 1835 bis 1840. Der Königsflügel im oberen Hof wurde aufgestockt, der Bibliotheksflügel umgebaut und die Innenausstattung dem Zeitgeschmack angepasst. Die letzte große Umbauphase erlebte das Schloss unter den Hohenzollern, die es von 1866 bis 1918 als Sommersitz nutzten.

Eingebettet in einen großzügigen Schlosspark erhebt sich die Residenz auf einem Sporn oberhalb der Altstadt. Die sechs Flügel gruppieren sich rechtwinklig um zwei hintereinander gestaffelte Höfe. Die Südwestecke des oberen Hofes wurde nicht geschlossen, da der ambitionierte Bau nie ganz vollendet wurde. Akzentuiert wird die noch stark in der Tradition der Renaissance stehende Anlage von zwei markanten Torbauten,

Das aufwendig gestaltete Portal im oberen Schlosshof

die jeweils in der Mittelachse den unteren und den oberen Schlosshof erschließen. Der Turmaufsatz über dem stadtseitigen Portal dient gleichzeitig als Glockenturm der Schlosskirche, in der sich die Gruft der Homburger Landgrafen befindet. Gestalterischer Höhepunkt der beiden aufwendig mit Pilastern, Beschlagwerk, Wappen und Löwenköpfen dekorierten Sandsteinportale ist zweifellos die Halbfigur des über dem Portal aus dem Gewände heraus reitenden Landgrafen Friedrich II. in Feldherrenpose im oberen Hof. Sie wurde von dem Aschaffenburger Bildhauer Zacharias Juncker dem Jüngeren geschaffen.

Mit dem Neubau im 17. Jahrhundert wurde auch das umgebende Terrain gestaltet und sukzessive bis ins 19. Jahrhundert in eine reizvolle, abwechslungsreiche Parklandschaft verwandelt. ●

Bad Homburg v. d. Höhe
Schlosshof

✖ Schloss

◗ Verwaltung der Staatlichen Schlösser und Gärten Hessen

❶ Park und Höfe tagsüber frei zugänglich

❶ Tel. 06172 9262-150 oder -159
http://www.schloesser-hessen.de

Von 1866 bis 1918 nutzten die Hohenzollern das Schloss als Sommersitz. Besonders Wilhelm II. schätzte die Aufenthalte in Bad Homburg sehr. Neben Umbauten im Inneren ließ er durch den Stadtbaumeister Louis Jacobi im Hof eine Loggia, die so genannte „romanische Halle", an den Speisesaal anbauen. Dafür hatte die russische Generalswitwe von Peter einige hervorragende romanische Kapitelle und Säulen aus dem späten 12. Jahrhundert, Teile des 1810 abgebrochenen Kreuzganges der Benediktinerabtei Brauweiler bei Köln, geschenkt. Diese Spolien hatte zunächst der franzö-

B

Rheinische Romanik im Schlosshof

sische Steuereinnehmer Dautzenberg erworben, um sie in seinem Gut bei Aachen einzubauen, verkaufte sie aber 1883 an General von Peter weiter. Jacobi rekonstruierte eine dreijochige Halle in enger Anlehnung an den bereits 1860-62 ebenfalls um wenige verbliebene Originalteile wieder rekonstruierten Kreuzgang von Brauweiler. Die Parallelen in der Geschichte: Da die Originalbauteile bis auf die Pfeiler mit den Ecksäulen alle verstreut aufbewahrt und unauffindbar waren, sind in Brauweiler die heutigen Doppelsäulchen mit ihren Kapitellen „eine mit neuen Formen versehene Kopie der Originale", wie man im Sanierungsbericht des Fraunhofer-Instituts liest. Heute ist die ehemalige Abtei Sitz des Rheinischen Landesamtes für Denkmalpflege – Schloss Homburg Sitz der Verwaltung der staatlichen Schlösser und Gärten Hessen. Einen Antrag auf Rückerstattung der Kapitelle nach Brauweiler hat es offenbar noch nicht gegeben. ●

Bad Homburg – Dornholzhausen

Herzberg

- 7 km nordwestlich vom Stadtzentrum
  50°15'19.91" N, 8°32'39.33" O
- Stadt Bad Homburg
- Lokal: Di–So 10–21 Uhr,
  im Winter bis 18 Uhr
- www.bad-homburg-tourismus.de

Aussichtstürme erfreuten sich im 19. Jahrhundert als Ausflugsziele größter Beliebtheit und wurden vorwiegend in Holz, manchmal auch mit Nebenverwendung als Wassertürme in Stein errichtet.

Seit 1878 konnten auch die Wanderer zum Herzberg von einem hölzernen Turm die weite Aussicht in die Mainebene bestaunen. Der 1885 gegründete Bad Homburger Taunusklub plante seit 1891, diesen Holzturm durch einen stabilen, gemauerten Turm zu ersetzen. 1910 lagen endlich die für den Bau erforderlichen 25.000 Goldmark bereit und der Klub konnte mit der konkreten Planung

B

beginnen. Kaiser Wilhelm II., in diesen Jahren ständiger Sommergast in Bad Homburg, beschäftigte sich persönlich intensiv mit der Gestaltung des Turmes. Einen ersten Entwurf des Stadtbaumeisters Louis Jacobi, der einen der damals modernen „Bismarcktürme" entworfen hatte, lehnte Wilhelm II. mit dem Hinweis ab, dieser habe keinen Bezug zu der benachbarten Saalburg, die gerade mit kaiserlicher Unterstützung rekonstruiert worden war, und verlangte einen Turm in Form eines römischen Wachturms. Ob es wirklich die Begeisterung für die römische Geschichte oder ob das Zerwürfnis mit seinem einstigen „eisernen Kanzler" dafür entscheidend war, den ersten Plan abzulehnen, lässt sich heute nicht mehr verifizieren. Jedenfalls wurde daraufhin mit Genehmigung des Kaisers nach den Plänen von Heinrich Foeller, einem Mitarbeiter des inzwischen verstorbenen Louis Jacobi, ein „römischer Wachturm" von 24,5 Metern Höhe errichtet.

Als Baumaterial griff man auf Taunusquarzit zurück, die Fachwerkaufbauten wurden in heimischem Eichenholz ausgeführt. Im Inneren führen 110 Stufen auf die Aussichtsplattform. Am 30. Juli 1911 fand unter großer Beteiligung der Bevölkerung die Einweihung des Turmes statt. Seit 1932 steht Wanderern die Gaststätte am Fuß des Turmes zur Verfügung. Der Turm, der inzwischen in Besitz der Stadt Bad Homburg ist, wurde 2007 grundlegend restauriert und ist seit Dezember 2008 wieder ein beliebtes Ausflugsziel für zahlreiche Familien und Wandergruppen aus der Region. ●

Bad Homburg – Kirdorf

Katholische Pfarrkirche Sankt Johannes

❌ Am Kirchberg 2

⬓ Kath. Pfarrgemeinde Kirdorf

❶ täglich geöffnet.

❶ Pfarrbüro Am Kirchberg 2
Tel. 06172 82184
www.st-johannes-hg.de

Kirdorf, heute Ortsteil von Bad Homburg, gehörte mit kurzer Unterbrechung zu Kurmainz und stellte somit eine katholische Enklave in protestantischer, hessischer Umgebung dar. Diese Besonderheit dürfte ausschlaggebend gewesen sein, in den 1850er Jahren einen derart gewaltigen Bau als vierte Kirche in Folge an derselben Stelle, auf einer Geländeterrasse oberhalb des alten Ortskerns, zu errichten. Aufgrund ihrer Größe wird Sankt Johannes auch gerne als „Taunusdom" bezeichnet. Finanziert wurde der in den Jahren 1858 bis 1862 erfolgte Bau von der Kirchengemeinde des kleinen, aber dank der Nachbarschaft zu dem

Der Herzbergturm bietet nach der Restaurierung wieder einen wunderbaren Blick ins Land

21

B

Die Doppelturmfassade und der Innenraum von Sankt Johannes

aufstrebenden Kurbad Homburg wirtschaftlich florierenden Dorf. Die Pläne erstellte der Mainzer Provinzialbaumeister Ignatz Opfermann. Aus Platzgründen drehte er allerdings das neue Schiff in Nordsüd-Richtung, weshalb der Chor im Norden statt im Osten liegt. Eingeweiht wurde Sankt Johannes durch den Mainzer Bischof Wilhelm Emmanuel von Kettler im Jahre 1862, seit 1884 gehört die Pfarrei zum Bistum Limburg.

Die Pseudobasilika mit Doppelturmfassade und Polygonchor wurde in spätklassizistischen, klar gegliederten Architekturformen mit starken Anklängen an die aufkommende Neoromanik errichtet. Sowohl die Geschosse der schlanken Fronttürme als auch das fünfachsige Langhaus und der Polygonchor werden von Lisenen und schmalen Blendbogen-

friesen gegliedert, das Freigeschoss der Türme wird durch rundbogig überfangene Biforenfenster belichtet. Der ursprünglich ganz im Sinne der Romantik konzipierte, unverputzte Bruchsteinbau mit Buntsandsteindekor wurde 1906 als Geschenk von Kaiser Wilhelm II. verputzt, nach der in Kirdorf sehr umstrittenen Eingemeindung.

Im Inneren überrascht der Taunusdom mit der lichten Weite seiner Gewölbe und der von 1923-25 geschaffenen, prachtvollen Ausmalung in einer Mischform aus Jugendstil und byzantinischem Stil durch den Offenburger Maler August Kolb und seinen drei Söhnen. Die vom Mainzer Orgelbauer Hermann Dreymann 1862 geschaffene Orgel steht ebenso wie die Kirche unter Denkmalschutz. ●

Bad Homburg Ober-Erlenbach

Katholische Kirche Sankt Martin

- ⊗ Ober-Erlenbacher Straße 9
- ⬙ Kath. Kirchengemeinde Sankt Martin zu Ober-Erlenbach
- ⊕ täglich 8-19 Uhr, außer während Gottesdiensten und anderen Veranstaltungen
- ⓘ Kath. Pfarrbüro Ober-Erlenbach
  Tel. 06172 41619
  www.st-martin-hg.de

B

Weithin sichtbar überragt der Turm der Kirche von Sankt Martin den alten Ortskern von Ober-Erlenbach. Genau genommen ist es gar kein Turm, sondern ein verschieferter dreistöckiger Dachreiter, wie er sich häufig auf protestantischen Kirchen in Oberhessen findet. Es scheint, als bilde er eine Einheit mit dem steinernen Mauerwerk des Kirchenkörpers. Kirchen mit einem solchen Unterbau findet man allerdings eher in der katholischen Gegend um Mainz. Dass die Ober-Erlenbacher Kirche sich an solche Vorbilder hält, ist nicht verwunderlich, denn das Dorf gehörte schon zum Kurfürstentum Mainz, als im Jahre 1765 die Sankt Martinskirche in ihrer heutigen Form unter dem Patronatsherrn Johann Philipp Graf von Ingelheim erbaut wurde.

Man betritt die Kirche über eine breite Freitreppe, von der man annehmen könnte, dass sie von Anfang an zum Kirchenbauensemble gehörte. Sie wurde erst nach dem Zweiten Weltkrieg gebaut, was meist nur die älteren Ober-Erlenbacher wissen.

Nach dem Betreten der Kirche befindet man sich in einem weiten, harmonischen Raum. Auch das Innere der Kirche erscheint auf den ersten Blick als Einheit. Tatsächlich sind die barocken Altäre erst zu Beginn des 19. Jahrhunderts nachträglich eingebaut worden. Sie stammen aus einem aufgelösten Kloster in Ilbenstadt. Die Stationsbilder des Kreuzweges und die Statuen dürften zumindest zum Teil ebenfalls aus diesem Kloster stammen. Für die prächtige Kanzel gibt es wiederum Vorbilder im Mainzer Raum.

Einheitlich in ihrem Erscheinungsbild ist auch das spätklassizistische Gehäuse mit der im Jahre 1839 vom bekannten Mainzer Orgelbaumeister Dreymann geschaffenen Orgel. Als eine der ältesten ihrer Art wirkt sie zwar äußerlich schlicht, zählt aber mit ihren 1.400 Pfeifen und 22 Registern zu den am besten im Original erhaltenen Instrumenten im Rhein-Main-Gebiet. ●

Das „barocke Schatzkästlein" über dem Dorf

Bad Soden

B

Bad Soden

Das Alte Badehaus im Kurpark

Altes Badehaus

❌ Parkstraße 1 / Königsteiner Straße 86

☁ Stadt Bad Soden

ⓘ von außen jederzeit frei zugänglich,
Museum und Galerie Mi, Sa und So
15–18 Uhr und nach Anmeldung
Stadtarchiv Mo-Do 8.30-16 Uhr und
Fr 8.30-12 Uhr nach Anmeldung
Tel. 06196 208-414

❶ www.bad-soden.de

Am Südhang des Burgberges wurde
1870/71 anstelle des Gradierwerkes ein
neues Badehaus in spätklassizistischen
Formen errichtet. Bei Baubeginn stellte
man jedoch fest, dass der Bauplatz im
Park für den schweren Bau mit gewölb-
ten Badekabinen nicht tragfähig war.
Mit erheblichen Kosten musste eine
Pfahlgründung eingebracht werden. Es
entstand ein langgestreckter, eingeschos-
siger Backsteinbau mit 19 Fensterachsen
in strenger axialer Lisenengliederung und
erhöhten Kopfbauten sowie fünfachsigem
Mittelrisalit, dessen mittlere drei Achsen
um jeweils ein Geschoss erhöht wurden.
Als der Bau fertig war, hatte er wenig Ähnlichkeit mit den Bauplänen. Die Fenster
waren zu klein und das neue Prunkstück
wurde spöttisch mit dem Pferdestall der
Bockenheimer Husarenkaserne vergli-
chen. Später wurden die Fenster wieder
ausgebrochen und durch große Rund-

bogenfenster ersetzt. Die Zinkdächer
waren undicht und der durchgefaulte
Dachstuhl musste bald ebenso ersetzt
werden, wie die Technik im Kesselhaus.

Im Zuge des Neubaus wurde der
gesamte Kurpark, der schon 1848 durch
den damaligen Frankfurter Stadtgärtner
Sebastian Rinz erweitert worden war,
durch seinen Nachfolger Andreas Weber
neu gestaltet. Der schlichte, spätklassizistische Bau wurde 1905/6 in allen Bau-
gliedern um ein Geschoss aufgestockt.
Im Anschluss an diese Baumaßnahme
wurde wiederum der Park erweitert, jetzt
durch die Gebrüder Ferdinand und
Philipp Siesmayer. 1914/15 wurde dem
Mitteltrakt des Badehauses ein repräsentativer Altan mit Balkon vorgebaut. Aus
dem spätklassizistischen Badehaus war
mit seiner stark gegliederten, flach
geneigten Dachlandschaft ein südlän-
disch anmutendes Schloss entstanden.
In den Eckbauten befanden sich die
Fürstenbäder, im Mitteltrakt das Maschinenhaus mit hohem Schornstein. In
den anschließenden Badeflügeln waren
je zwölf Badekabinen untergebracht.
Nach starken Kriegszerstörungen wurde
das Badehaus in den fünfziger Jahren
wiederhergestellt und modernisiert. In
den neunziger Jahren wurde es denkmalgerecht saniert und dabei auch die
Balustrade von 1914 rekonstruiert. ●

Bad Soden
Hundertwasserhaus

❌ Zum Quellenpark 38

🔼 Privatbesitz

ℹ️ von außen frei zugänglich

🔗 http://www.bad-soden.de
www.hundertwasser.at

Am Rande des alten Kurzentrums Quellenpark überrascht ein Wohnhaus, das mit allen Architekturtraditionen der Badestadt bricht, eine Großplastik in weichen, schwingenden Formen als Kontrapunkt zu den streng klassizistischen Wohnhäusern der Umgebung.

Das phantasievolle Wohnhaus wurde von dem Wiener Maler Friedensreich Hundertwasser um 1990 entworfen, die Ausführungspläne stammen von dem Architekten Peter Pelikan. Das auf dem Nachbargrundstück 1722 errichtete erste Kurhaus Bad Sodens, „Haus Bockenheimer" wurde in den Bau integriert. Da das Hundertwasserhaus auf dem Quellgebiet des Solbrunnens geplant war, konnte für die Gründung keine Baugrube ausgehoben werden. Stattdessen wurden 251 Betonpfähle auf den felsigen Untergrund eingebracht. In dem Gebäudekomplex mit einem rund 30 Meter hohen, neungeschossigen Turm befinden

sich 17 Wohnungen. Hundertwasser beschäftigte sich schon seit den 1950er Jahren mit Architektur. Seine wenigen Objekte, die zur Ausführung kamen, zeichnen sich durch ihre beinah amorph wirkenden Formen, ihre lebhafte Farbigkeit und ihre märchenhaften Dekore wie Goldzwiebeln oder -kugeln in allen Größen als Bekrönung der Türmchen, Dächer und Brüstungen aus. Er setzte sich dafür ein, dass alle Menschen ihr eigenes Paradies bauen könnten, ohne Behinderung durch behördliche Vorschriften oder einengende Traditionen. Er schrieb: „Das Bunte, das Vielfältige, das Mannigfaltige, ist auf alle Fälle besser als das Graue, das Durchschnittsgrau .... Jeder soll bauen können, und solange diese Baufreiheit nicht existiert, kann man die gegenwärtige, geplante Architektur überhaupt nicht zur Kunst rechnen. Die Architektur unterliegt bei uns derselben Zensur wie die Malerei in der Sowjetunion. Was realisiert ist, sind einzeln dastehende erbärmliche Kompromisse von Linealmenschen mit schlechtem Gewissen!" In seinen Hausentwürfen hat er erfolgreich seine Vorstellungen durchgesetzt. Hundertwasser postulierte eine Versöhnung zwischen Natur und Architektur, das äußere Zeichen dafür sind bei seinen Häusern die übermäßig begrünten Dach- und Balkonflächen. ●

Von wildem Wein umrankt – die Eingangsseite des Hundertwasserhauses

B

*In der
Villa Nassovia
wohnte auch
Mendelssohn-
Bartholdy*

Bad Soden
Villa Nassovia

❌ Königsteiner Straße 89

🔺 privat

ℹ von außen frei zugänglich, sonst während
der Restaurantöffnungszeiten

ℹ Tel. 06196 643390

Zu den architektonischen Perlen Bad Sodens zählt zweifellos die Villa Nassovia in der Königsteiner Straße. Die zweigeschossige Villa wurde in der Blütezeit des Badeortes um 1820 als Kurpension errichtet. Der für diese Zeit typisch schlichte, klar gegliederte Baukörper erhält seinen besonderen Charme durch den zweigeschossigen, gusseisernen Balkonvorbau. Die industriell gefertigten filigranen Gitter in variierenden Rosettenformen schmücken die Fassade wie ein Spitzengewebe.

Der Bau ist noch weitgehend unverändert erhalten, lediglich die ehemals segmentbogig geschlossenen Fensterflügel der Dachgauben und die feine Unterteilung der queroblongen Mezzaningeschossfenster wurden modernisiert. Das gepflegte Anwesen mit seinem alten Baumbestand ist noch von dem originalen Eisengitter eingefriedet. In der

Geschichte des Kurortes mit seinen vielen namhaften Kurgästen spielt die Villa Nassovia eine besondere Rolle als beliebter Aufenthaltsort zahlreicher berühmter Künstler. Im Jahre 1843 logierte hier Giacomo Meyerbeer, mit richtigem Namen Liebmann Meyer Beer, der als deutscher Komponist nach Studienjahren in Frankreich und Italien die musikalischen Strömungen der Zeit in seinen Opern miteinander verband und somit prägend für die deutsche Opernwelt des 19. Jahrhunderts wurde. Felix Mendelssohn-Bartholdy wohnte in den Jahren 1844, 1845 und 1847 mit seiner sechsköpfigen Familie und drei Hausangestellten in der Villa. Aber nicht nur Musiker, auch Dichter liebten offenbar die kunstsinnige Umgebung. Ebenfalls im Jahr 1844 logierte hier Hoffmann von Fallersleben, der Dichter des Deutschlandliedes hier. Dr. Heinrich Hoffmann, der für seinen „Struwwelpeter" weltweit berühmte Frankfurter Arzt, gehörte aus gesundheitlichen Gründen seit den 1880er Jahren bis zu seinem Tod 1894 zu den Stammgästen in der Villa Nassovia.

Das denkmalgeschützte Anwesen beherbergt heute ein italienisches Restaurant, die „Casa Mendelssohn", in dem Liebhaber der Kochkunst die schöne Umgebung genießen können. ●

Die Bäderarchitektur im Main- und Hochtaunuskreis

Bad Soden, Solquelle mit Sodenia-Brunnentempel von 1886 im Quellenpark

Der Taunus zählt zu den an Mineralquellen reichsten Gegenden Deutschlands. Die Nutzung dieser Quellen gehört seit Jahrhunderten zu den wichtigsten Wirtschaftsfaktoren der Region. Ihre Heilkraft wussten bereits die Römer zu schätzen, die germanischen Bewohner der Region lernten dies erst sehr viel später. Heute liegen in Hessen die Heilbäder wie Perlen zu einer Schnur aufgereiht am Rand des Taunus: Von Schlangenbad im Westen über Bad Schwalbach, Wiesbaden, Bad Weilbach und Bad Soden, bis nach Bad Homburg und Bad Nauheim im Nordosten.

Die warme Mineralquelle von Soden wird erstmals im Salzprivileg Kaiser Sigismunds 1437 an die Stadt Frankfurt erwähnt. Im Jahr 1567 schlägt ein Gutachter den Frankfurter Ratsherren vor, die Quelle zu Badezwecken zu nutzen, findet damit aber kein Gehör. Erst die Veröffentlichung des Frankfurter Arztes Gladbach über den gesundheitlichen Nutzen des „Soder – Warmen Gesund – Brunnens" im Jahr 1701 führte 1722 zum Bau des ersten Badehauses „Haus Bockenheimer" am Quellenpark durch Frankfurter Kaufleute, das heute in das Hundertwasserhaus integriert ist. Das

Logier- und Badehaus, ein dreigeschossiger Putzbau zu sieben Achsen in schlichten Barockformen, verfügte neben 27 Logierzimmern über vier Badezellen mit Wasserhähnen, in die der „Milchbrunnen", eine der Sodener Quellen, eingeleitet wurde. Diese Quellen wurden trotz ihrer Heilerfolge nur regional bekannt, die meisten Gäste kamen aus dem benachbarten Frankfurt. Im Jahr 1770 wurde der Nassauer Hof mit 24 Zimmern und sieben Badekabinen gebaut. Über lange Zeit entstanden keine weiteren Badehäuser in Soden. Weder ein Kurhaus noch andere repräsentative Gebäude oder Gärten, die zum Repertoire eines Kurbades gehörten, wurden geplant. Die bürgerlichen Kurgäste aus Frankfurt brachten ihr eigenes Bettzeug samt Personal mit und genossen die ländliche Sommerfrische. Die ersten Versuche der Nassauischen Regierung aus Soden eine Kurstadt zu machen, schlugen fehl: 1810 konzessionierte sie ein Kasino, das aber nicht florierte. Danach wurde mit Hinweis auf den zu bewahrenden ländlichen Charakter des Kurortes nie mehr ein Kasino genehmigt. Der Ort entwickelte sich in den folgenden Jahren zu einem beliebten Aufenthaltsort

Bad Soden, Villa Tolstoi, Königsteiner Str. 83

für Musiker und Literaten, die in den neuen privaten Logierhäusern wohnten. Die noch heute an der Königsteiner Straße, der Alleestraße und dem Quellenpark das Straßenbild prägenden Häuser entstanden im Klassizismus, der auch Frankfurts neue Wohnquartiere prägte. Es sind klar gegliederte kubische Bauten mit hohen Sprossenfenstern, Klappläden, Balkons oder Wintergärten, die viel Licht und Luft einlassen. Ihre Dächer neigen sich flach über einem Drempel und werden über Okuli oder Rechteckfenster im Drempel, teilweise zusätzlich über kleine Gauben belichtet. Hier wohnte im 19. Jahrhundert das Personal. Vielfach handelt es sich bei den Häusern um ver-

putzte Fachwerkbauten. Die beginnende industrielle Fertigung von Eisenstanzblechen und Gusseisen ermöglichte eine preiswerte Dekoration mit grazilen, häufig floralen, spitzenartigen Balkongittern und Wintergärten. Nach Errichtung des ersten Kurhauses mit Festsaal im Schweizerstil, verbunden mit der Anlage eines Kurparkes und dem Bau der Eisenbahnlinie nach Höchst im Jahre 1850 durch eine Aktiengesellschaft der Frankfurter Bethmann Bank, kam zwar auch Adel nach Soden, im Wesentlichen blieb es aber ein Kurort für Frankfurter Bürger.

1870 wurde ein eigenes Badehaus durch die Gemeinde errichtet. Die Leichtigkeit der früheren verputzten Fachwerkbauten wich dem Spätklassizismus mit Quadermauerwerk und schweren Sandsteinelementen. Da Badeorte stark der Mode unterworfen waren, wanderten die adeligen Gäste in Soden mit dem Ausbau der benachbarten Kurstädte Wiesbaden und Bad Homburg schnell wieder aus der ländlichen Idylle in die eleganten neuen Kurstädte.

Im benachbarten Weilbach war kein privatwirtschaftliches Engagement gefragt, sondern der Ausbau des Kurbades wurde von den Landesherren betrieben. Außerhalb des Dorfes wurde 1783 eine kalte Schwefelquelle wiederentdeckt, im

Bad Weilbach, Kurhaus von 1837

Bad Weilbach, Bade- und Inhalierhaus

Auftrag des Mainzer Kurfürsten gefasst und für Kurzwecke erschlossen. Die Entwicklung wurde durch die Napoleonischen Kriege vorübergehend gestoppt. Zwischen 1832 und 1875 wurde von der nun Nassauischen Regierung eine geschlossene Kuranlage mit Park, Allee, Quellpavillons, Kur- und Logierhaus errichtet. Das Kurhaus entstand ab 1837 in klassizistischen Formen als geschlossener Baukomplex. Die schlossartige Anlage steht noch ganz in der Tradition fürstlicher Bauten des 18. Jahrhunderts. Hier gibt es keine zierlichen Eisengitter, keine sommerliche, ländliche Leichtig-

keit, sondern das strenge Reglement einer staatlichen Kurklinik. 1874 baute die preußische Regierung ein neues Bade- und Inhalierhaus, einen eingeschossigen, langgestreckten Bau mit Mittelrisalit und dicht gereihten, etwas klein geratenen Rundbogenfenstern in typisch preußischem Klinkermauerwerk. Ebenso wie in Bad Soden wanderten aus Bad Weilbach gegen Ende des Jahrhunderts zunehmend die Gäste in andere Kurorte ab.

Während die beiden Kurbäder am südlichen Taunusrand außer Mode kamen, stieg die kleine hessische Residenzstadt Homburg zur kaiserlichen Sommerresidenz und zum begehrten Modebad auf. Nachdem die Salzgewinnung nicht mehr rentabel war, wurde

Bad Homburg, Kurpark

Bad Soden,
An der Trinkhalle

1824 zwei Kaufleuten die Konzession für den Bau eines zweistöckigen Brunnenhauses mit Kasino erteilt, das aber 1829 bereits in Konkurs ging. 1830 beschloss die Gemeinde den Bau eines Kur- und Badehauses, der Landgraf stellte das notwendige Gelände am Stadtrand zur Verfügung. Die Landgrafen von Hessen-Homburg, bekannt für ihre ständige Finanznot, schafften es durch geschicktes Agieren, Fremdkapital zum Bau der notwendigen Kureinrichtungen nach Homburg zu locken. 1840 erhielten die aus Südfrankreich stammenden Gebrüder Blanc die Konzession für den Bau und Betrieb der Kuranlagen und eines Kasinos. Innerhalb weniger Jahre errichteten sie das Kurhaus mit Park und konnten dank der Einnahmen aus dem Kasino auch die weitere Entwicklung der Stadt fördern. Die um den Kurpark planmäßig angelegte Neustadt wuchs rasant durch den Bau zahlreicher Kurvillen, Logierhäuser und Hotels in der zweiten Hälfte des 19. Jahrhunderts. Die Architektur in der Residenzstadt Bad Homburg weist nicht mehr die sommerliche Leichtigkeit der klassizistischen Bad Sodener Häuser auf, da in der Zeit des späten Klassizismus und Historismus mehr Wert auf Repräsentation gelegt wurde, um den Adel und das reiche Bürgertum aus ganz Europa anzuziehen. Die wirtschaftliche Entwicklung wurde mit Übernahme der Landgrafschaft durch Preußen, in deren Territorien Glücksspiel verboten war, abrupt unterbrochen. Erst die Entscheidung der Hohenzollern im Jahr 1878, das landgräfliche Schloss zur Sommerresidenz auszubauen, brachte den Impuls für den Aufstieg Bad Homburgs zum mondänen Kurbad, in dem sich der Hochadel Europas versammelte. In dieser Zeit prägten die Bauten des Stadtbaumeisters Louis Jacoby in allen Spielarten des schweren, kaiserzeitlichen Historismus das Stadtbild. Mit den historischen Umbrüchen 1918 endete auch die glanzvolle Zeit des Kurbades.

Der Vergleich der Bäderarchitektur in den drei Kurorten zeigt deutlich die Handschrift der unterschiedlichen Bauherren: In Soden engagierten sich Frankfurter Bürger, die ihre Vorstellungen von Sommervillen mitbrachten. Zu einem großen Gesamtkonzept kam es nicht. In Weilbach wurde von der herzoglich Nassauischen Regierung ein Staatsbad als Gesamtkonzept entwickelt, dessen Architektur dem gewohnten Schlossbau entlehnt wurde. In Homburg gewann der Landgraf mit den Brüdern Blanc erfahrene Projektentwickler. Die Anwesenheit des Kaisers und der Ausbau zum Kaiserbad zogen magnetisch den Adel und das internationale wohlhabende Bürgertum an. ●

Eppstein

Eppstein
Bergpark Villa Anna

- ✖ Theodor-Fliedner-Weg 5–7
- ⬥ Jugendberatung und Jugendhilfe e.V. Therapeutische Einrichtung Eppstein, östlicher Teil Besitz der Stadt Eppstein
- ⏱ April–Oktober Sa, So, feiertags 10–17 Uhr Buchungen von Gruppenführungen über veranstaltungen@bergpark-eppstein.de
- ℹ www.bergpark-eppstein.de

Angetan von der romantischen Burgruine und der sie umgebenden herrlichen Landschaft wählte der Frankfurter Bankier Alfred von Neufville Eppstein als Sitz seines ländlichen Anwesens aus. Die nach dem Vornamen seiner Frau, einer geborenen Mumm von Schwarzenstein, benannte Villa Anna wurde zum Mittelpunkt des 1885 angelegten Bergparks. Stilvoll ausgesuchte architektonische Elemente und exotische Pflanzen zeugen vom Geschmack des Erbauers. Das Kutscherhaus, nicht weit vom Bahnhof entfernt, markiert das Entrée der zehn Hektar großen Anlage. Im Landhausstil aus Backstein und Fachwerk errichtet, weist die Villa Anna mit dem Kavaliershaus in der Dachgestaltung und mit dem markanten Erker auch Elemente der vom Großbürgertum kopierten Schlossarchitektur auf.

Das Schweizer Haus ist ein Verweis auf die damals als Nassauische Schweiz bezeichnete Gegend von Lorsbach bis Eppstein. Eine künstliche Ruine und sakrale Elemente fehlen ebenso wenig wie ein Wirtschaftsteil des Anwesens. Interessant ist hier das Taubenhaus mit bunt glasierten Ziegeln, das die gesamte Anlage bekrönt. Immer wieder ergeben sich beim Aufstieg Blickachsen zur Burgruine Eppstein und zum Kaisertempel. Mit dem Neufvilleturm schuf sich die Frankfurter Bankiersfamilie eine eigene Kleinburg mit Bergfried und Saalbau. Die Anpflanzung langlebiger Exoten wie Mammutbäume oder Hemlocktannen sollte eine Parklandschaft für Generationen schaffen. Jedoch verstarben Alfred und Anna von Neufville früh, der Familienbesitz wurde bald verkauft. Als einer der wenigen Bergparks in Hessen bietet die Parkanlage mit dem bewirtschafteten Neufvilleturm ein außergewöhnliches Ausflugsziel. ●

Die Villa Anna liegt inmitten des zehn Hektar großen Bergparks in Eppstein

E

Eppstein
Burg Eppstein

⊗ 50°8′25.5″ N, 8°23′35.3″ O

⬡ Stadt Eppstein

ℹ Burg: April–Oktober täglich außer Mo
10–17 Uhr, Mi 10–18 Uhr, November–
März täglich außer Mo 11–15 Uhr
Burgmuseum: April–Oktober
Mi 16–18 Uhr, Sa 14–17 Uhr, So und
feiertags 11–17 Uhr, November–März
So und feiertags 12–15 Uhr

ℹ Tel. 06198 305-131 www.eppstein.de

Beeindruckend erhebt sich Burg Eppstein
über der Altstadt. Die Ruine ist mit ihren
gut erhaltenen Befestigungsanlagen für
Besucher erlebbar. Der imposante Bergfried gewährt einen herrlichen Ausblick.

Um ihre Gründung rankt sich die
Sage von Ritter Eppo, der hier Berta
von Bremthal aus der Gefangenschaft
eines Riesen befreit haben soll. Tatsächlich könnte Burg Eppstein auf den Kon-
radiner Graf Eberhard im 10. Jahrhundert
zurück gehen. Schriftlich belegt ist sie
erstmals 1122. Die Burg war Macht- und
Verwaltungszentrum der Herren von Eppstein. Besondere Bedeutung erlangte
das hochadelige Geschlecht im 13. Jahrhundert, als vier Eppsteiner auf dem
Mainzer Bischofsstuhl die Geschicke des
Reiches mitbestimmten.

Auf den Spuren der Eppsteiner Herren
betritt man die Burg heute durch das
Westtor. In der Vorburg ist der „Bettel-
bub" zu besichtigen, ein Schuldturm
mit Verlies. Im inneren Hof lässt sich
noch gut die einstige Höhe des Palas
erkennen. Die Nutzung der Türmerstube
im Bergfried zeigt ein Film unter
www.eppstein.de, der bald auch in das
Konzept zur Erschließung der Burg mittels eines Multimedia-Guides integriert
wird. Die Kemenate, heute genutzt für
Veranstaltungen und Hochzeiten, stammt
aus jener Zeit, in der die Westhälfte der
Burg von den Landgrafen von Hessen
schlossartig ausgebaut wurde. Die andere
Hälfte der geteilten Burg gelangte nach
dem Aussterben der Eppsteiner Herren
schließlich an das Kurfürstentum Mainz.

Ein romantischer Ort zum Verweilen
ist der barock gestaltete Altangarten.
Einst Platz für Geschütze, diente die
Hochterrasse ab 1630 als Garten. Die
über 1000-jährige Geschichte der Burg
erschließt sich im Burgmuseum. Die Zeit-
reise führt von der Ritterrüstung bis zur
romantischen Ruinenbegeisterung. So ist
die Burg Eppstein Bildungs- und Erlebnisort zugleich. Führungen, Ausstellungen,
Konzerte und die seit 1913 etablierten
Burgfestspiele begeistern jährlich Tausende Besucher und lassen sie die einmalige Atmosphäre dieses bedeutenden
Kulturdenkmals verspüren. ●

*Im Sommer ist Burg
Eppstein Festspiel- und
Erlebnisort*

E

Die spätgotische Talkirche war Residenzkirche und Grablege der Herren von Eppstein

Eppstein
Evangelische Talkirche Eppstein

❌ Burgstraße 44

⌂ Ev. Talkirchengemeinde Eppstein, Rossertstraße 24

🕐 tagsüber in der Regel geöffnet

ℹ www.talkirche.de

Nicht nur ihre Lage am Fuße der Burg in der malerischen Eppsteiner Altstadt macht die spätgotische Talkirche sehenswert. Ihre Bedeutung erschließt sich bei der Besichtigung. Vier eindrucksvolle Grabmale prägen den einschiffigen Innenraum. Ganz bewusst hat die hochadelige Familie der Herren von Eppstein hier um 1430 eine repräsentative Residenzkirche und Grablege geschaffen. Kirche und weltliche Herrschaft waren eng verbunden. Von der Burg führte ein überdachter Herrengang direkt zum Herrensitz auf der Lettnerbühne, wo die Herrschaft, ihrer Stellung entsprechend, von oben der Messe beiwohnen konnte.

Die Bildnisgrabsteine zeigen den 1437 verstorbenen Gottfried VII. von Eppstein, mit dem die Eppsteiner die Höhe ihrer Macht erreichten, seinen ältesten Sohn Adolf, Bischof von Speyer, der 1433 starb, und Margarethe von Eppstein, die ein Jahr nach ihrer Heirat mit Gottfried VIII. im Jahre 1441 verschied. Im Chor ist der künstlerisch wertvolle Jugendgrabstein Engelbrechts von Eppstein aufgestellt. Sein Tod im Jahre 1494 war für die Familie Eppstein-Münzenberg tragisch, war er doch letzter männlicher Erbe des Geschlechts.

Die Talkirche ersetzte eine romanische Kapelle aus dem 12. Jahrhundert und war wie diese dem Heiligen Laurentius geweiht. Der Name „Tal" bezeichnet eine befestigte, kleine Stadt und auch die Lage der Kirche unterhalb der Burg. Ursprünglich gab es in der Kirche vier Altäre, deren Geistliche eine Chorbruderschaft bildeten. Der Chor, der ihrem Gebet diente, war durch einen Lettner vom Langhaus abgegrenzt.

Die 1529 in Eppstein einsetzende Reformation machte aus dem Gotteshaus eine evangelische Stadtpfarrkirche. Der breite, verschieferte Dachturm mit Haubenlaterne entstand 1602 und wird gern als Bollwerk gegen die Rekatholisierung der Herrschaft Eppstein in dieser Zeit bezeichnet. Martin Luther und Philipp Melanchthon begegnen dem Besucher in den zu Beginn des 20. Jahrhunderts geschaffenen Glasfenstern im Eingangsbereich der Kirche. ●

E

*Der Eppsteiner
Kaisertempel erstrahlt
abends hoch über
Eppstein*

Eppstein
Kaisertempel

❌ Gimbacher Straße 13

⬆ privat

❶ frei zugänglich

❶ www.eppstein.de

„Hier hab ich oft gestanden, es blühten
Täler und Höh'n, seitdem in allen Landen,
sah ich die Welt nimmer so schön".
An dieses Eichendorffsche Wort müsse
man denken, so oft man vom Kaisertempel hinblicke „über die nassauische
Schweiz, das Eppsteiner Tal, umrahmt
von Taunusbergen ...", so die schwärme-
rische Beschreibung eines Eppsteiner
Reiseführers aus dem Jahre 1911.

Auch hundert Jahre später bietet der
klassizistische Kaisertempel hoch oben
am Hang des Staufen einen fantas-
tischen Ausblick. Prägnant heben sich
die weißen dorischen Säulen und der
griechische Dreiecksgiebel vom Grün
des umgebenden Waldes ab. Abends
angestrahlt, scheint der kleine Tempel
geradezu über Eppstein zu schweben.
Als patriotisches Siegesmal feierte seine
Errichtung 1894 den Sieg über Frankreich 1870/71 und die Gründung des
Zweiten Deutschen Reiches. Büsten des

ersten Reichskanzlers Fürst Otto von
Bismarck und des Generalstabschefs
Graf Helmuth von Moltke sowie Portrait-
medaillons der Kaiser Wilhelm I. und
Friedrich III. schmücken das Innere. Das
Kulturdenkmal ist aber nicht nur ein
Zeugnis der Kaiserzeit. Der Kaisertempel
steht auch für bürgerliches Engagement,
Tradition und Heimatpflege in Eppstein.
Mit seinem Bau wurde 1878 der Ver-
schönerungsverein Eppstein gegründet,
der noch heute die Erhaltung finanziert.
Jährlicher Höhepunkt ist das Kaisertempel-
fest am ersten Septemberwochenende.

Schon im 19. Jahrhundert übte Eppstein mit seiner romantischen Burgruine,
den lieblichen Tälern und schroffen
Felsen eine große Anziehungskraft auf
Reisende aus. Reiche Städter bauten
hier ihren Landsitz, Pensionen zogen
Wochenendgäste an, die ab 1877 auch
mit der Bahn anreisen konnten. So ist
der Bau des Kaisertempels als eine
gelungene Maßnahme zur Förderung
des Fremdenverkehrs zu verstehen, der
Eppstein zu großem Aufschwung verhalf.

Neben dem Kaisertempel entstand
bald ein Gasthof, der auch heute
noch dem Besucher eine Rast auf der
Aussichtsterrasse und gehobene Gastronomie am Kamin beschert. ●

Eschborn

Eschborn
Evangelische Kirche

- ⊗ Hauptstrasse 16 / Ecke Eschenplatz
- ⌂ Ev. Kirchengemeinde Eschborn,
  Hauptstraße 18-20
- ⊙ während der Gottesdienste und nach
  Vereinbarung
- ⊙ Tel. 06196 3148-10, Fax: -11
  info@Ev-KircheEschborn.de

36 Meter hoch erhebt sich der Turm über die Kirche

In den „Annales Fuldenses" wird berichtet, dass im Sommer 875 der Westerbach in Eschborn so stark anschwoll, dass er Dorf und Kirche mit sich riss. Bald danach wurde eine neue Kirche an derselben Stelle errichtet, die in ihren Fundamenten noch heute unter der jetzigen zu finden ist.

Eschborn gehörte zum Diakonat Sankt Peter in Mainz und war Sitz eines Dekanats mit eigenem Erzpriester und Vorsteher von über 40 Gemeinden in der Umgebung. Die Kirche, ursprünglich als dreischiffige Basilika im romanischen Stil errichtet, sollte genügend Platz für die Kirchenversammlung bieten. Sie wurde in der Folgezeit mehrfach umgebaut. Bis zur Reformation, die 1522/26 hier eingeführt wurde, war der Heilige Lambertus Schutzpatron der Kirche, das Patronat hatten die Ritter von Kronberg inne.

1622 wurde Eschborn mitsamt seiner Kirche zerstört. Der Wiederaufbau ohne die beiden Seitenschiffe erfolgte ab 1624. Im Mittelschiff kann man noch heute die vermauerten Durchgänge zum nördlichen Seitenschiff sehen. Im 17. Jahrhundert erfolgte der Einbau einer dreiseitigen fränkischen hölzernen Empore. Der 36 Meter hohe Westturm mit seiner Haube von 1677 dürfte noch bis ins 13. Jahrhundert zurück gehen.

Der Chor aus dem 15. Jahrhundert schließt sich rechteckig an das Kirchenschiff an. Dort sind drei Konsolsteine zu sehen, zwei mit dem Wappen der Ritter von Kronberg, einer mit dem Wappen „von Hatzfeld", denn Franz X. von Kronberg, der von 1376 bis circa 1424 lebte, war mit Gertrud von Hatzfeld verheiratet. Der Sakristeianbau zum Westerbach hin besitzt ein Kreuzgratgewölbe. Die hölzerne Kanzel datiert von 1665. Über dem gemauerten Altar mit einer Platte aus schwarzem Marmor hängt ein Barockkruzifix aus dem Jahre 1660.

Die Kirche wurde 1926 innen renoviert und von Prof. Otto Linnemann ausgemalt. Die Orgel wurde 1861 von Friedrich Voigt aus Igstadt gebaut und die Pfeifen 1922 ersetzt. In den Jahren 1967-1970 wurde die Orgel umfangreich erweitert. ●

E

Eschborn
Skulpturenachse

Kunst im Straßenraum – die Skulptur Seed des japanischen Künstlers Masayuki Koorida

⊗ frei im Straßenraum aufgestellte Kunstobjekte

⬙ Stadt Eschborn

ℹ jederzeit frei zugänglich, das Kulturamt der Stadt bietet für Gruppen auch Führungen an

ℹ www.eschborn.de/stadt-kultur-und-tourismusinformationen/kultur/skulpturenachse/

Die kleine dynamische Stadt Eschborn im Weichbild von Frankfurt ist überwiegend als Konkurrent der benachbarten Großstadt im Kampf um die Gewerbesteuer bekannt. Dank geschickter Anwerbung zahlreicher großer Dienstleistungsbetriebe mit Hilfe günstiger Gewerbesteuersätze entwickelte sich die neue Stadt zu einem prosperierenden Wirtschaftszentrum. Die Skyline von Eschborn wird weithin beherrscht von dem in den letzten Jahrzehnten entstandenen Dienstleistungszentrum mit seinen modernen Bürogebäuden.

1988 wurde eine neue Idee von einer Gruppe kunstinteressierter Bürger geboren: Skulpturen im Stadtraum sollten zu Wanderungen durch den Ort anregen. Die Kunst sollte aus dem Museum befreit und der Allgemeinheit sichtbar gemacht werden. Zum Konzept gehörte auch, den Entstehungsprozess erlebbar zu machen, das heißt, soweit wie möglich die Objekte vor Ort im Dialog mit den Bürgern herzustellen. Inzwischen sind an zehn verschiedenen Plätzen der Stadt Skulpturen in verschiedenen Materialien aufgestellt. Die Skulpturenachse soll fortgesetzt werden – sie ist, wie die Stadt Eschborn, dynamisch.

E

Lage der Skulpturen in Eschborn:
1. „Travel a Head", Florian Borkenhagen, 2001/03,
   Sossenheimer Straße
2. „Fulcrum", John Henry, 2001/02,
   Kreisel Frankfurter Straße/Mergenthalerallee
3. „Hua", Peter Lundberg, 2003,
   Kreisel Schwalbacher Straße/Ludwig-Erhard–Straße
4. „Phönix", Oliver Ritter, 2008/09,
   Kreisel Elly-Beinhorn-Straße/Katharina-Paulus-Straße
5. „Versatzstück", Timm Ulrichs, 1969/2001,
   Elly-Beinhorn-/Katharina-Paulus-Straße
6. „Begegnung", Thomas Becker, 1994/1998, am Rathaus
7. „Steine für Eschborn", Gisela Weber, 1992, Brüder-Grimm-Str.
8. „Drei Säulen", Sommerwerkstatt der Villa Luce, 1997,
   Pfingstbrunnenstraße/Am Weiher
9. „Flower", Masayuki Koorida, 2008,
   Kreisel Rödelheimer Straße/Hauptstraße und
   „Seed", Masayuki Koorida, 2007/10
   Kreisel Rödelheimer Straße/Hunsrückstraße
10. „Das Versprechen", Stephan Gruber, 2010,
    Steinbacher Straße/Wiese am Westerpark

E

Eschborn
Stadtmuseum

Neu und alt für die Kultur – das Stadtarchiv und das neu errichtete Museum

- ✖ Eschenplatz 1
- ◉ Magistrat der Stadt Eschborn (Stadtarchiv/Museum)
- ⊕ So 14–18 Uhr, Mi, Sa 15–18 Uhr und nach Vereinbarung, barrierefrei zugänglich
- ⊕ Tel. 06196 490232 museum@eschborn.de

Bei der Neugestaltung des Ortskerns von Eschborn entstand 1989 am Eschenplatz ein Gebäudeensemble, das neben dem Stadtarchiv das städtische Museum beherbergt. Die Stadt hatte zwei nebeneinander gelegene Fachwerkhäuser – die frühere Apfelweingaststätte „Krone" und das Privathaus „Menje" – erworben, restauriert und umgestaltet. Die denkmalgeschützte „Krone" wurde zum Stadtarchiv umgebaut, und das nicht denkmalgeschützte Haus „Menje" war zum Abriss freigegeben. An seiner Stelle entstand ein Museumsneubau mit weißem Stahlfachwerk und einer Glasfassade. Erhaltenes Restfachwerk wurde im Obergeschoss in das neue Gebäude integriert.

Die Ausstellungsbereiche umfassen im Erdgeschoss die Dauerausstellung mit Funden aus der Bronzezeit, der römischen Periode sowie die Grabfunde aus der Alamannenzeit, mit Grabbeigaben von überregionaler Bedeutung. Das Kellergeschoss ist den Eschborner Rittern und ihrer Burg gewidmet. Außerdem wird dort die Schlacht bei Eschborn dokumentiert, in der die Ritter von Kronberg, mit Ursprung in Eschborn, 1389 das Frankfurter Heer nahe Eschborn besiegt haben.

Das erste Obergeschoss des Museums ist Sonderausstellungen vorbehalten, dort werden regelmäßig Werke von örtlichen zeitgenössischen Künstlern oder aus einer der Partnerstädte gezeigt. Im zweiten Obergeschoss sind Werke des Eschborner Malers Hanny Franke ausgestellt, ergänzt werden diese durch Originalmöbel aus seinem Atelier. Im Archivgebäude ist ein Veranstaltungssaal entstanden, der beispielsweise für Museumskonzerte, Autorenlesungen und Eheschließungen genutzt wird. ●

Flörsheim

Flörsheim
Alte Kalkbrennöfen

❌ Am Wickerbach
50°00'18.22" N 8°24'10.83" O

◈ Stadt Flörsheim am Main

❸ frei zu besichtigen

In der Region von Flörsheim entstanden durch Ablagerungen im Tertiär, also vor mehr als 65 Millionen Jahren, mächtige Ton- und Kalkschichten. Die Tonablagerungen wurden bis in die 1960er Jahre in der Lehmgrube „Letschkaut" abgebaut und zur Fayence- und Ziegelherstellung benutzt. Die Kalksteinschicht zwischen Hochheim und Flörsbach, im Volksmund „Kelb" genannt, wurde vermutlich seit der Römerzeit in den Steinbrüchen bei Flörsheim-Falkenberg abgebrochen, zu Häusern verbaut oder zu Kalk gebrannt.

In der ersten Hälfte des 18. Jahrhunderts gründete der Ziegler H. Gottron eine Hütte in Falkenberg, die neben Ziegeln auch Kalk brannte, der nachweislich 1766 beim Bau der Flörsheimer Sankt Galluskirche benutzt wurde. Die Ziegeleigebäude wurden im 20. Jahrhundert bei Straßenbauarbeiten aberissen. Reste der Kalkbrennerei der Firma Gottron sind dagegen am westlichen Ortsrand von Falkenberg erhalten. Unter einer auffälligen Glas-Eisenkonstruktion sind in einer Grünanlage besonders Ruinen aus Kalk- und Ziegelsteinen zu besichtigen. Diese aneinander gereihten, eingestürzten kleinen Kuppelbauten mit großen segmentbogigen Türöffnungen sind die Reste alter Kalkbrennöfen aus dem 18. und 19. Jahrhundert.

Über einer kleinen gemauerten Feuerstätte wurden die Kalksteine in die runden Öfen gestapelt, mit einer Lehmschicht abgedeckt und etwa 100 Stunden bei 800–1.200 Grad Celsius gebrannt, wobei Kohlenstoffdioxid entweicht und Calciumoxid entsteht. Vor der Weiterverarbeitung wurden die Kalkbrocken mit Wasser gelöscht. Kalk wurde nicht nur als wichtigster Bestandteil des Mörtels benötigt, er war Grundsubstanz der Wandfarben, wurde seit Mitte des 19. Jahrhunderts als Dünger und auch als Schutzanstrich gegen Schädlinge im Obstbau genutzt. Aus diesen frühen Industrien entstanden zu Beginn des 20. Jahrhunderts in Flörsheim zwei weltweit bekannte deutsche Firmen, die Dyckerhoff Zement GmbH und die Firma Keramag. Die Ruinen der Kalkbrennöfen wurden als Technikdenkmal 1998 aufwändig restauriert und erinnern an die wirtschaftliche Keimzelle dieser Industrie. ●

Auch die stählerne Dachkonstruktion weist die alten Öfen als Technikdenkmal aus

F

*Über den Weinbergen
erhebt sich die
Flörsheimer Warte*

Flörsheim
Flörsheimer Warte
und Kasteler Landwehr

⊗ Warte: 50°01′11.56″ N, 8°24′13.36″ O
Am Landwehrweg, einem Abzweig der
Straße „An der Warte" in Flörsheim-
Wicker

⊗ Gesellschaft zur Rekultivierung der Kies-
grubenlandschaft Weilbach

⊕ von außen jederzeit frei zu begehen
und während der Öffnungszeiten des
Weinausschanks, März–Oktober am
Wochenende

⊕ www.weilbacher-kiesgruben.de
www.floersheim-main.de

Die Flörsheimer Warte war einer von vier
Wachtürmen, die zum Schutz der sogenannten Kasteler Landwehr errichtet
wurden. 1484, im Jahr seiner Wahl zum
Erzbischof und Kurfürsten von Mainz,
gab Berthold von Henneberg die Order,
eine Landwehr zum Schutz der kurmainzischen Dörfer Kastel, Kostheim,
Hochheim und Flörsheim zu errichten. Es
handelte sich um eine Anlage aus Wall
und Graben, wobei der Wall in der Regel
mit Bäumen und Hecken bepflanzt
wurde, um ein Durchdringen unmöglich
zu machen. Dies erlaubte Reisenden,
aber auch feindlichen Truppen, sich dem
Gebiet nur noch auf den vorgesehenen
Wegen zu nähern. Um diese Wege zu
kontrollieren, wurden Wachtürme erbaut,
die sogenannten Warten. Die Landwehr

und ihre Warten dienten damit vor allem
dem Schutz der einheimischen Bevölkerung und zur Kontrolle des eigenen
Territoriums.

Die Kasteler Landwehr war mit vier
Türmen gesichert, von denen nur noch
einer, die Kasteler Warte an der Straße
von Kastel nach Erbenheim, bis heute
überdauert hat. Die alte Flörsheimer
Warte wurde 1817 von dem Mainzer
Kaufmann Cramer auf Abriss ersteigert
und niedergelegt.

Die „neue" Flörsheimer Warte ist ein
Bau des späten 20. Jahrhunderts. Ihre
Wiedererrichtung durch die Gesellschaft
zur Rekultivierung der Kiesgrubenland-
schaft Weilbach – in direkter Nachbarschaft des historischen Standorts –
geschah im Zusammenhang mit den
Aktivitäten für einen Regionalpark Rhein-
Main, dem Versuch, die Freiräume
zwischen den Städten und Gemeinden
des Rhein-Main-Gebiets zu sichern,
auszubauen und in ihrer Vielfältigkeit zu
präsentieren.

Den Ideen des Regionalparks ist auch
das Nutzungskonzept der Flörsheimer
Warte verpflichtet. Der Aussichtsturm
gewährt auf seiner obersten Plattform
einen Blick in die Vielfältigkeit der Landschaft zwischen Frankfurt, Wiesbaden,
Taunus und Odenwald. Eine Etage tiefer
lädt eine Weinstube zur Verkostung
regionaler Produkte – vor allem ihrer
Weine – ein. Im Erdgeschoss erfahren
Interessierte Wissenswertes zur Geschichte von Landwehr und Warte. ●

Flörsheim
Katholische Kirche Sankt Gallus

F

⊗ Hauptstraße 22

◎ Bistum Limburg/Kath. Kirchengemeinde

🕐 tagsüber und während der Gottesdienste

❶ www.pfarramt-floersheim.de

Die heutige Sankt Galluskirche stellt mindestens den vierten Kirchenbau im Herzen der Altstadt Flörsheims dar. Der Außenbau stammt aus den Jahren 1766 bis 1768, die Innenausstattung wurde bis 1780 komplettiert.

Sankt Gallus übertrifft in ihren Ausmaßen bei weitem die übliche Größe einer Dorfkirche des 18. Jahrhunderts. So schlicht sich der Außenbau aus Kalkbruchsteinen eines lokalen Steinbruchs gibt, so prächtig präsentiert sich die Saalkirche mit halbrundem Chor in deren Innern. Ein zweistufig erhöhter Altarraum führt zu Hochaltar und zwei schräg gestellten Seitenaltären. Alle drei stammen aus der Werkstatt des ehemaligen Mainzer Kartäuserklosters. Von dort stammen auch die vier überlebensgroßen Heiligenfiguren, die den Hochaltar zieren: Sebastian, Gallus, Bruno und Rochus.

Die Gemälde aller drei Altäre stammten ursprünglich von Christian Georg Schütz, einem bedeutenden Maler des 18. Jahrhunderts, der, aus Flörsheim gebürtig, in Frankfurt eine Werkstatt betrieb. Die beiden Seitenaltarbilder haben sich erhalten, das Hauptaltarbild fiel 1896 einem Altarbrand zum Opfer und musste durch ein Gemälde von Ludwig Windschmitt aus Mainz ersetzt werden.

Besondere Bedeutung besitzt die Barockorgel an der oberen der beiden Emporen an der Westwand, stammt sie doch in ihren ältesten Teilen von dem Orgelbaumeister Johann Jakob Dahm (1660-1727), der Orgeln unter anderem

Umgeben von Fachwerkhäusern erhebt sich Sankt Gallus über dem alten Ortskern

auch für Kloster Eberbach, den Mainzer Dom oder die Weilburger Schlosskirche gefertigt hat. Die Orgel in Sankt Gallus wurde 1709 für das Frankfurter Karmeliterkloster gebaut, Mitte des 18. Jahrhunderts erweitert, dann allerdings im Zuge der Säkularisation im Jahr 1809 nach Flörsheim verkauft. Schon früh erkannte man ihre Qualitäten. Bereits 1818 wurde sie zu den besten und schönsten im Herzogtum Nassau gezählt. Nach mehreren Restaurierungen besitzt die Orgel heute 39 Register, davon elf original erhaltene von Johann Jakob Dahm, die verteilt sind auf drei Manuale und Pedal. Neben den Gottesdiensten erklingt sie auch bei zahlreichen Konzerten, die aufgrund der guten Akustik in Sankt Gallus stattfinden. ●

F

Flörsheim
Kriegergedächtniskapelle

⊗ Südwestlich der Ortslage von Flörsheim-Wicker nahe der neuen Flörsheimer Warte
50°01'04.63" N 8°24'10.64" O

◔ Kath. Kirchengemeinde
Sankt Gallus, Flörsheim am Main

ⓘ von außen jederzeit frei zu besichtigen

Bereits kurz nach Ende des Ersten Weltkrieges begann man mit den Planungen und Bemühungen um die Finanzierung einer Einrichtung zum Gedenken an die Gefallenen des Krieges. Dachte man zunächst an die Errichtung eines Kriegerdenkmals, wurde in den Jahren zwischen 1925 und 1928 südöstlich der Ortslage von Flörsheim-Wicker die Kriegergedächtniskapelle realisiert. Diese Planänderung ist unter anderem den politischen Zeitumständen und der damaligen französischen Besatzung geschuldet.

Der kleine Rechteckbau mit eingezogener Apsis liegt am südlichen Abhang des Geißberges in unmittelbarer Nähe der neuen Flörsheimer Warte und ist mit dem Eingang und dem Vorplatz unter dem sich auf Säulen stützenden Satteldach nach Südosten in Richtung Flörs-heim orientiert. Prägend für den Bau ist die Verbindung des Heimatstils mit expressionistischen Details, die an den dreieckig zulaufenden Fenstergewänden, dem gezackten Türgewände und den Bronzetafeln mit den Namen der Gefallenen deutlich werden.

Im Inneren sind zahlreiche Stuckverzierungen und eine polygonal geschlossene Decke zu sehen. Auf dem Altartisch steht eine Pietà, die vermutlich aus dem 19. Jahrhundert stammt. Sie wurde 1927 aus der Kapelle in der Bahnhofstraße in die Kriegergedächtniskapelle überführt. Besonders bemerkenswert ist das Bild an der Rückwand der Kapelle, das die zentrale Szene der König-Rudolf-Legende zeigt. Graf Rudolf von Habsburg stellt einem Priester sein Pferd zur Verfügung, damit dieser einen Bach durchqueren kann. Der Priester weissagte daraufhin, dass allen Kindern des Hauses Habsburg Kronen zufallen würden. Die weitere Geschichte des Hauses Habsburg bestätigt offensichtlich die Richtigkeit dieser Weissagung. Für die deutsch-national gesinnten Bürger der Weimarer Republik war diese Darstellung sicherlich auch ein Akt der Abgrenzung von der neuen und oft ungeliebten Staatsform der parlamentarischen Demokratie. ●

Zwischen 1925 und 1928 zum Gedächtnis an die Gefallenen des Krieges errichtet

Flörsheim
Reliefstein Gänskippelschorsch

⊗ Konrad-Adenauer-Ufer

⬆ Stadt Flörsheim am Main

ⓘ jederzeit frei zugänglich

Auf dem Bürgersteig am Konrad-Adenauer-Ufer überrascht ein tief ausgearbeitetes Relief aus einem Buntsandsteinblock. Zu dem seitlich sitzenden, bärtigen Mann mit Schirmmütze, aufgekrempelten Hemdsärmeln, Hosenträgern und Pantoffeln, der den Betrachter mit Zigarettenkippe im Mund und Bierseidel in der Hand anschaut, gibt es keine Erklärung am Denkmal – nur eine kauernde Gans zu Füßen des Mannes erzählt den Eingeweihten, an wen diese volkstümlich dargestellte Person erinnern soll. Der „Gänsekippelschorsch", ein einfacher Mann aus dem Dorf, der mit der Gänsezucht vertraut ist, war das Pseudonym des SPD-Politikers und Journalisten Jakob Altmaier. Er ist seit 1954 Ehrenbürger der Stadt Flörsheim. Unter dem Namen „Gänsekippelschorsch" schrieb Altmaier seine Beiträge in den 1920er Jahren in der „Flörsheimer Zeitung". Er wurde 1889 in Flörsheim als Sohn des jüdischen Bäckermeisters Joseph Altmaier geboren. Nach einer Ausbildung zum Journalisten trat er 1913 in die SPD ein, wurde im Ersten Weltkrieg verwundet aus dem Militärdienst entlassen und arbeitete als Redakteur der „Frankfurter Volkszeitung". Mit seiner Teilnahme als Korrespondent der SPD-Zeitung „Vorwärts" an den Verhandlungen zum Versailler Vertrag begann seine internationale Karriere als Journalist.

Nach seiner Emigration als Jude und Sozialdemokrat im April 1933 lebte er in Paris, Spanien und auf dem Balkan, floh 1940 vor den deutschen Truppen nach Kairo und wurde zum Experten für Balkanfragen im britischen Hauptquar-

Der Gänsekippelschorsch mit Schirmmütze und Gans

tier. Im Jahr 1948 kehrte er nach Deutschland zurück, lebte in Flörsheim und engagierte sich beim Wiederaufbau der neuen Demokratie in Deutschland. Er gehörte von 1949 bis zu seinem Tod im Jahr 1963 als SPD-Abgeordneter des Wahlkreises Hanau-Gelnhausen dem Bundestag an. Zu Beginn der Fünfziger Jahre stellte er die ersten Kontakte zum Staat Israel her und war an den Wiedergutmachungsverhandlungen beteiligt, deren Ergebnisse im Luxemburger Vertrag von 1952 festgehalten wurden. Zum Gedenken an Jakob Altmaier schuf der Künstler Gerhard Hartmann 1960 das Denkmal in dessen Heimatstadt. ●

F

Von der Wiesenmühle führt die Treppe hinauf zur Sankt Anna-Kapelle

Flörsheim

Wiesenmühle und Sankt Anna-Kapelle

❌ Am Wickerbach, Anfahrt über L 3028
von Flörsheim nach Hochheim
(der Beschilderung folgen)

☁ Privatbesitz

🕐 Wiesenmühle: Mi–So
Annakapelle: jederzeit frei zugänglich

ℹ www.gasthof-wiesenmuehle.de
www.floersheim-main.de

Wer auf der Landstraße von Flörsheim nach Hochheim fährt und auf der Höhe des Flörsheimer Stadtteils Keramag/Falkenberg nach rechts abbiegt, gelangt nach einigen 100 Metern zur Wiesenmühle, einem Ausflugslokal, dessen Geschichte sich bis in das 17. Jahrhundert zurückverfolgen lässt. 1699 wurde sie von einem gewissen Jakob Kiefer erbaut und bereits 25 Jahre später von dem Mainzer Weihbischof Edmund Geduld zu Jungenfeld erworben, in dessen Familienbesitz die Mühle bis nach dem Zweiten Weltkrieg blieb. Nicht zu Unrecht findet man deshalb auch heute noch gelegentlich den Namen „Bischofsmühle" für das Anwesen. Das Wappen der Familie Geduld zu Jungenfeld schmückt noch heute die Fassade über dem Eingangstor der Mühle. Der letzte Pächter der Wiesenmühle, Josef

Thomas, eröffnete 1928 eine Ausflugsgaststätte, die die Familie nach Kauf des Anwesens 1949 erweiterte.

Vor der Wiesenmühle biegt ein kurzer, aber stark ansteigender Treppenweg ab, der zur Hauskapelle der alten Mühle führt. Das in Bruchsteinmauerwerk errichtete und drei mal drei Meter messende Gebäude wurde im Jahr 1715 erbaut. Die Kapelle ist der Heiligen Anna geweiht. Die Annen-Skulptur im Innern ist eine Kopie und das Original befindet sich im Jungenfeld'schen Privatbesitz. Gelegentlich finden in der Kapelle Gottesdienste statt, normalerweise dient sie jedoch der privaten Andacht.

Sowohl die Wiesenmühle als auch die Anna-Kapelle bilden eine gute Ausgangsmöglichkeit für Wanderfreunde, um durch die sogenannte „Flörsheimer Schweiz" zu spazieren. Man wird zahlreiche Attraktionen der Regionalpark RheinMain GmbH entdecken, seien sie kulturhistorischer, geologischer oder ökologischer Art. Ganz in der Nähe der Anna-Kapelle findet der Besucher beispielsweise den sogenannten „Eisenbaum", der durch eine Treppe, die in seine Spitze führt, zum einen die Möglichkeit bietet, die Landschaft aus der Vogelperspektive zu betrachten, zum anderen aber auch einlädt, über die Entfremdung von Mensch und Natur zu reflektieren. ●

Flörsheim – Bad Weilbach

Kurensemble

❌ Kurgebäude und Schwefelquelle:
Alleestraße,
Natron-Lithionquelle: Faulbrunnenweg

☁ Stadt Flörsheim am Main

ℹ Brunnen frei zugänglich,
Gebäude befinden sich in Privatbesitz

ℹ Tel. 06145 9550

Das heutige Bad Weilbach, zentrales Naherholungsgebiet der Stadt Flörsheim und Teil des Regionalparks Rhein-Main, lässt mittlerweile wieder etwas von der Bedeutung erahnen, die es bereits im 19. Jahrhundert für die Region besaß. Die umliegende Bevölkerung kannte die Schwefelquelle und deren Heilkraft schon seit Jahrhunderten. Das Wasser der Quelle, eine der an Schwefel reichsten kalten Mineralquellen Deutschlands, fand Anwendung bei der Behandlung von Erkrankungen der Haut sowie der Atemwege. Zu wirklichem Leben erweckt wurde Bad Weilbach aber erst am Ende des 18. Jahrhunderts, als der damalige Landesherr, Kurfürst Erthal, im Jahre 1783 den Auftrag erteilte, den Brunnen als Gesundbrunnen zu nutzen und die Quelle neu fassen zu lassen. Die kurfürstliche Regierung begann sofort damit, einen Heilwasserversand einzurichten.

Seine Blüte erlangte Bad Weilbach jedoch erst in Nassauer Zeit, als es systematisch zum Kurbad ausgebaut wurde. Die Schwefelquelle erhielt einen Pavillon und 1838 entstand ein klassizistisches Kur- und Gesellschaftshaus, das Raum für 150 Gäste bot. Ein Brunnenwärterhaus und eine Villa für den jeweiligen Badearzt ergänzten den Baubestand. Auch der Wasserversand florierte: Um 1857 wurden jährlich über 200.000 Krüge abgefüllt. Eine weitere Verbesserung des Kurangebotes brachte die Fassung einer Natron-Lithion-Quelle im Jahre 1860. 1874 wurde schließlich noch ein neues Bade- und Inhalierhaus errichtet. Dieses Gebäude besaß vier große und acht kleine Badekabinette, einen Saal für gemeinsame Inhalation sowie einen Raum für Inhalation an Einzelapparaten.

Zu Beginn des 20. Jahrhunderts war das Kurbad jedoch unrentabel geworden. Der Staat verkaufte Gebäude und Park an den „Reifensteiner Verein für Wirtschaftliche Frauenschulen auf dem Lande". Dessen Schule schloss 1972. Die Stadt Flörsheim übernahm schließlich Park und Brunnen, die öffentlich zugänglich sind. Die ehemaligen Kurgebäude wurden privatisiert und dienen heute als Wohnungen. Auch im 21. Jahrhundert atmet das Ensemble noch den Geist der Gesellschaftskur des 19. Jahrhunderts und lohnt einen Besuch. ●

Der Brunnentempel atmet noch heute den Geist der Gesellschaftskur des 19. Jahrhunderts

König-Wilhelm-Säule (links), Wegekreuz am Ortseingang (rechts)

Flörsheim – Wicker

König-Wilhelm-Säule und Wegekreuz

- ❌ Säule: Ortsausgang Richtung Hochheim, Hochheimer Straße/Steinweg
  Kreuz: Kirschgartenstraße 1, am Ortsausgang Richtung Hochheim
- ☁ Privatbesitz
- ❶ von der Straße aus gut zu sehen bzw. frei zugänglich

Zur Erinnerung an die Namensverleihung „König-Wilhelm-Berg" für seinen Weinberg nach der Eingliederung des Herzogtums Nassau in den preußischen Staat 1866 ließ der damalige Besitzer und Hoflieferant Georg Kroeschell ein Denkmal errichten. Der Fuldaer Bildhauer Adam Kramer schuf zum Preis von 1.500 Gulden eine sich nach oben verjüngende ionische Säule, deren Abschluss ein gusseiserner Adler bildet. Am Sockel erinnert ein Kopfrelief im Eichenlaubkranz an den König und Kaiser Wilhelm I. Ebenfalls am Sockel weist eine Inschrift auf den heutigen Besitzer, das Weingut Wilhelm Hück, hin.

In den Monaten nach dem Einmarsch der Amerikaner am Ende des Zweiten Weltkrieges diente der preußische Adler vorbeifahrenden amerikanischen Soldaten als Zielscheibe. 1975 wurde er in anderer Form als „republikanischer" Adler erneuert. Seit einer umfassenden Restaurierung im Jahre 2001 präsentiert sich die Säule in erneuertem Glanz.

In unmittelbarer Nähe der König-Wilhelm-Säule steht ebenfalls am Ortsausgang von Wicker das wahrscheinlich älteste erhaltene Wegkreuz im Main-Taunus-Kreis. Laut Inschrift ist das Sandsteinkreuz eine Stiftung der Familie des Schultheißen Johann Philipp Bolz aus dem Jahr 1690. Eine zweite Inschrift am Sockel erinnert an eine Renovierung 1827, ermöglicht durch den Bürgermeister Marquard Allendorf II. Ursprünglich frei an der Straße stehend, wurde es nach dem Bau des „Nassauer Hofes" im Jahr 1847 an dessen Hauswand versetzt. Hier wurde bis zum Ende des Ersten Weltkrieges eine Gastwirtschaft betrieben, die von den Einheimischen „Hannes am Kreuz" genannt wurde.

Der – nach Beschädigungen wieder ergänzte – Korpus des Gekreuzigten ist vermutlich die künstlerische Arbeit eines unbekannten Mainzer Bildhauers der Barockzeit. Unter dem Korpus am Kreuzstamm befindet sich das Wappen der Stifterfamilie Bolz mit drei aus einem Herz sprießenden Eicheln. ●

Von sich kreuzenden Wegen –
Zum Verkehrsnetz Frankfurt am Main

Straßen und Flüsse sind die ältesten Verkehrsadern, auf denen Menschen Länder durchqueren und Grenzen überschreiten, seien es natürlich gesetzte oder politisch gewollte. An günstig gelegenen Stellen siedelte man sich an. Der Sage nach geht die Gründung der Stadt Frankfurt am Main auf Karl den Großen zurück. Mit seinen Truppen auf der Flucht vor den Sachsen gelangte er an den Main und suchte nach einem Übergang über den Fluss. Einer weißen Hirschkuh folgend, durchwateten sie die Furt und erreichten so das rettende andere Ufer. Seitdem wurde dieser Ort „Franconofurd", die Frankenfurt, genannt. Ob die sagenhafte Überquerung des Mains in dieser Form jemals stattgefunden hat, sei dahin gestellt. Eine Furt war jedoch seit jeher von zentraler Bedeutung für den Handel und setzte oft einen Impuls zur Gründung von Städten. Die verkehrsgünstige Lage nutzend erbauten die Franken in ihrem Kernland am Mittelrhein und Main Höfe und Siedlungen. In Frankfurt errichteten sie auf dem seit der Bronzezeit durchgängig besiedelten Domhügel – nahe den Resten eines römischen Militärstützpunktes und einer um 680 in merowingischer Zeit gebauten zwölf Meter langen Steinkirche – eine Königspfalz. Frühe, historisch belegte Erwähnung erfährt Frankfurt durch die 794 von Karl dem Großen einberufene Synode. Wichtige Kirchenvertreter aus dem Frankenreich, Aquitanien, Italien und der Provence folgten seinem Aufruf in die Stadt am Main. Ihr Aufstieg begann im Jahr 856 mit der ersten Königserhebung von Lothar II. als neuem König Lothringens. Begünstigt durch die Lage in der Mitte Europas und des Heiligen Römischen Reiches war sie über viele Jahrhunderte Schauplatz von Reichspolitik und ab 1152 auch von Königswahlen. Ab 1562 wurden in Frankfurt mit nur vier Ausnahmen bis 1792 alle Römischen Kaiser gewählt und gekrönt. Allein das Gefolge jedes der hierfür angereisten sieben Kurfürsten betrug bis zu 200 berittene Gefolgsleute, das mitreisende Gesinde nicht mitgerechnet. Die Krönungsvorbereitungen dauerten mehrere Monate und anlässlich der Feierlichkeiten bevölkerten unzählige Menschen aus Nah und Fern die Straßen. Unter den Staufern festigte sich die privilegierte Stellung Frankfurts. Zu deren gezielter Städteförderung gehörte auch die Stärkung des lokalen handwerklichen Gewerbes und des örtlichen und internationalen Handels. Friedrich II. erteilte 1240 der nun etwa 8.000 Einwohner zählenden Stadt das Privileg einer jährlichen Herbstmesse auf dem Römerberg. Am Kreuzungspunkt des europäischen Fernhandels gelegen, legte die prosperierende Messe den Grundstein für die Entwicklung Frankfurts zu einer der bedeutendsten europäischen Handels- und Finanzplätze. 1330 wurde das Messeprivileg durch Kaiser Ludwig den Bayern um eine Frühjahrsmesse erweitert, mit der Frankfurt endgültig die internationale Bedeutung als Messestadt erlangte. Heute werden jährlich etwa 30 Messen und Ausstellungen veranstaltet, die insgesamt rund 2 Millionen Besucher aus dem In- und Ausland anziehen.

Mit etwa 660.000 Einwohnern ist Frankfurt zwar nur die fünftgrößte Stadt Deutschlands, sie schwillt jedoch an Werktagen um circa 300.000 Pendler an. Neben Bussen, Straßen- und U-Bahnen

Der Streckenplan verweist auf das engmaschige Schienennetz im Rhein-Main-Gebiet

sind es etwa 700 S-Bahnen, die die Fahrgäste zu Stationen innerhalb Frankfurts
und ins Umland befördern. Frankfurt ist
das Zentrum des Rhein-Main-Verkehrs-
verbundes (RMV), den jeden Tag rund
zwei Millionen Fahrgäste nutzen. Damit
zählt der RMV zu den größten deutschen
Verkehrsverbünden. Wichtigste deutsche
Verkehrsdrehscheibe im Zugverkehr ist
der Frankfurter Hauptbahnhof. Täglich
verbinden über 1.100 Züge die Stadt mit
zahlreichen nationalen und internationalen Zielorten. Der größte Kopfbahnhof
Deutschlands mit seinen 25 Gleisen in
fünf Bahnsteighallen ist Knotenpunkt
des ICE- /IC- /EC-Netzes der Deutschen
Bahn AG.

Wer mit dem Auto anreisen möchte,
kann sich der Stadt aus allen vier Him-
melsrichtungen nähern. Drei Autobahnen
bilden einen nahezu geschlossenen
Autobahnring mit zahlreichen Abfahrt-
möglichkeiten. Bei der Anfahrt nutzen die
meisten Autofahrer das südwestlich von
Frankfurt gelegene Frankfurter Kreuz.
Das am 10. Juli 1956 eröffnete kleeblatt-

förmige Autobahnkreuz ist mit einem
täglichen Verkehrsaufkommen von mehr
als 300.000 Fahrzeugen das verkehrs-
reichste Autobahnkreuz Europas. Darunter
verläuft der Frankfurter-Kreuz-Tunnel
der Eisenbahn-Schnellfahrtstrecke Köln-
Rhein/Main.

Der in unmittelbarer Nähe gelegene
Frankfurter Flughafen ist zur reibungs-
losen Bewältigung der Personenströme
an den unterirdisch gelegenen S-Bahnhof, den Flughafen-Fernbahnhof sowie
der hier zehnspurig geführten A5, der A3
sowie der B 43 angebunden. Mit jährlich
über 50 Millionen Passagieren und etwa
480.000 Starts und Landungen ist der
der Frankfurter Flughafen der größte
deutsche Verkehrsflughafen und zugleich
eines der bedeutendsten Luftfahrt-
drehkreuze weltweit. Gemessen am
Passagieraufkommen ist er nach London-
Heathrow und Paris-Charles de Gaulle
der drittgrößte Flughafen Europas.
Mit rund 2,2 Millionen Tonnen hat der
Flughafen das größte Frachtaufkommen
aller europäischen Flughäfen.

Zahlreiche Frankfurter Brücken passierend nimmt das Schiff Kurs auf die Mainmündung

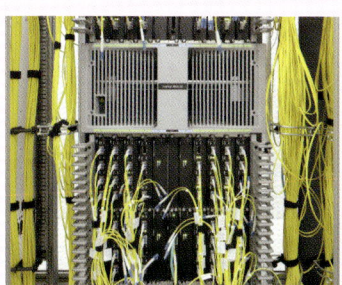

Innerhalb von Nanosekunden verbinden Switches Werk und Träume von Millionen von Menschen

Die Warenströme am Umschlagplatz Rhein-Main werden zudem mit der Bahn und per Schiff transportiert. Frankfurt spielt mit seinem historisch gewachsenen Massenguthafen in der ersten Liga unter den deutschen Binnenhäfen. So werden allein im Osthafen etwa 4,5 Millionen Tonnen Baustoffe, Kohle, Kies, Getreide und Öl umgeschlagen.

Zu den sichtbaren Verkehrsströmen haben sich die Unsichtbaren gesellt. In der Stadt der Banken werden Finanztransaktionen schon lange nicht mehr mithilfe von Bargeld sondern per Datenhighway erledigt. Zudem setzt Frankfurt als Dienstleistungsmetropole auf schnelle Datenübermittlung.

Der Internetknoten DE-CIX mit seinen zwölf über das gesamte Stadtgebiet verteilten Rechenzentren, ist hierbei von herausragender Bedeutung. Er ist der wichtigste Knoten für Zentral- und Osteuropa und gehört weltweit zu den drei größten seiner Art. Gemessen am Datenverkehr war er im Jahr 2011 der größte kommerzielle Internetknoten der Welt. ●

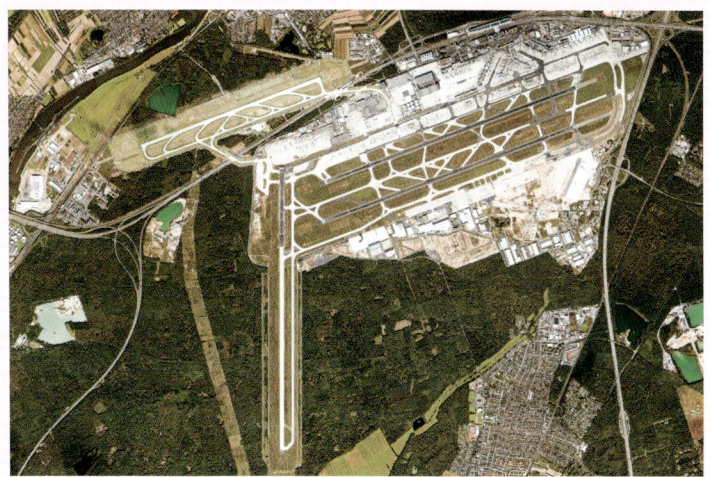

Das Start- und Landebahnsystem am Frankfurter Flughafen besteht aus vier Bahnen

Letztes sichtbares Zeichen der industriellen Nutzung

Frankfurt am Main

Adlerwerke

- ❌ Kleyerstraße 11–23
- 🔼 Vernal Asset 1 Luxembourg S.a.r.l.
- ❶ frei zugänglich

Die Geschichte der Adlerwerke begann 1880 und ist eng verknüpft mit dem Unternehmer Heinrich Kleyer und seiner Geschäftsidee der ersten industriellen Fahrradproduktion Deutschlands. Vom Erfolg beflügelt erstand er ein 18.000 Quadratmeter großes Grundstück, auf dem in mehreren Bauabschnitten zwischen 1889 und 1912 die Adlerwerke als vierflügelige Anlage entstanden. In Anlehnung an Stilformen oberitalienischer Fortifikationsbauten der Spätgotik erbaut weist die Fassadengestaltung breite Wandpfeiler mit von schmalen Brüstungsbändern unterbrochenen Fensterflächen auf. Eine Besonderheit stellen die Treppenhaus- und Aufzugtürme dar, die mit Zinnenkranz und Konsolfries verziert sind. An 600 Arbeitsplätzen wurden neben Fahrrädern auch Dreiradwagen und Voiturette-Autos produziert. Ab 1898 begann die Herstellung von Schreibmaschinen. Zwischen 1901 und 1906 ergänzten Motorräder die Produktpalette.

Am 22. März 1944 wurden die Fabrikgebäude bei einem Luftangriff schwer beschädigt. In ihrer Folge lagerte man große Teile der Produktion aus. Vor Ort verblieb die Fertigung von Schützenpanzerfahrgestellen und Motoren, die von KZ-Häftlingen erbracht werden musste. Auf dem Hauptfriedhof befindet sich die Grabstätte der Häftlinge des KZ Natzweiler-Struthof, die im Außenlager Adlerwerke starben. Nach dem Zweiten Weltkrieg wurden die erhaltenen Anlagen der Frankfurter Automobilfertigung durch das amerikanische Militär beschlagnahmt.

1946 nahm man die Produktion von Schreibmaschinen wieder auf. Ab 1949 kamen sukzessive Fahrräder, Büro- und Werkzeugmaschinen sowie kurzzeitig auch Motorräder hinzu. Spätere Eigentümer beschränkten sich auf Büromaschinen, deren Produktion 1992 eingestellt wurde. Mit dem Ende der Fabrik-Ära wurden im Laufe der 1990er-Jahre die noch im Original verbliebenen westlichen und östlichen Gebäude grundlegend saniert und die in Folge des Krieges fehlenden Gebäudeteile auf der Basis des ehemaligen Grundrisses komplettiert. Heute befindet sich dort ein modernes Dienstleistungszentrum, in dem auch das Gallus Theater angesiedelt ist. ●

Frankfurt am Main
Alte Brücke

- ✖ zwischen Mainkai und Schöne Aussicht, zwischen Sachsenhäuser Ufer und Deutschherrnufer
- ◆ Stadt Frankfurt
- ❶ jederzeit frei zugänglich

Heute eine unter vielen war die Alte Brücke bis zum Bau des Eisernen Stegs 1869 die einzige befestigte Verbindung zwischen Frankfurt und Sachsenhausen. Urkundlich gesichert ist eine erste Nennung im Jahr 1222. Man geht jedoch davon aus, dass an gleicher Stelle bereits hölzerne Vorgängerbauten über den Main führten. 1276 sprach man dann von einer steinernen Brücke. Alle Händler, die auf der Nord-Süd-Handelsroute Waren über den Main transportieren wollten, mussten hier den Fluss überqueren und damit auch Zoll und Wegegeld bezahlen. Zu dieser Zeit stand an beiden Enden der Brücke jeweils ein Brückenturm. Einer der Türme diente als Gefängnis. Zeigte das 1342 erstmals erwähnte eiserne Kreuz mit dem vergoldeten Hahn auf seiner Spitze den Schiffen die tiefste Stelle und damit sicheres Fahrwasser an, wurden hier in früheren Jahrhunderten auch verurteilte Verbrecher in den Main gestürzt.

Die Brücke erfuhr im Laufe der letzten 300 Jahre zahlreiche Renovierungen. Ende des 19. Jahrhunderts war sie dem gestiegenen Schiffsverkehr sowie dem Fahrzeug- und Fußgängeraufkommen nicht mehr gewachsen, sodass sie 1914 gesperrt werden musste. Der historisierende Neubau konnte erst 1926 fertig gestellt werden, wobei die Sandsteinverkleidung die darunter befindliche betongestützte Ausführung nicht zu erkennen gibt. Ursprünglich sollte sie den Namen Kaiserbrücke erhalten. Doch zum Zeitpunkt der Eröffnung hatte Deutschland keinen Kaiser mehr. So blieb der Name „Alte Brücke" erhalten. 1945 wurde sie von abziehenden deutschen Truppen gesprengt. Die Wiederherstellung dauerte bis 1965. Sie besteht heute aus den massiven Teilen der Vorgängerbrücke und einem stählernen Stromüberbau und weist eine Länge von 237 Metern und eine Breite von 19,5 Metern auf. Auf der letzten verbliebenen Insel im Main wurde 2006 der „Neue Portikus" eröffnet. Die Ausstellungshalle des Städels steht umgeben von Mauerresten der letzten Brückenmühle. Die Insel ist Rastplatz für Zugvögel und Brutgebiet zahlreicher Wasservögel und für die Öffentlichkeit nicht zugänglich. ●

Immer noch verbindet die Brücke die beiden Stadtteile

F

Frankfurt am Main
Ältestes Fachwerkhaus

❌ Schellgasse 8

🔼 Frankfurter Aufbau AG

ℹ️ Im Rahmen von Veranstaltungen und auf Anfrage, Tel. 069 615918

Frankfurt war einst eine der bedeutendsten Fachwerkstädte Deutschlands. Von der mittelalterlichen und frühneuzeitlichen Bebauung ist im heutigen Stadtbild fast nichts mehr zu finden. Es ist daher kaum vorstellbar, dass der im Mittelalter vorherrschenden Fachwerkbauweise bis Anfang des 14. Jahrhunderts noch nicht einmal zehn Steinhäuser gegenüber standen.

Bei den Bombardierungen des Zweiten Weltkriegs wurden mehr als 1.200 Häuser, insbesondere der Bereich zwischen Dom und Römer zerstört. Im Stadtzentrum verblieben einzig das um 1600 erbaute Haus Wertheim am Fahrtor sowie auf der gegenüberliegenden Mainseite ein Fachwerkhaus in der

Schellgasse. Nahe der Alten Brücke steht dieses Gebäude im ältesten Teil von Sachsenhausen. Das Gebäude war Teil eines Hofes, der nahe der Sachsenhäuser Stadtmauer lag. Deren Reste sind heute noch am unweit gelegenen Parkhaus zu sehen. Dendrochronologische Analysen datieren die Eichenbalken des Hauses auf das Jahr 1291 und weisen es damit als ältesten Fachwerkbau Frankfurts aus. Als zweigeschossige Ständerkonstruktion errichtet, besitzt das schwellenlose Fachwerk vier Eck- und zwei Bundständer, die über zwei Geschosse durchlaufen und auf Fundamentsteinen aufsitzen. Der Nordgiebel wird von einem, vom Fundament bis zum First durchgehenden, annähernd zehn Meter hohen Firstständer beherrscht. Die vorgefundenen dicken Rußschichten der Dachbalken und Sparren geben Aufschluss über das Fehlen eines Kamins. Da ursprünglich die Zwischendecke fehlte, handelte es sich vermutlich um eine Scheune oder ein Magazin. Erst später diente es als Wohnhaus und wurde in dieser Phase mehrfach umgebaut.

1980 wurde es unter Denkmalschutz gestellt und saniert, wobei 30 % der alten Konstruktion erhalten werden konnte. Da man sich für das Belassen des Gebäudes auf seinem ursprünglichen Platz entschied, liegt es unterhalb des heutigen Straßenniveaus. Seit 1992 dient das Haus den „Freunden Frankfurts e.V." als Veranstaltungsort für Vorträge, Lesungen und Ausstellungen und Geschäftsstelle. ●

Das Gebäude steht unterhalb des heutigen Straßenniveaus

F

Der einzige Ort, an dem man heute noch die historische Altstadt entdecken kann

Frankfurt am Main
Altstadtmodell der Brüder Hermann und Robert Treuner

⊗ Fahrtor 2

◉ Stadt Frankfurt

🕐 Di–So 10–17 Uhr (Öffnungszeiten des Historischen Museums)

ℹ Tel. 069 212-35154
besucherservice.historisches-Museum@stadt-frankfurt.de

Das Treuner'sche Altstadtmodell ist ein Muss für jeden, der sich einen Eindruck von der im Zweiten Weltkrieg zerstörten Altstadt verschaffen möchte. Von den Brüdern Robert und Hermann Treuner gebaut, verdeutlicht es den Gebäudereichtum, wie er sich im Zentrum der Stadt seit dem 13. Jahrhundert bis Mitte der 1920er Jahre im Geiste stadtbürgerlicher Kultur entwickelt hatte.

Der Impuls zum Bau des Modells entstammte dem Wunsch, den Zustand vor dem, in den 1920er-Jahren geplanten, radikalen Umbau der Altstadt abzubilden und zu fixieren. Die bereits um 1900 begonnenen punktuellen Sanierungsarbeiten zielten darauf ab, die sozialen Umstände und baulichen Gegebenheiten der Altstadt mit ihren etwa 2.000 „gotischen" Häusern zu verbessern. Denn mit der kurz nach 1800 erfolgten

Niederlegung der Stadtbefestigung waren die wohlhabenden Schichten in die außerhalb gelegenen neuen Stadtviertel gezogen, das Kleingewerbe und die Handwerksbetriebe jedoch zurückgeblieben. Mit dem vermehrten Zuzug verarmter Bevölkerungsgruppen entstanden Quartiere mit einer hohen Bevölkerungsdichte. Gleichzeitig wurden die Gebäude kaum mehr instand gehalten und verfielen zunehmend.

Aus 64 einzelnen Bauteilen bestehend schufen die Künstler aus Holz, Karton und Papier eine feingliedrige und farbig bemalte Stadtlandschaft im Maßstab 1:200, die den Gebäudebestand des Jahres 1927 wiedergibt. Die vorgefundenen topografischen Verhältnisse berücksichtigend misst das Modell 5,60 mal 2,50 Meter und erreicht mit dem Dom seine maximale Höhe von 42,5 cm.

Man merkt es der Ausgestaltung an, dass die in der Altstadt aufgewachsenen Brüder neben der Kunstgewerbeschule auch die Städelschule besuchten. Mit Akribie erstellten sie Gebäudeaufmaße und skizzierten in rund 20 Kladden die vorgefundene Farbgebung und dekorativen Elemente jeder einzelnen Fassade. Eine Besonderheit ist die plastische Wirkung, die durch die eingeschnittenen Fenster und die Berücksichtigung der bei Fachwerkhäusern typischen Vorkragungen entsteht. ●

F

*Börse Frankfurt,
Eingangsseite
Börsenplatz*

Frankfurt am Main
Deutsche Börse

✖ Börsenplatz 2-6

◆ Deutsche Börse AG

❶ Voranmeldung mindestens 1 Tag im
Voraus, am Besuchstag gültigen Licht-
bildausweis mitbringen

❸ www.deutsche-boerse.com
Tel. 069 211-11510 / -11515 9–17 Uhr
visitors.center@deutsche-boerse.com

Kein Bau dürfte das Image der Stadt
mehr prägen als die Frankfurter Neue
Börse.

Im ausgehenden Mittelalter behin-
derten die chaotischen Verhältnisse im
europäischen Münzwesen den Waren-
austausch auf den Messen erheblich.
Aus diesem Grund versammelten sich
1585 Frankfurter Kaufleute, um einheitliche Kurse festzulegen. Dies war die
Geburtsstunde der Frankfurter Börse.
1694 mietete die Börse am Liebfrauen-
berg das Haus „Großer Braunfels" und
öffnete dort wöchentlich zweimal für eine
Stunde den Börsenhandel. Im Jahr 1843
bezog die schnell wachsende Wertpa-
pierbörse ein nach Plänen des Berliner
Architekten Friedrich August Stühler
errichtetes eigenes Gebäude in der
Neuen Kräme neben der Paulskirche.

Der klassizistische Bau entsprach aber
bereits nach wenigen Jahren nicht mehr
den Bedürfnissen des Wertpapier-
handels. Nach Plänen der Frankfurter
Architekten Heinrich Burnitz und Oskar
Sommer ließ die Frankfurter Handels-
kammer, Trägerin der Börse, einen
monumentalen Sandsteinbau mit einer
üppig dekorierten, rustizierten und durch
korinthische Säulen gegliederten Fassade
sowie einer gewaltigen Kuppel im Stil der
Florentiner Neorenaissance am heutigen
Börsenplatz errichten. Für dieses Bauprojekt mussten zahlreiche ältere Häuser
abgebrochen werden. 1879 wurde der
Bau eingeweiht und der Wertpapierhan-
del von der „Alten Börse" in die „Neue
Börse" verlegt. Das alte Börsengebäude
fand eine andere Nutzung und wurde
nach Kriegsschäden 1952 abgerissen.
Einige allegorische Figuren der Fassade,
unter andern eine „Europa" des Bildhauers Johann Nepomuk Zwerger wurden in
der Vorhalle der neuen Börse aufgestellt.
Der Computerhandel der deutschen
Börse findet zwar längst in anderen,
unspektakuläreren Bürogebäuden statt,
aber der Monumentalbau am Börsenplatz bleibt als Symbol der Wirtschafts-
macht ein Magnet für Besucher der
Stadt, zumal sich die beiden bekannten
Bronzeplastiken Bulle und Bär auf dem
Platz vor der Börse befinden. ●

Frankfurt am Main
GrünGürtel

Die Dicke Raupe von F. K. Waechter

❌ Gesamtes Stadtgebiet

🌥 teilweise privat, teilweise öffentlich

ℹ jederzeit frei zugänglich

ℹ Grüngürtelkarte kostenlos
beim Umweltamt und im Bürgerbüro
der Stadt erhältlich

Die Idee eines die Stadt umkränzenden grünen Bandes geht auf Ernst May zurück. Sie wurde 1991 wieder aufgegriffen und als landschaftsplanerisches Projekt vorangetrieben. Im Laufe der Jahre wurden Altarme der Nidda wiederbelebt, versiegelte Flächen renaturiert, Brücken gebaut und historische Baumalleen rekonstruiert.

Heute bildet der Grüngürtel einen die Kernstadt Frankfurt umschließenden Verbund tradierter Landschaften wie Streuobstwiesen, Wälder und Felder, Auen und historische Park- und Kleingartenanlagen. 1994 vom Land Hessen zum Landschaftsschutzgebiet erklärt, kann er zu Fuß, per Fahrrad oder mit anderen nicht motorisierten Fortbewegungsmitteln erfahren werden. Im Grüngürtel unterwegs zu sein heißt, sich zwischen besonderen Orten und Landschaften zu bewegen. Dies ist jedoch aufgrund seiner Größe von etwa 8.000

Hektar nicht an einem Tag zu bewältigen. Als unmittelbar vor der Haustür gelegener Naherholungsraum bietet der Grüngürtel 75 Kilometer Radwanderwege und mehr als 60 Kilometer Rundwanderwege. Er bildet das Zentrum des Regionalparks RheinMain und knüpft an mehreren Punkten an dessen Routen an.

1996 zeichneten die Vereinten Nationen den Grüngürtel als gutes Beispiel für nachhaltige Stadtentwicklung aus. Seit 2002 sind Künstler der Künstler- und Satirikergruppe der „Neuen Frankfurter Schule" dazu aufgerufen, den Grüngürtel als Raum des Nachdenkens der städtischen Gesellschaft über das Verhältnis Natur und Mensch zu etablieren. Die „Komische Kunst" steht für einen ironisch spielerischen Umgang mit dem Freiraum. Zum Angebot zählen das „Ich-Denkmal" von Hans Traxler und die von Friedrich Karl Waechter entworfene eigenständige Serie unter dem Titel „Komische Kunst an Bäumen". Der im Ostpark installierte „Elfmeterpunkt" von F. W. Bernstein sowie eine Installation zu Ehren des von Robert Gernhardt kreierten Grüngürteltiers am Tiroler Weiher sind jüngste Beispiele. Bisher warten insgesamt zwölf unterschiedliche Arbeiten im öffentlichen Raum auf ihre Entdeckung. ●

F

Frankfurt am Main
Hauptfriedhof

❌ Eckenheimer Landstraße 194

🍃 Grünflächenamt

🕐 werktags ab 7 Uhr, So und feiertags
ab 9 Uhr, November–Februar bis 17 Uhr,
März und Oktober bis 18 Uhr, April
und September bis 20 Uhr,
Mai–August bis 21 Uhr
der Hauptfriedhof ist durch verschiedene
Ein- und Ausgänge zu betreten

ℹ www.frankfurter-hauptfriedhof.de

Günstige, die Luft reinigende Westwinde und die in Mode gekommenen Zentralfriedhöfe bescheren Frankfurt heute einen beliebten innerstädtischen Ort der Ruhe und Erholung. Unter Sebastian Rinz begonnen wurde 1828 der älteste, 5,5 Hektar große Teil des Hauptfriedhofs eröffnet. Sein klassizistisches „Altes Portal" mit mächtigen dorischen Säulen unter klassischem Giebel stammt aus dieser Anfangsphase. Die Engelsköpfe wurden um 1880 hinzugefügt. Mehrfach erweitert begann man 1905 mit der Planung einer monumentalen neoklassizistischen Gebäudegruppe aus Neubau der Toranlage, der Trauerhalle, den Betriebs- und Verwaltungsgebäuden und des Krematoriums. Die 1912 eröffnete Trauerhalle erinnert an ravennatische Bauten der Spätantike. Das Dekor im Inneren gehört zu den wenigen erhaltenen Frankfurter Beispielen des Jugendstils.

Hinter diesem Ensemble liegt heute einer der größten Friedhofskomplexe Deutschlands. Auf einem Areal von etwa 70 Hektar führen rund 64 Kilometer Wege zu knapp 70.000 Gräbern. Zahlreiche der auf dem Frankfurter Hauptfriedhof beerdigten Persönlichkeiten haben zu Lebzeiten in gesellschaftlichen, politischen, kulturellen und wirtschaftlichen Bereichen ihre Spuren hinterlassen. So sind die Gruften und Familiengräber derer von Bethmann und von Rothschild genauso zu finden wie das Grab Marianne von Willemers. Grabmale des Philosophen Arthur Schopenhauers, des Frankfurter Mundartdichters Friedrich Stoltze, des Jazzmusikers Albert Mangelsdorf und der Schriftstellerin Ricarda Huch erinnern an ihr einstiges Wirken in dieser Stadt. Eine der vielen Besonderheiten sind die Gräber der im „Struwwelpeter" auftretenden Protagonisten „Paulinchen" und des „Zappelphilipp" nahe des Grabes ihres Erfinders Heinrich Hoffmann. Vertreter der „Frankfurter Schule" wie Theodor W. Adorno und der Begründer des Siegmund-Freud-Instituts Alexander Mitscherlich teilen sich den weitläufigen Ort mit verstorbenen Künstlern der „Neuen Frankfurter Schule" wie Hans Traxler und Robert Gernhardt. Jeder Besuch kann so zu einer Spurensuche in der Frankfurter Geschichte werden. ●

Der Eingang in die Trauerhalle

Frankfurt am Main
Heizkraftwerk West

❌ Gutleutstraße 231

🔺 Mainova AG

ℹ ausschließlich im Rahmen von Führungen, die 4 Wochen vorab gebucht werden müssen

ℹ Tel. 069 213-26231 oder fuehrungen@mainova.de

Am Anfang stand die Erfindung der Glühlampe. Sie revolutionierte die bisher gasbetriebene Straßenbeleuchtung und gab den entscheidenden Anstoß für den Aufbau einer öffentlichen Stromversorgung. Angeregt durch die Pariser Weltausstellung im Jahr 1889 wurde in Frankfurt 1891 auf dem Gelände der ehemaligen Westbahnhöfe die Internationale Elektrotechnische Ausstellung realisiert. Bereits am großen dreiteiligen Eingangstor erwartete die 1,2 Millionen Besucher aus aller Welt eine Sensation: Der Strom einer Wasserturbine im 175 Kilometer entfernten Lauffen am Neckar sorgte mit der leistungsstarken Fernübertragung für das Erglühen von 1.000 Glühlampen sowie einem elektrisch angetriebenen Wasserfall. Nach mehreren Jahren intensiver Diskussion fiel die Entscheidung für den Bau des ersten öffentlichen Elektrizitätswerks an der Gutleutstraße, in dem seit dem 12. Oktober 1894 erstmals 2.000 kW Strom erzeugt wurden. Der steigende Strombedarf nach dem Zweiten Weltkrieg erforderte ab 1954 den mehrstufigen Ausbau des Kraftwerks. Mit den Blöcken 2 und 3 erhielt es in den 1980er Jahren seine heutige Optik. In den beiden Kesseln dieser Kraftwerksblöcke werden jährlich zwischen 350.000 und 400.000 Tonnen Steinkohle für Strom und Fernwärme verfeuert. Gut die Hälfte davon wird per Bahn direkt an die unterirdisch gelegenen Kohlebunker transportiert.

Die fein gemahlene Kohle gelangt über geschlossene Transportbänder zu den Silos

Das Heizkraftwerk verfügt zudem über eine eigene Anlegestelle am Westhafen und wird über den Main per Schiff mit Kohle beliefert. Bemerkenswert ist die technische Einrichtung der Anlegestelle mit einem Kran, der mittels einer archimedischen Schraube in seinem Rüssel die fein gemahlene Kohle aus den Schiffen befördert. Das Entleeren eines rund 2.000 Tonnen fassenden Schiffsbauchs dauert etwa zwölf Stunden. Über ein rundum geschlossenes Förderband gelangt die Kohle durch die am Westhafen Pier erbauten Bürogebäude auf das Kraftwerksgelände. Zu besichtigen ist das Kraftwerk am historischen Standort im Rahmen von Gruppenführungen. Vorausgesetzt man ist gut zu Fuß und schwindelfrei. ●

Frankfurt am Main · *Aus der Luft ist die markante Architektur zu erkennen*

Hessischer Rundfunk und ehemaliger Plenarsaal

- ❌ Bertramstraße 8
- 🔼 Hessischer Rundfunk
- ❶ Besichtigung der Goldhalle nur im Rahmen von Führungen möglich
- ❶ Tel. 069 155-3119

Wäre nicht Bonn, sondern Frankfurt Hauptstadt der Bundesrepublik Deutschland geworden, dann wäre auf dem weitläufigen Gelände des Hessischen Rundfunks deutsche Geschichte geschrieben worden. Aus dieser Zeit des Umbruchs und der Neuorientierung stammt ein Gebäude, das seine ihm damals zugedachte Bedeutung heute nicht mehr zu erkennen gibt. 1924 als „Südwestdeutscher Radio-Club" von Privatpersonen gegründet, bezog der Sender 1930 ein eigenes Funkhaus in der Innenstadt. Bereits drei Jahre später erfolgte seine Verstaatlichung durch die Nationalsozialisten. Nach Kriegsende startete am 1. Juni 1945 „Radio Frankfurt" als Sender der amerikanischen Militärregierung seinen täglichen Betrieb und wurde in Ermangelung regelmäßig erscheinender Zeitungen zur wichtigsten Informationsquelle. Zur Anstalt des öffentlichen Rechts mit Sitz in Frankfurt am Main bestimmt, erhielt der Rundfunk am 28. Januar 1949 von der amerikanischen Militärregierung seine Sendelizenz und war somit wieder in deutsche Hände übergeben. Die bis dato noch nicht entschiedene Hauptstadtfrage eröffnete auch für Frankfurt die Option, zukünftig der Ort zu sein, von dem aus die Geschicke des Landes gelenkt werden könnten. So wurde im Vorfeld bereits der vom Architekten Gerhard Weber entworfene und im Rohbau fertig gestellte Plenarsaal des Bundestags gebaut. Mit der knappen Entscheidung am 10. Mai 1949 zugunsten Bonns als provisorischer Hauptstadt ging das Gebäude zur weiteren Nutzung an den Hessischen Rundfunk über. Die bereits vorhandenen Tribünen wurden abgebrochen und normale Geschosse mit Hörfunkstudios eingebaut. Das zwischen 1951 und 1953 umgestaltete Gebäude stellt mit dem runden, durch vier vorgelagerte Treppentürme und die flache Kuppel akzentuierten Bau, einen direkten formalen Bezug zur Paulskirche her. An die dem sogenannten Rundbau zugedachte Funktion erinnert heute nur noch die Gebäudehülle und die denkmalgeschützte „Goldhalle" als ehemaliger Vorraum zum Plenarsaal. ●

Frankfurt am Main

Erinnert an die deportierten Juden

Hochbunker Friedberger Anlage

❌ Friedberger Anlage 5–6

🔼 Initiative 9. November in Zusammenarbeit mit dem Jüdischen Museum Frankfurt

ℹ️ So 11-14 Uhr, Führungen 11.30 Uhr, Gruppen n. Vereinbarung 069 212-38804, Eintritt 2 €, warme Kleidung empfohlen Anfang Dezember–Ende März geschlossen, außenliegende Gedenkstätte frei zugänglich

Der Hochbunker in der Friedberger Anlage ist kein schöner, aber ein lehrreicher Ort. Seine bis zu 2,50 Meter starken Wände, das fehlende Tageslicht und die immerwährende Kühle in seinem Inneren wirken beklemmend. Beschämend ist die Entstehungsgeschichte des Bunkers, die von der unglaublichen Menschenverachtung des nationalsozialistischen Regimes zeugt. Er wurde 1942-1943 auf den Fundamenten der in der Pogromnacht vom 10. November 1938 zerstörten Synagoge der Israelitischen Religionsgesellschaft errichtet. Heute ist der Bunker steinernes Zeugnis der Schreckensherrschaft im Dritten Reich und mahnende Erinnerung an die verfolgten und ermordeten Juden Frankfurts. In der kleinen Grünanlage vor dem Eingang haben zwei Säulenrepliken vom Portal der 1907 eingeweihten Synagoge und ein Gedenkstein ihren Platz gefunden. Die Synagoge war leben-diger Mittelpunkt des neo-orthodoxen Judentums, das sich 1850 von der liberal dominierten jüdischen Einheitsgemeinde abgespalten hatte.

Seit 2004 zeigen die Initiative 9. November und das Jüdische Museum im Erdgeschoss des Schutzraumes die Dauerausstellung „Ostend – Blick in ein jüdisches Viertel". Auf anschauliche Weise vermittelt die reich bebilderte Präsentation einen Einblick in das Leben der Juden, die seit Mitte des 19. Jahrhunderts in den Frankfurter Osten gezogen waren. Lachende Schüler im Klassenzimmer der jüdischen Volksschule oder beim Wandern im Taunus, Familien am Schabbatabend um den reich gedeckten Tisch, stolze Kaufleute und Handwerker vor ihren Geschäften. Um 1895 waren knapp 45 % der Bewohner des Ostends jüdischen Glaubens. Hier konzentrierten sich jüdische Einrichtungen vom koscheren Metzger bis zum Krankenhaus.

Mit der Machtübernahme der Nationalsozialisten begann die systematische Ausgrenzung und Verfolgung der Juden auch im Ostend. Tausende fuhren ab Oktober 1941 von der benachbarten Großmarkthalle in die Konzentrationslager und den Tod. Die Ausstellung im Hochbunker gibt ihren Schicksalen Namen und Gesicht. ●

F

Die Parkseite des Holzhausenschlösschens mit Wassergraben

Frankfurt am Main
Holzhausenschlösschen

❌ Justinianstraße 5

☁ Stadt Frankfurt

ⓘ www.holzhausenschloesschen.de

ℹ Tel. 069 557791

Romantisch am Rand des Holzhausenparkes liegt im nördlichen Stadtzentrum von Frankfurt das kleine barocke Wasserschloss, dessen Zugang über den breiten Wassergraben eine Bogenbrücke erschließt. Die „Holzhausen-Oede" hatte Justinian I. von Holzhausen 1540 zum Landsitz ausgebaut. Nach der Zerstörung und Belagerung Frankfurts im Jahr 1571 durch Albrecht Alkibiades von Brandenburg und Moritz von Sachsen ließ Achilles von Holzhausen den Landsitz wieder aufbauen.

Johann Hieronymus von Holzhausen, seit 1722 Jüngerer Bürgermeister von Frankfurt, ließ dann in den Jahren 1726 bis 1729 seine damals noch weit außerhalb der Stadtgrenze gelegene mittelalterliche Wasserburg von dem Architekten Louis Rémy de la Fosse dem Zeitgeschmack entsprechend zu einem dreigeschossigen Schlösschen umbauen. Der alte Wohnbau wurde aufgestockt, erhielt eine neue Fenstereinteilung und ein Mansarddach mit dem auffälligen, damals höchst modernen „Belvederchen" als Bekrönung. Das rundbogige Renaissanceportal mit der Datierung 1571 und etliche Spolien wurden wieder verwandt. Erst 1771 richtete sich die kunstsinnige Familie das Schlösschen zum ständigen Wohnsitz ein und ließ 1793 den großzügigen Park im englischen Stil anlegen.

Im Jahre 1910 kam das Anwesen in den Besitz der Stadt Frankfurt. Das Innere wurde nach Kriegsschäden 1949 vereinfacht wiederhergestellt, der Park reduziert und umgestaltet. Der Zugang vom Oeder Weg über ein vierteiliges schmiedeeisernes Eisentor zwischen hohen Sandsteinpfosten im Louis-Seize-Stil blieb erhalten. Heute setzt die gemeinnützige Frankfurter Bürgerstiftung e.V. die seit dem 16. Jahrhundert überlieferte Familientradition fort, die einstige „Holzhausen–Oede" als beliebten Treffpunkt für Künstler und Wissenschaftler zu nutzen. Das erklärte Ziel ihrer Arbeit ist die Förderung von Kunst und Theater, Erforschung und Ausrichtung von Ausstellungen zur Frankfurter Geschichte, Vergabe von entsprechenden Forschungsaufträgen und Publikation über deren Ergebnisse. ●

Frankfurt am Main
Kasematten

- ❌ Bleichstraße 8
- 🔷 Stiftung Waisenhaus, Stiftung des öffentlichen Rechts
- ❓ Führungen nur nach Anmeldung im Archäologischen Museum
- ℹ Tel. 069 212-35896

Mit den ersten Schritten in den Hauptgang der Kasematten wird der Besucher in eine fremde Welt geleitet. Eingehüllt in gelbes Licht fällt der Blick auf einen schnurgeraden Gang, in dem noch vor kurzem Schutt aus mehreren Jahrhunderten lag. Ist man durch die feuchtwarme Luft erst bis dorthin gelangt, hat man bereits viel über die ehemaligen Wehranlagen Frankfurts erfahren.

Ausschließlich im Rahmen einer Führung zu besichtigen, fällt der Blick auf einen sanierten Ausschnitt der vorgelagerten Festungsanlage, die ehemals den gesamten Anlagenring umfasste und aus insgesamt elf fünfeckigen Bollwerken mit dazwischen gelegenen Kurtinen bestand. 2009 bei Aushubarbeiten für den Neubau der Waisenhausstiftung entdeckt, wurde neben dem Fragment einer Sternbastion auch die etwas tiefer gelegene Kasematte ausgegraben. Sie ist vermutlich an keiner anderen Stelle der ehemaligen Frankfurter Stadtmauer zu finden. Mit dem Bau des für diese Zeit neuartigen Verteidigungssystems wurde 1628 begonnen. Vom vorgefundenen Hauptgang zweigen insgesamt 31 Galerien ab. Sechs von ihnen sind zur Stadtseite ausgerichtet und weisen keine Schießscharten auf. Die anderen dienten dem Schutz der Feldseite über den sich anschließenden Wassergraben. Die Schießscharten sind knapp unterhalb der Decke angeordnet und waren nur von

einer Plattform aus zu bedienen. An der Decke befinden sich Öffnungen, die dem Abzug des Pulverqualms dienten. Da es Festungsbaumeister Johann Wilhelm Dilich nicht gelang, eine Quelle abzudichten, wurde der Gang überflutet und war seitdem nicht mehr nutzbar. Wer jedoch vermutet, dass sich in dem bis auf zwei Meter Höhe zugeschütteten Gang reiche kulturhistorische Funde aus den vergangenen Jahrhunderten befanden, muss leider enttäuscht werden. Einzig eine im Original zu besichtigende bleierne Musketenkugel aus den Anfängen der Befestigung, verrostete Gartenmöbel aus der Zeit, als der Gang im Zweiten Weltkrieg als Luftschutzkeller diente sowie ein russischer Schutzhelm sind geblieben. ●

Die Anlage bot Soldaten Schutz vor Angreifern

F

Frankfurt am Main

Kuhhirtenturm mit Hindemith-Kabinett

- ⊗ Große Rittergasse 118
- ⬥ Stadt Frankfurt
- 🕐 ganzjährig So 11–18 Uhr, Eintrittsgeld wird erhoben
- ℹ Hindemith-Institut Tel. 069 5970362 und Kulturamt Frankfurt Tel. 069 212 33952

Mit dem Bau des staufischen Saalhofes am rechten Ufer des Mains erwarben Mitte des 12. Jahrhunderts zahlreiche Reichsministerialen Besitzungen am gegenüberliegenden Mainufer. Diese Rittergeschlechter hatten die Aufgabe, die Interessen und Rechte der staufischen Kaiser zu wahren. Zahlreiche

Das Obergeschoss bietet heute Raum für Kammerkonzerte

Fehden mit benachbarten Territorialherren führten früh zur Errichtung erster Stadtbefestigungen, die mit dem Erhalt des Status als Reichsstadt sukzessive zu Verteidigungsanlagen ausgebaut wurden.

Der um 1390 errichtete Kuhhirtenturm erfüllte die Funktion eines Wehrturms, der die zum Main hin gerichtete Stadtmauer Sachsenhausens schützen sollte. Das noch heute erhaltene Paradiespförtchen oder Kuhhirtentor war zentraler Passageort für die aus dem Süden in die Stadt reisenden Händler zum alten Flussübergang am Main. Der auf quadratischem Grundriss errichtete Turm weist auf der südlichen Hauptfront eine Länge von rund sieben Metern auf. Die Grundmauern sind aus Granit errichtet und reichen bis zum dritten Stockwerk. Auf ihnen ist die Türmerstube in Fachwerkbauweise aufgesetzt, die von einem Turmhelm gekrönt ist.

Als man zu Beginn des 19. Jahrhunderts die Befestigungsanlage schliff, blieb der Turm vom Abriss verschont und diente fortan als Armenwohnung für den Sachsenhäuser Kuhhirten. Aus dieser Zeit stammt auch sein heutiger Name.

Während des Zweiten Weltkriegs wurde der Kuhhirtenturm schwer beschädigt und die nordwestlich gelegene Bebauung zerstört. In den 1950er Jahren errichtete das Deutsche Jugendherbergswerk auf der kriegsbedingten Brache die neue Frankfurter Jugendherberge und erhielt das Nutzungsrecht für den Turm. Der letzte erhaltene Wehrturm Sachsenhausens steht heute in einem Stadtteil, der sich von einem reinen Vergnügungsviertel in eine vielfältig genutzte Kulturlandschaft wandelt. Im Kuhhirtenturm befindet sich seit 2011 eine Erinnerungsstätte, die sich dem Leben und Werk des von den Nationalsozialisten verfemten Komponisten und Musikers Paul Hindemith widmet, der in den Jahren 1923 bis 1927 den Turm bewohnte. ●

F

Links des Glockenturms ist der Eingang zum „Ort der Stille"

Frankfurt am Main
Liebfrauenkirche

❌ Schärfengäßchen 3

🏛 Stadt Frankfurt/Stadtkämmerei

🕐 täglich ab 5.30–21 Uhr

Die Liebfrauenkirche geht auf eine Anfang des 14. Jahrhunderts von Angehörigen des Frankfurter Patriziats gestiftete Marienkapelle zurück, die direkt an die Staufermauer gebaut war, welche die die Altstadt schützte. Der Erzbischof von Mainz erhob die Marienkapelle 1325 zur Kollegiats-Stiftskirche, die bis 1344 zu einer dreischiffigen gotischen Hallenkirche erweitert wurde. Mit der Umgestaltung der Südfassade entstand ein spätgotisches Portal, das vermutlich von Madern Gerthener um 1420 geschaffen wurde. Das figurenreiche Tympanonrelief aus Terracotta zeigt Szenen der Anbetung der Heiligen Drei Könige. 1506 bis 1509 wurde das Langhaus verlängert und der erhöhte Polygonalchor errichtet. Im Jahr 1824 setzte Friedrich Rumpf dem Dreikönigsportal Gertheners eine klassizistische Eingangshalle vor. Die ehemalige Lage an der Stadtmauer erklärt, weshalb sich das Kirchenportal nach Süden öffnet, obwohl die Kirche die übliche Ost-West-Orientierung aufweist. Folglich befindet sich in der Westmauer der Kirche keine Tür. An deren Stelle sind vereinzelte Steine der Staufermauer sichtbar. Im Zuge der Säkularisation ging die Kirche in das Eigentum der Stadt über und das Liebfrauenstift wurde aufgelöst. Am 22. März 1944 brannte die Liebfrauenkirche durch Bombentreffer vollkommen aus. Mit dem bis 1955/56 erfolgten Wiederaufbau wurde die Idee einer vereinfachten Rekonstruktion als gotisches Baudenkmal verfolgt.

Seit 1917 dient Liebfrauen als Klosterkirche der Kapuziner, die nördlich der Kirche einen Konvent anlegten. Heute leben mit den Kapuzinern und den Franziskanerinnen zwei Ordensgemeinschaften mitten in der Stadt.

An der Westseite ist der Zugang zum „Ort der Stille". Den Besucher empfängt ein beschaulicher Innenhof. Die 1920 gestaltete Lourdesgrotte, mit ihrer vermutlich 1885 in Paris geschaffenen Marienfigur, blieb im Krieg von der Zerstörung verschont und ist heute ein Ort, an dem täglich zahllose Menschen betend verweilen, Blumen niederlegen und Kerzen entzünden. ●

F

*Beeindruckende
Blickwinkel zwischen
Natur und Stadt*

Frankfurt am Main
Lohrberg

❌ Berger Weg; Anfahrt mit dem PKW über
die Berger Warte Richtung Bad Vilbel,
Abfahrt Lohrberg, Parkplätze vorhanden;
ÖPNV mit dem Lohrbergbus am
Wochenende ab Friedberger Platz

⬆ Stadt Frankfurt

ⓘ ganzjährig

„Rasen betreten und Spielen erlaubt"
waren um 1900 nahezu ungehörige Auf-
forderungen an die Nutzer öffentlicher
Parkanlagen. Geänderte soziale Leitbilder
und der damit einhergehende gestiegene
Bedarf an von der Allgemeinheit nutz-
baren Grünflächen flossen in die Arbeit
städtischer Planer ein. Die Impulse, die
zur Einrichtung eines Volksparks am
Frankfurter Hausberg führten, läuteten
den Rückzug der bisher vorherrschenden
adrett gestalteten Zieranlagen ein. Von
den ersten Ideen bis zur Übergabe an
die Bevölkerung im Jahr 1919 vergingen
siebzehn Jahre. Neben der Anlage der
ersten Dauerkleingartenanlage Frankfurts wurde Ende der 1920er Jahre auch
ein Kinder-Erholungsgarten etabliert. Er
umfasste Sandkasten und Spielgerät
sowie ein großes Wasserspielbecken.

Die Eröffnung der Lohrbergschänke
im Jahr 1933 markierte die Vollendung
des Lohrparks. In der Formensprache der
1920er Jahre gehalten, entwickelte sie
sich zum beliebten Ausflugsziel. Von
Anbeginn in die Planung des Parks
integriert, war der bis heute einzige
Weinberg auf städtischem Gebiet. 1971
wurde die 1,3 Hektar große Rebfläche
„Lohrberger Hang" als kleinste und
östlichste Einzellage des Weinbaugebiets
Rheingau in die Weinbergsrolle einge-
tragen.

Eine Besonderheit des Lohrparks ist
die große Spielwiese, die ab 1951 als
Wettkampffläche des Frankfurter Berg-
sportfestes diente. Im östlichen Teil des
Areals öffnete 1947 die städtische
„Beispielobstanlage" zur Beratung der
Obstbau betreibenden Frankfurter die
Tore. Seit einigen Jahren ist dort mit
dem „MainÄppelHaus" ein lebendiges
Beratungszentrum entstanden, in dem
sich Interessierte im Schaugarten rund
um die Themen Streuobst und Garten-
bau informieren und im angeschlossenen
Bistro auch gleich die Früchte und
daraus hergestellte Produkte verkosten
können.

Heute steht der 18 Hektar große
Lohrpark unter Denkmalschutz und ist
Teil des Grüngürtels. Seine besondere
Lage entlang der Hangkante beschert
einen grandiosen Ausblick auf Frankfurt
und die angrenzenden Regionen. Im
Winter findet man dort – Schnee vorausgesetzt – die längste Rodelbahn Frankfurts. ●

Frankfurt am Main

MAIN TOWER – ein Highlight in der Frankfurter Skyline

❌ Neue Mainzer Straße 52-58

🏦 Landesbank Hessen-Thüringen

❗ Foyer: Mo–Fr 8–20 Uhr, Sa 10–16 Uhr
Plattform: Sommer So–Do 10–21 Uhr,
Fr–Sa 10–23 Uhr, feiertags 10–21 Uhr,
Winter So–Do 10–19 Uhr,
Fr–Sa 10–21 Uhr, feiertags 10–19 Uhr

ℹ️ www.maintower.de
www.maintower-restaurant.de

Kaum vorstellbar, dass der historische Kaiserdom noch in den fünfziger Jahren das höchste Gebäude Frankfurts war. Heute ist die berühmte Skyline schon von weitem zu erkennen. Mittendrin: der MAIN TOWER. Für Touristen und Stadtführer gehört er zum Pflichtprogramm, von hier liefert der Hessische Rundfunk täglich seinen Wetterausblick, auch Heiratswillige geben sich gerne in 200 Metern Höhe das Ja-Wort. Die Aussichtsplattform des MAIN TOWER zählt zu den beliebtesten Ausflugszielen in Frankfurt. Im Durchschnitt zählt die Plattform rund 340.000 Besucher jährlich und zieht Einheimische und Weitgereiste gleichermaßen an.

Mit einer Höhe von 200 Metern ist der MAIN TOWER zwar nicht der höchste, dafür aber der gastfreundlichste Wolkenkratzer in „Mainhatten". Denn im Gegensatz zu fast allen anderen Bürohochhäusern der Mainmetropole ist öffentliches Interesse hier ausdrücklich erwünscht. Wer sich davon persönlich überzeugen möchte, dem öffnen sich nicht nur die Türen zum Foyer, er kann dem Turm sogar gleich aufs Dach steigen.

Mit seiner auf die Grundformen Kreis und Quadrat reduzierten klaren Form-

sprache erhielt der MAIN TOWER von Anfang an ein eigenständiges und unverwechselbares Erscheinungsbild, das sich mit ausgewogenen Proportionen gleichermaßen harmonisch ins Stadtbild und in das Ensemble der Skyline einfügt. Das liegt nicht zuletzt an der mit Bedacht gewählten Abstufung zwischen dem filigranen Rundturm, dem Quadratturm und dem Sockelbereich, der wiederum die Höhe der ursprünglichen Bebauung vom Anfang des 20. Jahrhunderts aufgreift und eine enge Verbindung zu den benachbarten Hochhäusern schafft.

Das Restaurant im 53. Stockwerk des Wolkenkratzers bietet beim Dinner einen direkten Blick auf den Sonnenuntergang über den Dächern Frankfurts. In der Lounge können Gäste einen Aperitif nehmen oder den Abend nach einem Konzert- oder Theaterbesuch ausklingen lassen. Mittags bietet das MAIN TOWER RESTAURANT & LOUNGE einen dreigängigen Business Lunch inklusive Mineralwasser und Kaffee zu einem erschwinglischen Preis an. ●

Darf besichtigt werden: der MAIN TOWER

F

Frankfurt am Main
Nebbiensches Gartenhaus

- ❌ Bockenheimer Anlage
- ◉ Stadt Frankfurt
- ❶ Garten ist öffentlich zugänglich, Gartenhaus im Rahmen von Veranstaltungen
- ❶ Tel. 069 235734

Die ehemaligen Wallanlagen sind heute eine innerstädtische Grünanlage, die sich ringförmig um die Frankfurter Innenstadt legt. Entstanden aus der 1804 bis 1812 geschleiften Stadtbefestigung bilden sie den Verlauf der Wälle, Mauern und Wassergräben des ehemaligen Festungsgeländes ab. Der etwa 100 Meter breite Grünstreifen wurde damals teilweise parzelliert und unter der Auflage an Privatpersonen veräußert, das erstandene Grundstück gärtnerisch zu gestalten, es jedoch nicht zu bebauen. Lediglich kleine Gartenhäuser waren gestattet. Die 1827 erlassene Wallservitut regelt die bis heute gültige Nutzung des Areals, zu der auch der Beschluss zur teilweisen Umgestaltung zu einem öffentlich zugänglichen Landschaftspark im Englischen Stil gehört.

An der Alten Oper beginnt die Bockenheimer Anlage, in der, nahe eines kleinen Weihers, das Nebbiensche Gartenhaus die Aufmerksamkeit auf sich zieht. Es geht auf den dänischen Verleger und Drucker Johann Nebbien zurück, der um 1810 ein Grundstück hinter seinem an der Hochstraße gelegenen Wohnhaus erwarb und den Architekten Nicolas Alexandre Salins de Montfort mit dem Bau eines Gartenhauses im Stil des Klassizismus beauftragte. Nach seinem Tod ging das Grundstück in den Besitz des Bankiers Philipp Bernhard Andreae über, der es nach der Annexion der Freien Stadt Frankfurt 1867 an den preußischen Militärfiskus verkaufen musste. Den Zweiten Weltkrieg überstand das Nebbiensche Gartenhaus unbeschadet. 1952 wurde es aus Spendenmitteln renoviert. In einem das Gebäude umspielenden Ziergarten installierte man zwei Brunnen, die jedoch nicht aus der Anfangszeit stammen. Der marmorne Renaissance-Brunnen entstammt der Villa Waldfried des von den Nationalsozialisten verfolgten Frankfurter Unternehmers Carl von Weinberg. Der andere ist aus einem Kapitell aus weißem Sandstein gefertigt und mit einem schmiedeeisernen Brunnenhäuschen verziert. Der Frankfurter Künstlerclub veranstaltet im Nebbienschen Gartenhaus regelmäßig Kunstausstellungen, Matineen, Dichterlesungen und Konzerte. ●

Verspielte Lebenslust im Garten

Der Festsaal ist das Herzstück des Gesellschaftshauses

Frankfurt am Main

Palmengarten und Gesellschaftshaus

❌ Siesmayerstraße 63

🔼 Stadt Frankfurt

🕐 Februar bis Oktober 9–18 Uhr
November bis Januar 9–16 Uhr

ℹ️ Tel. 069 212-36689

Als Herzog Adolph von Nassau seine Residenz in Wiesbaden-Biebrich aufgeben musste, stand auch seine wertvolle exotische Pflanzensammlung zur Disposition. Mit deren Verkauf betraut, gelang es dem Garten- und Landschaftsarchitekten Heinrich Siesmayer, Frankfurter Bürger für diese Sammlung zu interessieren. Der Ankauf konnte durch die eilends gegründete „Aktiengesellschaft zum Erwerb der Biebricher Wintergärten" gesichert werden.

Auf einem von der Stadt Frankfurt überlassenen Gelände legte Siesmayer in der Zeit von 1869 bis 1874 den Park an, zu dem auch ein Palmenhaus mit angegliedertem Palmenhaus gehörte. Das Palmenhaus wurde 1869-70 als Glas-Eisen-Konstruktion nach Plänen Friedrich Kayssers erbaut. Als Vorbild diente die „Galerie des machines" der Pariser Weltausstellung von 1867. Seither wachsen dort neben subtropischen Pflanzen zahlreiche Palmen, von denen eine mehr als hundert Jahre alt ist. Das in derselben Zeit erbaute Gesellschaftshaus brannte 1878 nieder. Bereits ein Jahr später begann man mit dem Nachfolgebau nach einem Entwurf von H.T. Schmidt, der im Stil der Neorenaissance mit Axialrisalit und Loggien zwischen flankierenden Eckpavillons ausgeführt wurde. Die Raumwirkung wurde durch die reiche Innenausstattung des Architekten Friedrich Thiersch erhöht. Über einen Galerietrakt war der Festsaal mit dem Palmenhaus verbunden. Das Ende der 1920er Jahre von Ernst May, Martin Elsaessser und Werner Hebebrandt erweiterte Gesellschaftshaus wurde im Zweiten Weltkrieg bei einem Brand teilweise zerstört. 1954 folgte eine einfache Sanierung der Räumlichkeiten, in deren Folge man die Gemälde des Festsaals mit einer Wandverkleidung versah.

Die jüngst abgeschlossene mehrjährige Sanierung rekonstruierte architektonische Zeugnisse von Historismus und Bauhaus. Mit der Wiederherstellung des Glasdachs über dem historischen Festsaal, der Öffnung der Fensterfront zum Palmenhaus sowie der Rundverglasung des Hochzeitssaals im Stil des Bauhaus erfuhren die Innenräume und der Festsaal eine aufwändige Freilegung früheren architektonischen Gestaltungswillens, der nun wieder für alle Interessierte sichtbar ist. ●

Die erste Nationalversammlung, Johannes Grützke 1991

Frankfurt am Main
Paulskirche

❌ Paulsplatz 11

🔼 Stadt Frankfurt

🕐 täglich 10–17 Uhr

ℹ️ www.frankfurt.de

Die Paulskirche, heute Nationaldenkmal, ist das wohl bedeutendste architektonische Zeugnis deutscher Geschichte in Frankfurt. Hier versammelte sich im Revolutionsjahr 1848 die erste frei gewählte Deutsche Nationalversammlung und beschloss 1849 die erste Deutsche Verfassung, die trotz des Scheiterns der Revolution sowohl 1919 Vorbild für die Verfassung der Weimarer Republik, als auch 1949 für unser heutiges Grundgesetz wurde. Die evangelische Kirchengemeinde stellte den Abgeordneten auf deren Bitte 1848 mit ihrer neuen Kirche den damals modernsten und größten Saal Frankfurts als Versammlungsort zur Verfügung.

Der heute frei auf dem Paulsplatz liegende beeindruckende klassizistische Zentralbau in roten Sandsteinquadern wurde 1789 anstelle der 1787 abgebrochenen gotischen Barfüßerkirche von Johann Friedrich Christian Hess nach einem Entwurf des Stadtbaumeisters Johann Andreas Liebhardt begonnen und nach langer Bauunterbrechung nach eigenen Entwürfen 1829 bis 1833 fertiggestellt. Während des Zweiten Weltkrieges brannte die Kirche 1944 nach einem Bombenangriff aus. Sie wurde aber auf Betreiben des damaligen Oberbürgermeisters Walter Kolb als erstes historisches Gebäude Frankfurts wieder aufgebaut und zum hundertsten Gedenktag der Nationalversammlung am 18. Mai 1948 als Haus aller Deutschen wieder eröffnet. Der vereinfachte Wiederaufbau wurde nach Plänen des Architekten Rudolf Schwarz ausgeführt. Am Außenbau sind zahlreiche Gedenktafeln namhafter deutscher und Frankfurter Politiker angebracht. Nach langen Diskussionen wurde die Paulskirche in den Jahren 1986 bis 1988 saniert und wieder künstlerisch ausgestattet, wobei man einige Reduktionen von Rudolf Schwarz zurück nahm. Seit 1991 beeindruckt im Inneren das farbenprächtige Wandgemälde von Johannes Grützke auf der Rotunde der Eingangshalle mit einer Darstellung der ersten Nationalversammlung. Der einstige Versammlungssaal im ersten Obergeschoss dient heute für öffentliche Veranstaltungen der Stadt. Zu den bekanntesten Veranstaltungen gehören die Verleihung des Goethepreises der Stadt Frankfurt und die des Friedenspreises des Deutschen Buchhandels. In der Halle um die Rotunde erläutern zahlreiche Tafeln anschaulich die historischen Ereignisse um die erste Nationalversammlung. ●

F

Frankfurt am Main
Petersfriedhof

❌ zwischen Bleichstraße und Stephanstraße

🔼 Stadt Frankfurt

ℹ️ Gelände frei zugänglich

Mit der im Jahr 1333 von Kaiser Ludwig dem Bayern gestatteten Stadterweiterung vergrößerte sich die Fläche der mittelalterlichen Stadt beträchtlich. Der nun an der Stadtmauer gelegene Friedhof wurde 1508 zur zentralen Begräbnisstätte Frankfurts in der noch dünn besiedelten Neustadt. Seit der Reformation im Jahr 1531 diente er als zentraler Begräbnisort protestantischer Bürger. Das Areal wurde – auch wegen der Opfer zahlreicher Pestepidemien – stetig erweitert. Anfang des 19. Jahrhunderts war die Aufnahmekapazität erschöpft und die enge Umbauung ließ eine Erweiterung nicht zu. Auch aus hygienischen Gründen musste eine endgültige Schließung erwogen werden, sodass vor den damaligen Toren der Stadt der Hauptfriedhof angelegt und 1828 eröffnet wurde.

Es sind zahlreiche, oft stark zerstörte Grabmale des 16. bis frühen 19. Jahrhunderts erhalten. Einige wurden in den letzten Jahren aufwändig renoviert. Darunter befinden sich auch die Gräber von Johann Caspar Goethe (gest. 1782), dem Vater Johann Wolfgang Goethes, Simon Moritz von Bethmann (gest. 1826) und Matthäus Merian der Jüngere (gest. 1687). In unmittelbarer Nähe, auf dem Hof der angrenzenden Liebfrauenschule, steht das Grabmal von Goethes Mutter Catharina Elisabeth, geborene Textor (gest. 1808), dessen Standort jedoch historisch nicht gesichert ist.

Im Vordergrund die Kreuzigungsgruppe von Hans Backoffen

Durch Überbauung gingen zwei Drittel der ursprünglichen Friedhofsfläche verloren. Eine aus dem Jahr 1509/1510 stammende Kreuzigungsgruppe von Hans Backoffen wurde im Zweiten Weltkrieg beschädigt und durch eine Kopie ersetzt, das Original bewahrt das Historische Museum auf. Seit 1994 befindet sich an der Stützmauer unterhalb der Peterskirche das Aids-Memorial von Tom Fecht.

Im nördlichen Teil des Friedhofs steht die evangelische Peterskirche, die zwischen 1892 und 1895 als Ersatz einer ursprünglichen spätgotischen Pfarrkirche im neogotischen Stil erbaut wurde. Bei dem Luftangriff am 22. März 1944 vollkommen zerstört, wurde sie erst 1961 bis 1965 wieder aufgebaut. Nach vierjährigem Umbau konnte hier 2007 die erste Jugendkulturkirche Deutschlands eröffnet werden. ●

F

Frankfurt am Main
Rententurm

❌ Fahrtor 2

🔼 Stadt Frankfurt

ℹ️ Di–So 10–17 Uhr (Öffnungszeiten
des Historischen Museums)

Das Ufer um den Brückenkopf des Eisernen Stegs bildete vom Mittelalter bis zum Ende des 19. Jahrhunderts Frankfurts wichtigsten Hafen. Täglich legten Schiffe am Kai an, um ihre Waren zu löschen und zu laden. Das Fahrtor, als mainseitiges Stadttor, regelte den Zugang zum Zentrum des historischen Stadtkerns, dem Römerberg. Als Teil der Stadtbefestigung sicherte der Rententurm die Passage. Nahezu alle Waren wurden an dieser Stelle ein- und ausgeführt, so dass die Stadt hier die wichtigsten Zölle und Abgaben erhob. Im ersten Obergeschoss befand sich von

1489 bis zum frühen 19. Jahrhundert das städtische Rentamt, im Keller zeitweise das Stadtgefängnis. Der von 1454 bis 1456 durch Eberhard Friedberger erbaute Rententurm ist ein aus Bruchsteinen gemauerter viergeschossiger Torturm auf fast quadratischem Grundriss mit schiefergedecktem Spitzhelm und vier Erkertürmchen. An der Nordseite dient eine Wendeltreppe aus Basalt seiner Erschließung. Den Rententurm und das Fahrtor verbanden niedrige Zoll- und Wachgebäude. Eines von ihnen ist heute noch erhalten. Der streng symmetrische rote Sandsteinbau mit mittelalterlichem Gepräge hatte bereits einige Vorgängerbauten, der Architekt ist nicht bekannt. 1944 bei Luftangriffen zerstört, wurde der Rententurm Anfang der 1950-er Jahre zunächst als Rohbau ohne Innenausstattung wiederaufgebaut.

2012, nach langjähriger aufwändiger Restaurierung eröffnet, zeigt sich der Turm in einem Zustand der Zeit um 1800. Erstmals in seiner Geschichte ist er für die Öffentlichkeit zugänglich. Der Blick durch die zahlreichen Fenster des Obergeschosses bietet dem Besucher eine bis dato ungewohnte Sicht auf den Main und das gegenüberliegende Ufer. Immer begleitet vom Ticken und den steten Bewegungen des über mehrere Stockwerke reichenden Uhrwerks, der nun endlich wieder installierten funktionsfähigen Turmuhr. Wer davon noch nicht genug hat, kann in der Uhrenstube unterschiedliche Zeitsignale der alten Reichsstadt aus drei Jahrhunderten erklingen lassen. ●

Die Ecken des Turms sind mit behauenen Basaltsteinen bewehrt

Der Figurenreichtum erschließt sich erst auf den zweiten Blick

Frankfurt am Main

Römer

❌ Römerberg 23

🔼 Liegenschaftsamt

ℹ ganzjährig

An der westlichen Seite des Römerbergs, dem topographischen und historischen Zentrum der Stadt, steht der Römer. Das Frankfurter Rathaus ist ein Gebäudeensemble, das mehr zu bieten hat, als die charakteristische fünfgieblige Front, die heute die Ansichtskarten ziert. Die Keimzelle bilden elf Bürgerhäuser, die vom 15. bis 19. Jahrhundert durch den Rat der Stadt erworben wurden. Anfang des 20. Jahrhunderts kamen die mit einer Brücke verbundenen Nord- und Südbauten hinzu. Der Südbau erstreckt sich hinter den zum Römerberg gewandten Häusern und ist von 1900 bis 1908 im Stil der Neorenaissance erbaut. Er ist um vier Höfe gruppiert und wird an der Westseite von zwei Türmen akzentuiert. Der größere Turm kopierte den 1765 abgebrochenen Sachsenhäuser Brückenturm an der Alten Brücke und ist mit Glasmosaiken des heiligen Florian und des Erzengels Michael versehen. Die im Volksmund „Seufzerbrücke" genannte Verbindung zwischen dem Süd- und Nordbau verweist auf den Sitz der Steuerverwaltung im nördlichen Gebäude. Der im gleichen Zeitraum wie der Südbau errichtete Nordbau ist im Stil des Neobarock gehalten und um zwei Höfe gruppiert.

Baumeister und Künstler aus sechs Jahrhunderten hinterließen am gesamten Rathauskomplex ihre Spuren. Es lohnt sich Zeit für die reich verzierten Fassaden zu nehmen. Zahlreiche Figuren porträtieren Kaiser und Könige sowie Persönlichkeiten aus Politik und Wirtschaft. Wappen verweisen auf das Wirken von Patriziern und die zahlreichen eingemeindeten Stadtteile. Kartuschen, Blatt- und Muschelornamente, Reliefs mit allegorischen Darstellungen, humorvoll gestaltete Wasserschlucker und -speier, Sinnsprüche und Kurioses erzählen auf andere Weise Geschichten der Stadt. So kann man an einem Regenfallrohr in der Limpurger Gasse eine steinerne Katze entdecken. Hebt man an anderer Stelle den Blick, sieht man weitere Katzen auf den beiden Giebeln des Bürgersaalbaus sitzen. Sie erinnern an die 1493 vom Rat der Stadt gegen eine Mäuseplage angeschafften Katzen und setzen ihnen ein Denkmal. ●

F

Einer der markanten Kopfbauten

Frankfurt

Römerstadt und Ernst-May-Haus

⊗ ernst-may-haus, Im Burgfeld 136

⌂ Aktienbaugesellschaft für kleine Wohnungen/Ernst-May-Gesellschaft

🕐 Di–Do 11–16 Uhr, Sa–So 12–17 Uhr

Die Wohnungsnot insbesondere einkommensschwacher Bevölkerungsschichten stellte eines der größten kommunalen Probleme der Weimarer Republik dar. Zur Entschärfung der Situation entstanden zwischen 1925 und 1930 unter dem Etikett „Das Neue Frankfurt" 15.000 Wohnungen in rund 25 Siedlungen. Damit war Frankfurt eines der größten Zentren des Sozialen Wohnungsbaus dieser Zeit. Eine Domäne des Architekten und Frankfurter Stadtbaurats Ernst May war die Stadterweiterung mittels Trabantensiedlungen. Seine wegweisende Rationalisierung des Bauens umfasste flach abgedeckte kubische Betonkörper mit typisierten Wohnungsgrundrissen, deren Raumeinteilung Funktionen wie Wohnen, Schlafen und Kochen voneinander trennten. Die Verknüpfung der Gartenstadtidee mit dem Neuen Bauen

führte zur Angliederung von Nutzgärten für den Eigenbedarf und siedlungsnaher Schrebergärten. Die Römerstadt mit ihren 1.220 Wohneinheiten ist eine auf dem Areal des römischen Ortes Nida ausgeführte Großsiedlung aus der Zeit um 1927/28. An geschwungenen Straßenzügen, die der Topografie des Niddatals folgen, erstrecken sich Gruppen von zweigeschossigen Eigenheimreihen und drei- bis viergeschossigen Wohnblocks. Wohnhaus-Kopfbauten und eine umlaufende bastionsartige Hangstützmauer setzen Akzente. Die Römerstadt gilt als die erste voll elektrifizierte Siedlung Deutschlands. In einem denkmalgerecht restaurierten, zweistöckigen Reihenhaus mit rekonstruiertem Garten zur Selbstversorgung können Architekturinteressierte einen Eindruck vom Wohnen im Neuen Frankfurt erhalten. Mit seinem Rückbau in den Zustand von 1928 ist dies vermutlich das einzige Wohnhaus, in dem sich neben nachgedruckten Tapeten und Aufbaumöbeln eine vollständige und begehbare Frankfurter Küche als Originalausstattung befindet. Die von Margarete Schütte-Lihotzky für die Frankfurter May-Siedlungen entworfene blaugrüne Frankfurter Küche ist sechs Quadratmeter groß und gilt als die Mutter aller Einbauküchen. ●

Frankfurt am Main
Sankt Bartholomäuskirche/ Kaiserdom

⊗ Domplatz

◐ Stadtkämmerei

🕐 Mo–Do 8–20 Uhr, Fr 12–20 Uhr,
Sa–So 9–20 Uhr,
Dombesteigung 1. April bis 1. Oktober
8.30–13.30 Uhr und 14.30–18 Uhr

324 Stufen führen auf die Aussichtsplattform

Am 28. Januar jeden Jahres wird in der Sankt Bartholomäuskirche das Karlsamt nach einer aus dem 15. Jahrhundert überlieferten Liturgie gehalten. Die feierliche Messe zu Ehren Karls des Großen findet an dem Ort statt, an dem er 794 ein von ihm einberufenes Konzil abhielt. Der heutige Kirchenbau blickt auf einen regen Wandel seines Erscheinungsbildes zurück. Aus einer in merowingischer Zeit um 680 errichteten zwölf Meter langen Steinkirche bei einem fränkischen Königshof ging die 852 durch den Mainzer Erzbischof Rhabanus Maurus geweihte Salvatorkirche hervor. Mit der Weihe des spätromanischen Bartholomäuschores erhielt die Kirche 1239 auch ihr neues Patrozinium. Ab 1260 begannen Bau und Erweiterung des bis heute bestehenden gotischen Langhauses und der Seitenschiffe. Die besondere Lage der Stadt in der Mitte Europas und des Heiligen Römischen Reiches beförderte den Status Frankfurts als traditionellen Ort der Königswahlen. Festgeschrieben in der Goldenen Bulle fanden ab 1356 insgesamt 29 Wahlen von Königen und Kaisern statt, ab 1562 wurden auch die Krönungen in Frankfurt zelebriert. Im Anschluss an die Beratungen im Römer zog der Krönungszug bis 1792 durch das um 1350 entstandene Nordportal in den Dom ein. Nach der Wahl in der südlich des Chors gelegenen Wahlkapelle vollzog sich am Altar unter der Vierung die Krönung.

Der Dom wurde 1944 stark beschädigt. Heute sind im Innern nur noch Reste der ehemaligen reichen spätgotischen Ausstattung erhalten. Im Zuge der Renovierung Anfang der 1990er Jahre versuchte man, die erste gotische Farbfassung wiederherzustellen. Der dominierende Westturm wurde 1415 nach Plänen von Madern Gerthener begonnen, jedoch erst 1880 mit dem Aufsetzen der Laterne vollendet. Bis zum Bau der Hochhäuser prägte er mit seinen 96 Metern Höhe die Frankfurter Silhouette. Heutige Besucher betreten den Dom durch die sterngewölbte Vorhalle von 1879/80. Gleich zur Linken befindet sich der Eingang zum Dommuseum, das im ehemaligen Kreuzgang Einblick in die mehr als 1000 Jahre währende Kirchengeschichte bietet. ●

F

Einst war sie Pilgerkirche am Schnittpunkt der Wege nach Santiago de Compostela und Jerusalem

Frankfurt am Main
Sankt Leonhardskirche

- ⊗ Am Leonhardstor 25
- ◉ Stadt Frankfurt
- ❶ im Rahmen der Kirchenöffnung
  Di–Do 10–12 Uhr, 15–18 Uhr
  Fr 11–12 Uhr, 15–18 Uhr,
  Sa 10–12 Uhr, 15–18.30 Uhr,
  So 9.30–13 Uhr, 15–18 Uhr

Unweit des Eisernen Stegs steht die katholische Sankt Leonhardskirche als einer der bedeutendsten Sakralbauten Frankfurts. Auf einer 1219 von Kaiser Friedrich II. überlassenen Parzelle westlich des Saalhofs, errichteten Frankfurter Bürger eine der Jungfrau Maria und dem Heiligen Georg geweihte Kapelle. Sie wurde vermutlich bereits im selben Jahr zu einer flach gedeckten spätromanischen Basilika mit vier Langhausarkaden ausgebaut. Aus dieser Zeit sind noch die beiden Apsidentürme, Teile der Westfront sowie die reich dekorierten Nordportale vorhanden. 1317 wurde der Kirche ein Kollegiatstift angegliedert. Mit dem Erwerb einer Armreliquie des Heiligen Leonhard im Jahr 1323 wechselte sie ihr Patrozinium. Ab 1425 entstand, vermutlich nach dem Entwurf von Madern Gerthener, der gotische Hochchor. Unter Hans von

Bingen wurde zwischen 1500 und 1520 das Langhaus zu einer fünfschiffigen spätgotischen Hallenkirche ausgebaut. Um 1508 übernahm Hans Baltz die Bauleitung und errichtete das nördlich gelegene Salvatorchörlein mit seinem hängenden Gewölbe. Die als Fassade ausgebildete Nordseite zeigt in ihrer Mitte Teile einer Außenkanzel. Seitlich unterhalb öffneten sich früher paarige Vorhallen gegen die spätromanischen Portale hin.

Wenige Jahre vor der Reformation erfolgte die Vollendung der gotischen Kirche. Doch bereits 1525 begann ihr Verfall. Das Stift verlor in der nun protestantischen Reichsstadt an Bedeutung. Um 1793 wurde Sankt Leonhard profaniert und als Vorratsspeicher genutzt. 1808 begannen unter Karl Theodor von Dalberg die Wiederherstellungsarbeiten. Im Zweiten Weltkrieg blieb sie nahezu unzerstört. Im Inneren finden sich Reste vorwiegend spätgotischer Ausstattung. Die verbliebenen spätgotischen Glasmalereischeiben wurden in fünf Chorfenstern zusammen geführt und zählen heute zu dem wertvollsten mittelalterlichen Glasfensterbestand Hessens. Nach Abschluss der Restaurierungsarbeiten bietet sich dem Besucher das Raumerlebnis des 16. Jahrhunderts. ●

Frankfurt am Main
Sankt Nikolaikirche

❌ Römerberg 9

🔼 Stadtkämmerei

🕐 täglich, Sommer 10–20 Uhr,
Winter 10–18 Uhr, Advent bis 21 Uhr

ℹ️ www.paulsgemeinde.de

Die 1290 geweihte Sankt Nikolaikirche steht an der Südseite des heutigen Römerbergs. Die Nähe des Mains verweist auf den Namenspatron Bischof Nikolaus von Myra, auf den nicht nur das Nikolausfest am 6. Dezember zurückgeht, sondern der auch als Schutzpatron der Schiffer gilt. 1264 erstmals erwähnt, soll die Kirche unter Kaiser Friedrich II. als Ersatz für die staufische Turmkapelle im Saalhof als Hofkirche erbaut worden sein. Ab 1292 geriet Sankt Nikolai in die Abhängigkeit des Domstiftes und wurde im 14. Jahrhundert zunehmend für Messen und Gebete des städtischen Rates genutzt. Letzterem verdankt sie auch ihr spätgotisches Erscheinungsbild. Ab 1458 begann unter Eberhard Friedberger der Umbau zur spätgotischen Hallenkirche aus rotem Mainsandstein. Nach Abschluss der Turmerhöhung im Jahr 1460 signalisierte ein Turmwächter das An- und Ablegen der Mainschiffe. 1466/67 erhielt die zweischiffige Kirche ihr charakteristisches steiles Walmdach, das von einem Laufgang umkränzt wird und durch Hans von Lich mit Maßwerkbrüstungen und Eckkanzeln vollendet wurde. Der Laufgang diente dem Rat fortan bei den zahlreichen Festlichkeiten auf dem Römer als Tribüne. In Folge der Reformation wurde die Kirche profaniert und als Getreidespeicher genutzt.

Der nach dem Zweiten Weltkrieg wiederhergestellte Innenraum zeigt heute

Von den Brüstungen schallen alljährlich Posaunenklänge über den Weihnachtsmarkt

Grabsteine des 14. Jahrhunderts sowie eine an der Rückwand des Kirchenschiffes installierte Schwalbennestorgel aus dem Jahr 1992. Von der ursprünglichen Anlage der Alten Nikolaikirche blieben die aus dem 13. Jahrhundert stammenden Portale und ihre skulptierten Bogenfelder erhalten – nach Norden mit einem Relief Marias, nach Westen mit dem Kirchenpatron Nikolaus. Als eine von acht Dotationskirchen Frankfurts wird das Gotteshaus seit 1949 von der Evangelischen Paulsgemeinde genutzt. Um 1990 wurde die ursprüngliche Farbgebung der Fassade wieder hergestellt. Eine Besonderheit ist das harmonische Glockenspiel mit 47 Glocken, das täglich um 9.05, 12.05 und 17.05 Uhr zu hören ist. ●

F

Frankfurt am Main

Schäfersteinpfad

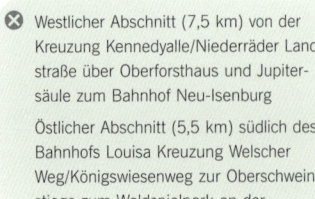

❌ Westlicher Abschnitt (7,5 km) von der Kreuzung Kennedyalle/Niederräder Land-straße über Oberforsthaus und Jupiter-säule zum Bahnhof Neu-Isenburg

Östlicher Abschnitt (5,5 km) südlich des Bahnhofs Louisa Kreuzung Welscher Weg/Königswiesenweg zur Oberschwein-stiege zum Waldspielpark an der Stadtgrenze von Neu-Isenburg

Anreise am besten mit öffentlichen Verkehrsmitteln – oder vom Parkplatz Oberschweinstiege Teilstücke erwandern

⛰ Stadt Frankfurt

ℹ frei

ℹ www.frankfurt.de

Der Schäfersteinpfad führt anschaulich ein Kapitel Frankfurter Stadtgeschichte vor. Das Gebiet des heutigen Stadtwaldes gehörte im Mittelalter zum königlichen Wildbann Dreieich. Im Jahre 1221 schenkte der staufische Kaiser Friedrich II. große Teile des Forstes bei Niederrad mit den dazugehörigen Jagd- und Weide-

rechten dem Deutschen Orden. Das angrenzende Gebiet des königlichen Wildbanns verpfändete Kaiser Karl IV. im Jahre 1351 an den Wetterauer Landvogt Ulrich III. von Hanau, der aufgrund weiterer Landkäufe um Frankfurt herum zu einer ernsten Bedrohung für die Freiheit der Stadt wurde. Um diese Gefahr abzuwen-den, erwarb die Stadt nach langen Ver-handlungen 1372 sowohl den Reichsforst als auch das Schultheißenamt vom Kaiser und wurde somit reichsunmittelbar. Das angrenzende Waldgebiet des Deut-schen Ordens, die Holzhecke, sollte für mehr als 100 Jahre zum Zankapfel zwischen der Stadt und dem Orden werden. Neben der Holzversorgung und der Jagd waren die wichtigsten Wirtschaftsaspekte des Forstes die Schweinemast und die Schafweide. Nach langem, zweifellos nachlässigem Umgang mit den Rechten des abwesen-den königlichen Eigentümers, sah sich der Deutsche Orden nun plötzlich mit der freien Reichsstadt einem Eigentümer gegenüber, der auf seine Rechte am neu erworbenen Wald achtete. Nach ständi-gem Streit um die Weiderechte zwischen den beiden Nachbarn kam es endlich 1484 zu einem Kompromiss. Frankfurt kaufte dem Deutschen Orden die „Holz-hecke" ab, die Weiderechte verblieben allerdings beim Orden. Mit 60 Grenz-steinen wurde das strittige Gelände abgesteint – das Ordenswappen mit dem schlichten Kreuz auf der einen Seite der Steine weist auf die Weideflächen der Sachsenhäuser Kommende hin, das goti-sche „F" – wohl aufgrund mangelnder Schreibkenntnisse des Steinmetzes spie-gelbildlich – in einem Wappenfeld zeigte den Frankfurter Schäfern die Grenze an. Noch heute sind 50 der Steine im Unter-holz erhalten und erinnern die Spazier-gänger an die wirtschaftliche Bedeutung des Waldes im Mittelalter. ●

Grenzstein mit Wappen des Deutschen Ordens

Frankfurt am Main
Schwedlersee

Das kühle Nass bleibt den Vereinsmitgliedern vorbehalten

- ⊗ Schwedlerweg
- ⊙ Stadt Frankfurt/EFSC
- ⊙ Die Bar am See: Do und Fr 12-1 Uhr,
  Sa 20-1 Uhr, So 12-0 Uhr,
  die Nutzung des Sees ist den Mitgliedern
  des Schwimmclubs vorbehalten
- ⊙ Bar: Tel. 069 3730-4907
  www.schwedlersee.de

In der Antike gehörte das Schwimmen allgemein zum „Guten Ton", bei den Römern und den Germanen war es jedoch eher eine militärische Disziplin. Mit dem Schwimmverbot im mittelalterlichen Europa verkehrte sich diese Haltung ins Gegenteil, sodass Generationen von Nichtschwimmern heranwuchsen. Der Wandel kam erst im Zuge der Aufklärung, in dessen Verlauf das Schwimmen als Körperertüchtigung salonfähig wurde. Ab 1846 gehörte der Schwimmunterricht für männliche Jugendliche zum Lehrplan Frankfurter Volksschulen. Erst 1894 durften auch Mädchen am Schwimmunterricht teilnehmen. Aus dem Schwimmen entwickelte sich zum Ende des 19. Jahrhunderts der Schwimmsport.

Junge Männer gründeten 1891 den 1. Frankfurter Schwimmclub. Trainiert wurde in einer Badeanstalt am Eisernen Steg. Bereits ein Jahr nach der Gründung fanden in der Stadt am Main nationale Schwimmwettkämpfe statt. 1909 gründete sich die Damenabteilung des 1. Frankfurter Schwimmclubs von 1891. 1921 zog der Verein von der Badeanstalt am Eisernen Steg in das vor dem Ersten Weltkrieg durch die städtischen Hafenbetriebe mittels eines Damms erweiterte Nordbecken des Osthafens. Im mit Grundwasser gefüllten Areal konnten die Mitglieder eines der ältesten Schwimmsportvereine Deutschlands nun auf der 50-Meter-Bahn trainieren und von den zahlreichen Badestegen aus gemeinsam dem Badevergnügen frönen. Zur Gewinnung von zusätzlicher Gewerbefläche schüttete die Stadt einen Teil des Sees auf die heute verbliebene Größe von etwa 9.500 Quadratmetern zu.

Mittlerweile ist dort eine kleine Oase entstanden. Mit dem Betreten des Areals durch das unscheinbare Tor empfängt den Besucher eine unerwartete Welt. Der See ist von einem Schilfgürtel und Bäumen umsäumt. Zahlreiche Wasservögel und nahezu alle heimischen Fischarten sind hier zu finden. Auf der großzügigen, ins Wasser reichenden Veranda kommen bei gutem Essen in entspannter Atmosphäre und dem Blick auf den See rasch Urlaubsgefühle auf. ●

F

Frankfurt am Main

Staufenmauer

❌ Fahrgasse/An der Staufenmauer

🔼 Stadt Frankfurt

➕ jederzeit frei zu besichtigen

ℹ www.frankfurt.de

Die restaurierten Bögen der staufischen Stadt-mauer von Westen

Besucher der Stadt, die von der Kon-stablerwache durch die Fahrgasse zum Dom laufen, können bereits an der näch-sten Straßenkreuzung überraschend ein verbliebenes Stück Stadtgeschichte ent-decken. Ein rund sieben Meter hoher Abschnitt der Stadtmauer mit 15 hohen Blendbögen steht inmitten der moder-nen Bebauung der 50er Jahre als Relikt des weitgehend im Bombenhagel unter-gegangenen mittelalterlichen Frankfurts. Zwei der Bögen sind für den Straßen-verkehr geöffnet. Das aus grob zugehau-enen Bruchsteinen und mit Bögen in roten Sandsteinquadern errichtete Mauerstück ist in diesem Bereich rund zwei Meter stark, an der Innenseite zur Stadt sind Auflager des ehemaligen Wehrganges erkennbar.

Das Mauerstück gehört zur ältesten Stadtbefestigung von 1180, die unter dem staufischen Kaiser Barbarossa errichtet wurde. Der historische Ortskern von Frankfurt entwickelte sich um eine ursprünglich karolingische Pfalz in einer

Talenge des Mains zwischen dem Röder-berg und dem Sachsenhäuser Berg auf dem hochwasserfreien Domhügel und dem westlich anschließenden Karmeliter-hügel auf einer Fläche von etwa einem halben Quadratkilometer. Der genaue Verlauf der ersten Stadtmauer konnte anhand archäologischer Grabungen fest-gestellt werden: Sie verlief in einem Oval entlang des Mains, zog nach Norden ungefähr an der Kurt-Schumacher-Straße, bog westwärts durch den Holz-graben und den Großen Hirschgraben bis zum Karmeliterkloster, dem heutigen Stadtarchiv, das sie mit einer auffälligen Ausbuchtung nach Westen umschloss. Da in dem heute erhaltenen Bereich seit dem 15. Jahrhundert östlich das jüdische Ghetto anschloss, wurde die Mauer im Volksmund „Judenmauer" genannt, stadtseitig wurde hier der Viehmarkt abgehalten. Drei Haupttore und sieben kleinere Pforten erschlossen die Altstadt. Im 16. Jahrhundert begann der Abbruch der verteidigungstechnisch längst über-flüssigen Mauer, im 19. Jahrhundert wurde sie im Rahmen der neuen Stadt-planung beseitigt. Dieses letzte größere Stück wurde durch den Zweiten Weltkrieg in der einstigen Bebauung freigelegt und wieder restauriert. ●

Frankfurt am Main
Stauferbau im Saalhof

⊗ Fahrtor 2

◈ Stadt Frankfurt

◉ Di–So 10–18 Uhr, Mi 10–21 Uhr (Öffnungszeiten des Historischen Museums)

Nachdem die Königspfalz auf dem Domhügel etwa 200 Jahre lang den karolingischen und ottonischen Herrschern als Residenz gedient hatte, ließ Konrad III. in der zweiten Hälfte des 12. Jahrhunderts etwa 200 Meter südwestlich eine neue Pfalz errichten. Sie bestand aus einem, von einer massiven, etwa drei Meter mächtigen Ringmauer umgebenen Burghof, an dessen Ostseite ein dreistöckiger Bergfried und der zweistöckige Palas mit einem Versammlungsraum stand. Dieser im Obergeschoss gelegene Saal maß etwa 7,70 mal 8 Meter und war fünf Meter hoch. Er wurde „des rîches sal" genannt, woher sich der spätere Name „Saalhof" ableitet. Kaiser Friedrich Barbarossa ließ an der Ostseite des Bergfrieds eine Kapelle anfügen. Der Saalhof war der Mittelpunkt von mindestens 16 Reichstagen der Staufer und zugleich Sitz des königlichen Befehlshabers der Stadt. Mit dem Schwinden der staufischen Macht verlor er seine Rechtsstellung als Reichsburg und wurde zum Pfandbesitz des königlichen Dienstadels. Schließlich gelangte der Saalhof in den Besitz des erstarkten Frankfurter Bürgertums. Während der Frankfurter Messen diente ein Teil der Gebäude als Ausstellungshalle der holländischen Tuchmacher. Zahlreiche spätere Umbauten folgten.

In Folge der zerstörerischen Luftangriffe im Jahr 1944 blieben von dem ausgedehnten Gebäudeensemble nur Teile des Bergfrieds und der Kapelle mit ihrem Apsiserker erhalten. Abgesehen von der Justinuskirche in Höchst zählen sie heute zu den ältesten Gebäuden Frankfurts. 2009 erfolgte eine grundlegende Sanierung der historischen Bauteile. So sind die ehemaligen Mauern des Bergfrieds, als Teil des Gebäudekomplexes des Historischen Museums, durch Säulenreihen markiert. Die bereits in den 1960er Jahren renovierte Saalhofkapelle erstrahlt in ihrer stillen Eleganz. Von einem Bandrippengewölbe überspannt, das von acht Säulen getragen wird, künden Kopien der Reichsinsignien von der ehemaligen Geschichte. ●

Rechts das älteste noch stehende Gebäude Frankfurts

F

Frankfurt am Main
Straßenbahndepot Bockenheim

❌ Carlo-Schmid-Platz 1

🔼 Stadt Frankfurt

ℹ Zutritt im Rahmen von Veranstaltungen

Die Zeit, als das Wiehern der die Wagen ziehenden Pferde durch Frankfurter Straßen schallte, ist lange vorbei. Mit der Eröffnung der ersten Frankfurter Straßenbahnstrecke vom Schönhof zur Hauptwache im Jahr 1872 fuhren die Pferdebahnwagen über die Schloßstraße in Richtung Opernplatz. Nahe der Bockenheimer Warte stand an der Stelle des heutigen Straßenbahndepots eine Wagenhalle aus Holz, die als Betriebshof der Pferdebahn diente. Mit der zunehmenden Akzeptanz des Verkehrsmittels war die Wagenhalle zu klein geworden. Man ersetzte sie 1899 durch das heutige Gebäude, das fast 80 Jahre als Betriebshof wie auch als ehemalige Hauptwerkstatt der Straßenbahn genutzt wurde. Die Halle mit ihrem basilikalen Grundriss wird von Mauern aus unverputztem gelbem Ziegelmauerwerk mit roten Gesimsen und Zierbändern umfasst. Der Giebel ist durch Pfeiler und Lisenen gegliedert. Das Mittelschiff weist eine Höhe von zwölf Metern auf, die beiden Seitenschiffe sind jeweils 5,40 Meter hoch. Das Dach wird durch halbkreisförmige hölzerne Bogenbinder gebildet, deren Konstruktionsprinzip eine für die damalige Zeit außergewöhnliche Leistung des Ingenieurholzbaus darstellte.

Im Oktober 1978 stillgelegt, wurde das Bockenheimer Depot bereits 1979 als eines der ersten Industriedenkmäler des Rhein-Main-Gebietes unter Denkmalschutz gestellt. In den Folgejahren erfuhr es verschiedene Nutzungen. So war hier von 1981 bis 1985 die Fahrzeugsammlung des Frankfurter Feldbahnmuseums untergebracht. Als Folge des Opernbrandes 1987 suchte auch das Frankfurter Schauspiel eine neue Spielstätte und fand sie im Straßenbahndepot. Der ehemalige Betriebshof wurde 1988 nach Plänen der Architekten Henrici und Geiger für 14 Millionen D-Mark zur städtischen Theaterspielstätte umgebaut. Die räumliche Wirkung blieb auch nach dem Umbau gewahrt. Die Halle überspannt eine Fläche von 75 mal 30 Metern und bietet etwa 400 Sitzplätze oder bis zu 1.000 Stehplätze. Das Depot ist seit 2004 einer von vier Spielorten der Städtischen Bühnen Frankfurt und feste Spielstätte der Forsythe Company. ●

Ein ruhender Pol im lebendigen Stadtviertel

*Zentraler Eingangs-
bau zum Wasser-
reservoir um 1880*

Frankfurt am Main
Wasserpark

⊗ Dortelweiler Straße 105

⌂ Hessenwasser AG

ℹ Park bis zum Anbruch der Dunkelheit frei
zugänglich, die unterirdischen Wasserbehälter können nicht besichtigt werden.

ℹ www.frankfurt.de

Ein technisches Denkmal verbirgt sich in einem kleinen Park südlich der Friedberger Warte. Der Name „Wasserpark" weist schon auf seine ungewöhnliche Funktion hin: Es handelt sich um einen riesigen, unterirdischen Wassertank der Frankfurter Wasserversorgung, der mit seiner Abdeckung auch als Grünanlage der Erfrischung der Bevölkerung dient. In der Anlage stehen Kleinarchitekturen aus Sandstein im aufwändigen Stil der Neorenaissance, Eingangsbauten zum unterirdischen Wasserbehälter, in dem das Wasser der in den 1870er Jahren gebauten Frankfurter Quellwasserleitungen aus dem Spessart und Vogelsberg gesammelt wird. Entsprechende Architekturen finden sich im Biebergrund und Kinzigtal im Wald als Quellfassungen der Frankfurter Wasserleitung.

Der Wasserhochbehälter an der Friedberger Landstraße war Ende 1872 fertig gestellt, am 25. September 1873 floss zum ersten Mal das Wasser aus dem Vogelsberg über die 66 Kilometer lange Leitung in den Behälter. 1875 waren auch die Bauarbeiten an der Spessartleitung beendet und nun flossen täglich je nach Niederschlag 11.000 bis 18.000 Kubikmeter Wasser in den Hochbehälter an der Friedberger Warte. Bereits 1889 musste er um eine vierte Kammer erweitert werden – der tiefer liegende und mit Jahreszahl datierte Zugang liegt am östlichen Rand des Wasserparks. 1901 wurde für das neu entstehende Wohnviertel im Nordend ein neues Pumpwerk im Wasserpark gebaut. Das Pumpenhaus in weich schwingenden Jugendstilformen liegt neben dem Zugangstor zur Dortelweiler Straße. Der schlichte hohe Obelisk am nördlichen Rand der Anlage, ebenfalls ein Einstiegsgebäude zur Unterwelt, datiert in eine frühere Epoche: Er wurde als Rest der Wassergalerie des Knoblauchfeldes hierher transloziert.

Der Wasserpark führt dem Besucher anschaulich fast 100 Jahre Technik- und Architekturgeschichte vor und zeigt, dass auch heute noch die Ingenieurleistungen des 19. Jahrhunderts voll funktionsfähig sind. Zu der Wasserleitung berichtet der Band: Kulturelle Entdeckungen Main-Kinzig-Kreis, Vogelsbergkreis und Wetteraukreis. ●

F

Frankfurt am Main
Wasserwerk Hinkelstein

⊗ etwa 1 Kilometer nördlich des
Frankfurter Flughafens
50°3'48.593" N, 8°33'28.649" O

☁ Hessenwasser GmbH & Co. KG

↻ von außen frei zu besichtigen

ⓘ www.hessenwasser.de

Am südwestlichen Rand des Stadtwaldes liegt das Wasserpumpwerk Hinkelstein. Auf der Suche nach neuen Wasserquellen für die rasant ansteigende Bevölkerung wurde durch Zufall bei Probebohrungen im Zusammenhang mit der geplanten Anlage eines Klärwerkes das Areal des Stadtwaldes als reicher Trinkwasserspeicher entdeckt und in den nächsten Jahren sukzessive erschlossen. Zwischen

Grundwasserpumpwerk Hinkelstein von Norden

1890 und 1893 wurde das Wasserpumpwerk Hinkelstein gebaut. Den Namen erhielt das Pumpwerk nach einem Hinkelstein, der bis zur Beseitigung bei Bauarbeiten in der Nähe stand. Entsprechend den architektonischen Vorstellungen der Zeit und dem Qualitätsanspruch des Stadtbauamtes wurde ein prachtvolles Gebäude errichtet, möglicherweise nach Plänen des damals bekanntesten Architekten Frankfurts, Franz von Hoven. In dieser ehemals größten Anlage im Stadtwald wurde 1894 bei Inbetriebnahme aus 210 Brunnen das sehr tief anstehende Grundwasser in eine zentrale Leitung in 15 Metern Tiefe angesaugt.

Bereits 1924 war die Anlage veraltet und wurde inzwischen mehrfach modernisiert. Heute wird das Grundwasser über zehn Tiefbrunnen aus 66 bis 143 Metern Tiefe gewonnen. Die ursprünglich angebauten Technikgebäude mit den Dampfmaschinen wurden durch den Einbau elektrischer Pumpen überflüssig und durch einen Neubau ersetzt.

Von der ursprünglichen Anlage steht heute nur noch das ehemalige Maschinenhaus mit der alten Krananlage, ein aufwändig gestalteter Rundbau in historistischen Formen. Der Bau aus Sandsteinquadern wird mit Lisenen, Sohlbänken, Zahnschnittbändern, Kupferbeschlägen und kleinen Fenstersäulchen elegant gegliedert. Der mit Gauben besetzte hohe Dachhelm wird durch helle und dunkle Ziegelbänder gestaffelt und von einem grazilen, gußeisernen Laternenaufbau mit kleinem Wasserweibchen bekrönt. Das Innere besticht durch seine Ausstattung mit ornamentalen, hellen und dunklen Fliesenbändern, auf denen die gefliese Kuppel ruht. Der dekorative Bau im Wald erinnert eher an ein romantisches Sommerhaus, als an eine Industriearchitektur. ●

Frankfurt am Main
Westend-Synagoge

❌ Freiherr-vom-Stein-Str. 30/Westendstr. 43

🔺 Jüdische Gemeinde Frankfurt am Main

ℹ Führungen nur nach telefonischer
Anmeldung unter Tel. 069 768036-122
und 069 768036-100

Gegen Ende der Kaiserzeit entstand nach dem Entwurf von Franz Roeckle ein neoklassizistischer Sakralbau mit überkuppeltem Zentralbau, Vorhof sowie Verwaltungs- und Schulgebäude. Der 1910 eingeweihte Komplex zählte zu den am aufwändigsten gestalteten Synagogen-innenräumen Deutschlands. Der eigentliche Synagogenkörper mit freitragender Kuppel aus Eisenbeton steigt hinter einem Vorhof und einer vorgelagerten Halle auf. Der Kuppelbau im ägyptisch-assyrischen Stil wirkt trotz des massigen Baukörpers aus Muschelkalk zurückhaltend. Mit 30.000 Mitgliedern bildeten die Frankfurter Juden in dieser Zeit die zweitstärkste jüdische Gemeinschaft in Deutschland. Die Westend-Synagoge war für die religiös-liberalen Mitglieder der Israelitischen Gemeinde erbaut worden. Der Reformgottesdienst fand auch in der Hauptsynagoge in der Börnestraße statt. Am Börneplatz stand die konservative Gemeindesynagoge, in der Friedberger Anlage die orthodoxe Synagoge der Israelitischen Religionsgesellschaft. Die Westend-Synagoge war die einzige der vier großen Frankfurter Synagogen, die während des Novemberpogroms und des Zweiten Weltkriegs nicht völlig zerstört wurde.

Im Juni 1948 begann der Wiederaufbau mit der Renovierung der äußeren Form, der Innenraum erfuhr eine Gestaltung im Geist der 1950er-Jahre. Am 7. September 1950 wurde sie als religiöses Zentrum der neuen jüdischen Gemeinde in Frankfurt geweiht. Umfangreiche Sanierungsmaßnahmen in den 1980er-Jahren stellten die originäre Deckung der Kuppel und Dächer mit Mönch-Nonnen-Ziegeln wieder her. Zwischen 1988 und 1994 wurde der ehemals üppig ausgestattete Synagogenraum freigelegt. Teilrekonstruktion und partielle Erhaltung des 1950 geschaffenen nüchtern-sachlichen Innenraums schufen eine Annäherung an den ursprünglichen Eindruck, ohne eine vollständige Rekonstruktion der historischen Verluste zu versuchen.

Die Westend-Synagoge gehört heute zu den bedeutendsten erhaltenen und von einer jüdischen Gemeinde genutzten Zeugnissen der Synagogenarchitektur in Deutschland vor dem Ersten Weltkrieg. ●

Die Westend-Synagoge überstand nahezu unbeschadet den Zweiten Weltkrieg

83

Frankfurt am Main
Westhafen / Osthafen

Der fast 100 Meter hohe Westhafentower markiert den Beginn des neu gestalteten Westhafenareals

- ❌ Westhafen im Gutleutviertel, Osthafen im Ostend
- ☁ Westhafen privat, Osthafen Hafenbetriebe
- ❶ auf den öffentlichen Straßen zugänglich

An der Bundeswasserstraße Main gelegen, wartet die Stadt am Fluss mit zwei aus der Gründerzeit stammenden Häfen auf, die Teil der „Route der Industriekultur" sind. Der Bau des Westhafens war logische Folge der in den Jahren 1883 bis 1886 durchgeführten Mainkanalisation, deren Ziel auch die Erschließung des Wasserwegs für die wesentlich größeren Rheinschiffe war. 1886 eröffnet, stieg der Umschlag des Westhafens bis 1905 auf 1.565.000 Tonnen. Geliefert wurden hauptsächlich Kohle und Koks aus dem Ruhrgebiet sowie Getreide, Sand und Kies. Bereits zehn Jahre nach seiner Eröffnung konnte der ständig wachsende Warenverkehr nicht mehr bewältigt werden, sodass im Osten der Stadt mit der Planung eines weiteren Hafens begonnen wurde. Fast 100 Jahre später beschloss die Stadt den Umbau des Westhafens in ein Wohn- und Büroquartier. Um das Hafenbecken entstand ein neues Viertel mit Appartements und Yachthafen, einer Segelschule und

Gastronomiebetrieben. Am Kopf der Mole steht der Westhafentower mit seinem aufgeständerten Brückengebäude als attraktive Landmarke.

Ab 1908, nach Plänen des städtischen Tiefbauamtes ausgeführt, wurde im Mai 1912 der erste Bauabschnitt des Osthafens durch Kaiser Wilhelm II. eingeweiht. Der Hafen mit seiner dazugehörigen Infrastruktur stellte zur Zeit seiner Entstehung das größte Bauprojekt Frankfurts dar. In Verbindung mit der Umwandlung der angrenzenden Hanauer Landstraße zur Hauptverteilerstraße für das Hafengebiet, der Ansiedlung von Fabriken und der Bereitstellung von Wohnraum für die in den neuen Industriegebieten beschäftigten Arbeiter, Angestellten und deren Familien sollte Frankfurt von der Handelsstadt zu einer Industriestadt gewandelt werden. Heute ist er der größte Hafen Frankfurts und ein wichtiger Umschlagplatz für Massen- und Stückgut. Der Containerhafen liegt in einem ausgedehnten Gewerbe- und Industriegebiet. Durch eine eigene Hafenbahn sind die Gebiete des West- und Osthafens miteinander verbunden. Zu besonderen Anlässen verkehren hier auch von Dampf- und Diesellokomotiven gezogene historische Eisenbahnen. ●

Frankfurt am Main
Willemer Häuschen

❌ Hühnerweg 74

🔼 Stadt Frankfurt

🕐 Ostersonntag bis Mitte Oktober
So 11–16 Uhr

ℹ️ Tel. 069 212-33952

*Versteckt gelegen
lädt der Ort zum Innehalten ein*

Getragen von der großen „Gartenlust" des ausgehenden 18. Jahrhunderts zog es Frankfurter Bürger vor die Tore der Stadt. Auf dem Sachsenhäuser Mühlberg ließen sie sich ihre Garten- und Sommerhäuser errichten. Hier verbrachte man den Sommer oftmals gemeinsam mit der Familie und Freunden, fernab sonstiger gesellschaftlicher Zwänge.

In diesem Geist entstand um 1810 das Gartenhäuschen des Bankiers Johann Jacob Willemer, der auch die nicht weit entfernte Gerbermühle am Main als Sommerfrische nutzte. Damals lag das Haus noch inmitten von Weinbergen und bot einen reizvollen Blick über Frankfurt bis hin zu den Taunushängen. So versammelte sich dort auch am 18. Oktober 1814 die Familie Willemer und der bei ihnen zu Gast weilende Johann Wolfgang Goethe auf dem Balkon, um die zahlreichen Freudenfeuer auf den Taunushöhen zu betrachten, die zum Jahrestag der Völkerschlacht bei Leipzig brannten. Nachdem die Reblaus dem Weinanbau ein jähes Ende bereitet hatte, wurden die Weinberge nach und nach in lebensnotwendige Gemüsegärten umgewandelt. Heute steht das Gartenhaus geschützt in einem kleinen Garten inmitten städtischer Bebauung.

Das turmartige dreistöckige Gartenhaus gründet auf einem massiv gemauerten achteckigen Erdgeschoss. Der verschieferte Fachwerkaufbau mit flachem Zeltdach wird an zwei Seiten von Erkerausbauten, die die Treppe und einen Balkon tragen, gerahmt. Im Jahr 1902 – mittlerweile als Erinnerungsstätte im Besitz der Stadt Frankfurt – stattete das Freie Deutsche Hochstift das Gartenhaus mit Erinnerungsgegenständen aus. Im Zweiten Weltkrieg wurde es zerstört und in den Jahren 1962 bis 1964 auf Initiative der Stadt und des Freien Deutschen Hochstifts wieder aufgebaut. Heute trifft man dort auf einige vom Museum für Kunsthandwerk zur Verfügung gestellte Leihgaben – darunter den Waschtisch von Marianne von Willemer. Zu Lesen ist auch Goethes berühmtes Gedicht vom Gingko biloba, das zu einem besinnlichen Moment unter die beiden Gingko-Bäume im kleinen Garten im Stil des Rokoko einlädt. ●

Die Frankfurter Museumslandschaft – Eine Auswahl

In der Freien Reichsstadt Frankfurt wurde die Kulturszene seit jeher vom Mäzenatentum und dem Engagement der Bürger getragen. Besonders im 19. und im frühen 20. Jahrhundert stifteten Bürger und wohlhabende Mäzene die wichtigsten, noch heute das kulturelle Leben der Stadt bestimmenden Institutionen, wie beispielsweise das Städel, das Freie Deutsche Hochstift, die Oper, die Universität und die Senckenberg Naturforschung Gesellschaft. Die Jahrzehnte nach dem Zweiten Weltkrieg waren vom Wohnungsbau und wirtschaftlichem Aufschwung geprägt. Die Kriegsschäden wurden beseitigt und die Museen lockten mit ihren großartigen Sammlungen zwar wieder zahlreiche Besucher, aber Frankfurt genoss noch nicht den Ruf einer Kulturstadt.

Erst unter Oberbürgermeister Walter Wallmann konnte Kulturdezernent Hilmar Hoffmann zwischen 1970 und 1990 die Museen aus ihrem Dornröschenschlaf wecken und mit einem Gesamtkonzept zu einem Werbeträger der Wirtschaftsmetropole ausbauen. Seine Vision vom „Museumsufer" am Main nahm Gestalt an: 1984 wurden das Deutsche Filmmuseum und das benachbarte Deutsche Architekturmuseum in zwei großbürgerlichen Villen des frühen 20. Jahrhunderts eröffnet. 1985 zog das Museum für Kunsthandwerk aus der beengten klassizistischen Villa Metzler in den strahlend weißen Erweiterungsbau des Architekten Richard Meier um. Auf der gegenüberliegenden Mainseite wurde am 50. Jahrestag der „Reichspogromnacht" im Jahr 1988 das Jüdische Museum im ehemaligen Palais Rothschild eingeweiht. Die Kunst- und Ausstellungshalle „Schirn" entstand 1987 als Riegel zwischen Römerberg und Dom. Das Archäologische Museum fand im ehemaligen Karmeliterkloster mit einem von 1984 bis 1988 errichteten Anbau des Architekten Josef Paul Kleihues seinen endgültigen Platz. 1991 wurde das Museum für Moderne Kunst mit Einweihung des sogenannten „Tortenstücks", einem auf dreieckigem Grundriss errichteten Gebäudes des Wiener Architekten Hans Hollein, realisiert. Neben diesen großen Museen entstanden zahlreiche kleinere Spezialmuseen. Heute erwarten in der Stadt insgesamt etwa 60 große und kleine Museen die Besucher.

Zwei jährliche Veranstaltungen rund um das Museumsufer locken mit zahlreichen Events hunderttausende von Besuchern in die Museen und haben sich so zu Volksfesten entwickelt: Die lange Nacht der Museen im April und das Museumsuferfest Ende August. Die Wirtschaftsmetropole Frankfurt hat sich als international anerkannten Kulturmetropole etabliert.

Die Eintrittspreise variieren deutlich, wer mehrere Museen an ein oder zwei aufeinander folgenden Tagen besuchen möchte, für den lohnt sich eine 2-Tageskarte zu 15,00 € (ermäßigt 8,00 €) für alle Frankfurter Museen, Familienkarten kosten 23,00 €. Für Bewohner des Rhein-Maingebietes gibt es eine Jahreskarte zu 75,00 beziehungsweise 38,00 €.

Prächtige Ausstellungsräume im Städel Museum

Das Städel Museum am Frankfurter Museumsufer

Städel Museum

- ⊗ Schaumainkai 63
- ⬙ private Stiftung
- 🕐 Museum Di, Fr–So 10–18 Uhr,
  Mi, Do 10–21 Uhr
  Studiensaal Graphische Sammlung
  Mi und Fr 14–17 Uhr, Do 14–19 Uhr
  Eintritt 12/10 €, Familien 20 €
- ℹ Tel. 069 6050980
  www.staedelmuseum.de

Das Städel Museum zählt zu den bedeutendsten Kunstsammlungen Deutschlands. Neben Wechselausstellungen zeigen rund 900 ständig präsentierte Gemälde einen Querschnitt durch die Malerei der letzten sieben Jahrhunderte. Highlights der Ausstellung sind Werke von Holbein d.J., Cranach d.Ä., Dürer, Botticelli, Rembrandt, Matisse, Monet, Picasso und den Expressionisten Beckmann, Kirchner und Klee. 1815 stiftete der Frankfurter Bankier und Kunstsammler Johann Friedrich Städel das nach ihm benannte Kunstinstitut. Das Hauptgebäude entstand im Jahr 1878 nach Plänen des Architekten Oskar Sommer. 2011 wurde im Garten ein unterirdischer Erweiterungsbau der Frankfurter Architekten Schneider + Schumacher eröffnet, in dem die zeitgenössische Sammlung ihren Platz gefunden hat.

Unterirdisch: Der neue Erweiterungsbau

Liebieghaus

Die ehemalige Liebieg-Villa beherbergt heute das Museum

In der Skulpturensammlung des Liebieghauses

❌ Schaumainkai 71

🔼 Stadt Frankfurt

🕐 Di, Fr–So 10–19 Uhr, Mi-Do 10–22 Uhr
Eintritt 14/12 €, Familien 24 €

ℹ️ Tel. 069 6500490
www.liebieghaus.de

1907 erwarb die Stadt Frankfurt die Villa des Barons Heinrich von Liebieg, um dort eine städtische Skulpturensammlung einzurichten. Die in den folgenden Jahrzehnten im Kunsthandel und dank zahlreicher Stiftungen zusammengetragene Sammlung umfasst Skulpturen und Werke sämtlicher Epochen von der Antike bis zum Klassizismus. Zu den berühmtesten Objekten zählen eine Athene nach dem Vorbild Myrons, eine Mondsichelmadonna Tilman Riemenschneiders und die Bronzefigur des „Apoll vom Belvedere", ein Werk des Renaissance-Bildhauers Pier Jacopo Bonacolsi, genannt Antico. Neben der Dauerausstellung veranstaltet das Liebieghaus regelmäßig viel beachtete Sonderausstellungen.

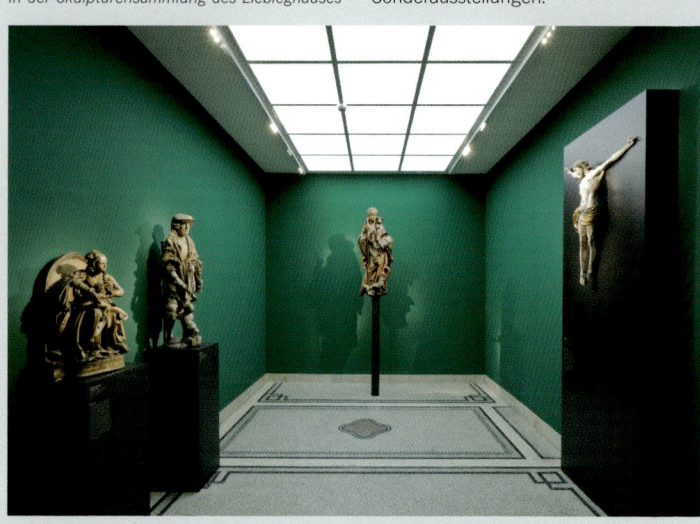

Museum Giersch

- ⊗ Schaumainkai 83
- ◐ Stiftung Giersch
- ◷ Di–Do 12–19 Uhr, Fr–So 10–18 Uhr
  Eintritt 5/3 €
- ❶ Tel. 069 63304128
  www.museum-giersch.de

Das Museum wird von einer Stiftung getragen

Das Museum Giersch wurde 2000 von der Stiftung Giersch in einer 1910 erbauten, neoklassizistischen Villa als Ausstellungshaus für regionale Kunst gegründet. In jährlich zwei Wechselausstellungen werden Werke von Künstlern des Rhein-Main-Gebietes präsentiert, meist eingebunden in entsprechende Forschungsprojekte des Kunsthistorischen Instituts der Universität Frankfurt. Das Haus verfügt über keine eigene Sammlung, sondern stellt Leihgaben in Zusammenarbeit mit anderen Museen und Privatbesitzern aus. Das Museum nimmt inzwischen neben den großen Häusern einen festen Platz in der Frankfurter Museumslandschaft ein.

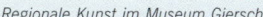

Regionale Kunst im Museum Giersch

Das vom Wiener Architekten Hans Hollein ent-
worfene Museum für Moderne Kunst (MMK)

Museum für Moderne Kunst, MMK

- ❌ Domstraße 10
- 🏛 Stadt Frankfurt
- 🕐 Di, Do-Sa 10-18 Uhr, Mi 10–20 Uhr
  Eintritt 10/5 €, an jedem letzten
  Samstag im Monat ist der Eintritt frei
- ℹ Tel. 069 2896007
  www.mmk-frankfurt.de

Mit dem Museum für Moderne Kunst MMK wurde eine Lücke in der Frankfurter Museumslandschaft geschlossen. Die Sammlung des Museums umfasst mittlerweile mehr als 4.500 Werke international renommierter Künstler seit Kriegsende. Der Schwerpunkt der Sammlung liegt auf der Kunst der sechziger Jahre, da die ehemalige Sammlung Ströher mit Werken der amerikanischen Pop Art und des Minimalismus den Grundstock des Museums darstellt. Die Museumsbestände werden regelmäßig um Werke von Gegenwartskünstlern erweitert. In der Dependance des Museums im ehemaligen Hauptzollamt auf der gegenüberliegenden Straßenseite werden in Wechselausstellungen Werke jüngerer, weniger etablierter Künstler vorgestellt.

Ausstellungseröffnung im MMK

Historisches Museum Frankfurt

✖ Fahrtor 2 (Römerberg)

☁ Stadt Frankfurt

🕐 Di, Do–So 10–18 Uhr, Mi 10–21 Uhr
Eintritt: 6/3 €

ℹ Tel. 069 21235154 Mo–Do 10–15.30 Uhr
www.historisches-museum.frankfurt.de
Dependancen:
Kinder Museum Frankfurt,
An der Hauptwache 15;
Höchster Porzellan-Museum,
im Kronberger Haus, Bolongarostraße,
Frankfurt-Höchst;
Caricatura-Museum Frankfurt,
Weckmarkt 17

Bis ins späte Mittelalter zurückreichende kunst- und kulturhistorische Sammlungen der Stadt und zahlreicher Bürger bilden den Grundstock der Bestände des 1878 gegründeten Historischen Museums. Die

Der Burnitzbau und die staufische Saalhof-kapelle gehören zum Historischen Museum

Bewahrung und Erforschung der Geschichte der Freien Reichsstadt, die Krönungsort Deutscher Kaiser war und als Messestadt seit dem Mittelalter eine wichtige Rolle im Wirtschaftsleben des Heiligen Römischen Reiches Deutscher Nation spielte, sind die Kernpunkte des Museumskonzeptes. In dem denkmalgerecht sanierten Ensemble um den Saalhof wird die staufische Geschichte der Stadt anhand von archäologischen und historischen Zeugnissen erlebbar gemacht. In einem Neubau soll ab 2015 das Leben der Stadtbewohner der verschiedenen Epochen dargestellt werden.

Die Sammlung Waldschmidt im Historischen Museum

Schirn Kunsthalle Frankfurt

Blick vom Dom auf die Schirn Kunsthalle Frankfurt

- ✖ Römerberg
- ◉ Stadt Frankfurt
- ❶ Di, Fr–So 10–19 Uhr, Mi–Do 10–22 Uhr
  Eintrittspreise je nach Ausstellung
- ❶ Tel. 069 2998820 www.schirn.de

Der Name „Schirn" erinnert an die einst hier stehenden offenen Verkaufshallen der Frankfurter Metzgerzunft. Die heutige Schirn wurde als Ausstellungshalle der Frankfurter Museen geplant, entwickelte sich aber unter ihrem ersten Leiter Christoph Vitali sehr schnell zu einer der renommiertesten Kunsthallen Deutschlands. Große Übersichtsausstellungen zu internationalen Kunstrichtungen wie dem Expressionismus, dem Surrealismus, der russischen Kunst unter Stalin, den Nazarenern oder zu zahlreichen einzelnen großen Künstlerpersönlichkeiten zogen seit ihrer Eröffnung mehr als fünf Millionen Besucher an. Sie ist trotz der nicht unumstrittenen Architektur im Herzen der Altstadt eine der wichtigsten Kulturstätten Frankfurts.

Jüdisches Museum

- ✖ Untermainkai 14/16
- ◉ Stadt Frankfurt
- ❶ Di, Do–So 10–17 Uhr, Mi 10–20 Uhr
  Eintritt: 4/2 €
- ❶ Tel. 069 21238805
  www.juedischesmuseum.de
  Dependance: Museum Judengasse,
  Kurt-Schumacher-Straße 10

Das Jüdische Museum der Stadt Frankfurt setzt sich mit der Geschichte der jüdischen Gemeinde in Frankfurt auseinander. Die Ausstellung zeigt die Entwicklung der Gemeinde von der ersten Ansiedlung im 12. Jahrhundert bis zur Auflösung des Frankfurter Ghettos im 19. Jahrhundert, der gesellschaftlichen Integration und dem Wiedererstehen der

Eindrucksvolle Innenräume im Jüdischen Museum

in der Nazizeit ausgelöschten Gemeinde nach dem Zweiten Weltkrieg. Wechselausstellungen zu einzelnen Persönlichkeiten und Themen ergänzen das Gesamtkonzept.

In der Dependance wird anhand von archäologischen Befunden und Dokumenten die Geschichte des Ghettos und seiner Bewohner über drei Jahrhunderte dargestellt.

Das Jüdische Museum liegt gegenüber des Museumsufers

Junge Besucher im Senckenberg-Naturkundemuseum

Senckenberg Forschungsinstitut und Naturmuseum Frankfurt

- ⊗ Senckenberganlage 25
- ☁ Senckenberg Gesellschaft für Naturforschung
- ⊙ Mo, Di, Do, Fr 9–17 Uhr, Mi 9–20 Uhr, Sa-So und feiertags 9–18 Uhr
  Eintritt: 6 €, ermäßigt 3–5 €
- ⓘ Tel. 069 75420 www.senckenberg.de

Das traditionsreiche Senckenberg Naturmuseum in seinem ehrwürdigen Sandsteinbau von 1907 gehört zu den Höhepunkten eines Besuchs in Frankfurt. Vor allem bei Kindern genießen die Exponate hohen Zuspruch. Das Museum zählt weltweit zu den berühmtesten Naturkundemuseen und zeigt einen Querschnitt durch die Entwicklung der gesamten Tier- und Pflanzenwelt über viele Millionen Jahre. Seine berühmtesten Bewohner sind zweifellos die Dinosauriere, die originale Nachbildung eines amerikanischen Mammuts oder das Urpferdchen aus der Grube Messel. Das Museum lockt jährlich mehr als 400.000 Besucher an, von denen viele nicht zum ersten Mal kommen.

Rekonstruktion eines Triceratops-Skeletts

Stoltze-Museum

Friedrich Stoltze auf 120 Treppenstufen

Eingang zum Stoltze-Museum in der Töngesgasse

- ⊗ Töngesgasse 34-36
- ⌃ Frankfurter Sparkasse
- ⏱ Mo, Di, Do, Fr 9–17 Uhr, Mi 9.30–20 Uhr
  Eintritt frei
- ℹ Tel. 069 2641-4006
  www.frankfurter-sparkasse.de/stoltze

Das Stoltze-Museum der Frankfurter Sparkasse gehört zu den kleinsten Museen in Frankfurt. Aus Verbundenheit zu Stadt und Region hat die Sparkasse dem Frankfurter Schriftsteller, Mundartdichter und Satiriker Friedrich Stoltze im Jahr 1978 ein eigenes Museum in einem steinernen Renaissance-Treppenturm eingerichtet, der einst zum Frankfurter Sitz der Grafen von Schönborn gehörte. Die Dauerausstellung zu Leben und Werk Stoltzes zieht sich über 120 Stufen vom Unter- bis ins Dachgeschoss des Turmes. Historische Fotografien, Zeichnungen, ausgewählte Textbeispiele sowie Gegenstände aus seinem Nachlass illustrieren Leben und Werk des Autors, dessen Biografie eng mit bedeutenden Persönlichkeiten und Ereignissen der deutschen Geschichte im 19. Jahrhundert verbunden ist. ●

F

Frankfurt Bergen-Enkheim
Schelmenburg

❌ Schelmenburgplatz 2

🔼 Stadt Frankfurt

ℹ️ jederzeit frei zugänglich

Erst 2001 bestätigten archäologische Funde die seit langem bestehende Vermutung, dass mitten in Bergen einst eine hölzerne Turmhügelburg stand. Sie war Sitz des seit 1194 nachweisbaren Adelsgeschlechts der Schelme von Bergen, die zunächst als kaiserliche Lehensmänner auftraten. Wann die hölzerne Burg zum „festen Haus" umgebaut wurde, ist nicht bekannt. Da es auf dem Berger Rücken jedoch an einer für die Errichtung einer

Die Bergen-Enkheimer setzten den Schelmen ein Denkmal

Burg notwendigen Geländeerhebung mangelte, nutzten die Erbauer mehrere, nördlich der Anlage gelegene starke Quellen, um mit deren Wasser den um das Gebäude angelegten Burggraben zu speisen. So entstand etwa 80 Meter über dem Pegel des Mains eine Wasserburg. Mit dem Absinken aus dem Stand eines Reichsritters zum Vasallen der seit 1279 über Bergen herrschenden Grafen von Hanau begann die Ära der Schelme von Bergen als Raubritter. Sie überfielen die auf der nahen Hohen Straße von oder nach Frankfurt reisenden Kaufleute, weswegen sie zunehmend mit der Stadt Frankfurt in Konflikt gerieten. Um 1380 beendeten die Frankfurter mit der Besetzung der Burg das Treiben der Schelme. Diese mussten Urfehde, also Frieden schwören. Danach wurde es ruhig um die Schelme. Friedrich Adolph Schelm zu Bergen ließ um 1700 das Hauptgebäude bis auf den Keller abtragen und in zehnjähriger Bauzeit das heute noch erhaltene Barockschlösschen erbauen. Das über eine Brücke erreichbare dreigeschossige Gebäude ist mit einem schiefergedeckten Krüppelwalmdach versehen, das an der Vorder- und Rückseite mittig aufgesetzte Zwerchhäuser aufweist. Den Eingang schmückt ein Renaissanceportal aus rotem Sandstein, an dem auf der linken Seite das Wappen der Schelme von Bergen zu sehen ist.

Nach dem Aussterben der Schelme von Bergen im 19. Jahrhundert wurde die Schelmenburg verkauft. Wechselnde Besitzer rissen im Laufe der Zeit die südwestlich der Kernburg gelegenen Wirtschaftsgebäude wie Stallungen und ein Brauhaus ab und überbauten die Gärten. 1942 erwarb die Gemeinde Bergen-Enkheim das Anwesen, das heute die Jugendmusikschule und den Vereinsring beherbergt. ●

Frankfurt Bonames
Alter Flugplatz

❌ Am Burghof 55

🔼 Stadt Frankfurt

ℹ️ jederzeit frei zugänglich
Tower-Café ganzjährig geöffnet, Feuerwehrmuseum Frankfurt So 11–16 Uhr

ℹ️ Umweltamt der Stadt Frankfurt,
Tel. 069 212-39100
Tower-Café Tel. 069 95048532
www.tower-cafe.de

Am Rand des Frankfurter Stadtteils Bonames errichtete die US-Armee in den
1950er Jahren das „Maurice Rose Army
Airfield", das in der Folgezeit mehrfach
erweitert und intensiv genutzt wurde.
Fast 40 Jahre lang schallten die Geräu-
sche der startenden und landenden
Hubschrauber über dem Militärflughafen
und den angrenzenden Niddawiesen. Mit
dem Abzug der amerikanischen Streitkräfte Anfang der 1990er Jahre wurde
das Gelände um den Alten Flughafen
vollständig unter Landschaftsschutz
gestellt und 2003 in den GrünGürtel der
Stadt integriert.

Heute gibt die Natur den Takt an.
Weite Teile der Fläche wurden entsiegelt
und der natürlichen Sukzession überlassen, sodass sich seltene Vögel und
Amphibien ansiedelten. Ab April bis in
den Juni hinein kann man dem Quaken
der Frösche zuhören, die im neu entstan-

denen Feuchtgebiet zwischen den teil-
weise aufgebrochenen Landebahnen in
Manier des Caspar David Friedrich'schen
„Eismeer" um Partnerinnen buhlen.
Diese Gestaltung wurde 2005 mit dem
Deutschen Landschaftsarchitekturpreis
ausgezeichnet. Speziell ausgebildete
Landschaftslotsen unterstützen an den
Wochenenden von April bis Oktober die
Besucher im bewussten und rücksichts-
vollen Umgang mit der Tier- und Pflan-
zenwelt.

Heute ist der ehemalige Tower zum
Café mit Sommergarten umgewandelt,
daneben lädt das Feuerwehrmuseum
Frankfurt in die Geschichte des Feuer-
wehrwesens ein. Auf der ehemaligen
Landebahn kann man Skateboard, Fahrrad und Inliner fahren und im Herbst Dra-
chen steigen lassen. An der Nidda verweist das Grüngürteltier auf der nach
seinem Erschaffer benannten Robert-
Gernhardt-Brücke auf den Flughafen und
sein Gelände als Bestandteil des
GrünGürtels. Als Teil des hier vor-
beiführenden Hölderlinpfads erinnert
unter der Brücke ein Gedicht Hölderlins
an die unglückliche Liebe zwischen Friedrich Hölderlin und Susette Gontard. Der
Alte Flugplatz ist auch eine Station der
Route des Regionalparks RheinMain, der
zwischen dem GrünGürtel Frankfurt und
dem Naturpark Hochtaunus an zahlreichen Skulpturen und begehbaren Kunst-
werken in der Landschaft vorbeiführt. ●

Im rechten Gebäude
befindet sich das
Feuerwehrmuseum

F

Frankfurt Heddernheim
Römische Töpferöfen/ Römerbrunnen

✖ zwischen Heddernheim und Praunheim, der Römerbrunnen liegt unterhalb der Straße An der Ringmauer

⬢ Straßenbauamt/Grünflächenamt

✱ Führungen zu den Töpferöfen können über das Archäologische Museum gebucht werden, Tel. 069 212-35896

An strategisch günstiger Stelle, entlang der Straßen die nach Mainz und der Saalburg führten, errichteten römische Soldaten in den 70er Jahren des ersten Jahrhunderts zehn verschiedene Militärlager sowie ein fünf Hektar großes Steinkastell. Nach Abzug der letzten Einheiten etwa um 110 nach Christus wurde aus dem zugehörigen Lagerdorf die Civitas Taunensium als Hauptstadt des Verwaltungsbezirks Wetterau. Nida war politischer, ökonomischer und religiöser Mittelpunkt im Hinterland des Limes und entwickelte sich zu einer Siedlung, die etwa 54 Hektar umfasste. Der Fluss Nidda wurde von den Römern als Haupthandelsweg genutzt und war entscheidend für den florierenden Handel. 3.000 bis 5.000 Menschen lebten und arbeiteten hier. Von Steinmetzen, Schmieden und Zimmerleuten bis zu Gold- und Silberschmieden sowie allen zum täglichen Leben notwendigen Berufsgruppen fanden hier ihr Auskommen. Besonders bekannt war Nida für die damals über 100 Töpfereien, von denen Anfang der 1970er Jahre zwei Töpferöfen ausgegraben und vor Ort restauriert wurden. Sie liegen gut geschützt, jedoch etwas versteckt, nahe der Nordweststadt an der Böschung zur Rosa-Luxemburg-Straße, in der Nähe des Heddernheimer Stegs. Ein weiteres der wenigen in situ noch erhaltenen Zeugnisse aus der römischen Zeit ist ein Brunnen, der zu einer römischen Villa rustica gehörte. Die römische Epoche dauerte bis um das Jahr 260. Mit den koordinierten Angriffen der Alamannen musste Nida, wie das gesamte rechtsrheinische Gebiet der Obergermanischen Provinz, aufgegeben werden. Die seit dem späten 19. Jahrhundert durchgeführten Plangrabungen mit ihren reichhaltigen Funden führten zu der Zuschreibung Nidas als „teutsches Pompeji". Die Ausgrabungsfunde sind heute im Museum für Vor- und Frühgeschichte zu sehen. Das weitläufige Gelände blieb bis zur Errichtung der zwischen 1927 und 1929 erbauten Siedlung Römerstadt unbebaut. Ein archäologischer Rundweg mit zwölf Stationen führt an die Orte der römischen Vergangenheit. ●

Detailansicht eines Ofens

Die Gartenseite zum Main des Bolongaropalasts

Frankfurt Höchst

Bolongaropalast

❌ Bolongarostraße 105–111

🔼 Stadt Frankfurt

🕐 Park täglich 10–19 Uhr
Porzellanausstellung Mo–Fr 9–16 Uhr
Prunkräume, Kapellensaal und Festsaal
nach Voranmeldung, Tel. 069 212-45521

ℹ www.frankfurt.de

Um die wirtschaftliche Entwicklung seiner Residenzstadt Höchst zu fördern, bemühte sich der Mainzer Kurfürst Emmerich Josef um die Ansiedlung neuer Manufakturen. Den notwendigen Platz für die Fabrikationsgebäude und die Wohnungen der Neubürger sollte die Anlage einer Neustadt östlich der Altstadt schaffen. Am 4. Juli 1768 unterzeichnete der Kurfürst die Gründungsurkunde. Der Baumeister Jakob Josef Schneider entwarf dazu 1772 einen Plan, der den barocken Idealvorstellungen einer rasterförmigen Stadt entsprach. Das gesamte Projekt wurde allerdings nie ausgeführt. Kern und Maßeinheit eines Straßenrasters der geplanten Neustadt war der Bolongaropalast, eine zum Mainufer geöffnete spätbarocke Dreiflügelanlage mit einer durch den Wechsel von zwei- und dreigeschossigen Gebäude-teilen rhythmisch gegliederten Straßen-länge von 117 Metern. Architekt des 1772-80 errichteten „Manufaktur-palastes" war vermutlich J. J. Schneider, seit 1777 war der Koblenzer Baumeister Nikolaus Lauxen als Bauleiter tätig. Bauherren waren die aus Stresa am Lago Maggiore stammenden Tabakhändler und Fabrikanten Joseph Maria Markus und Jacob Philipp Bolongaro. Der Mittelflügel nahm im ersten Obergeschoss die Wohnräume der Familien auf, im Erdgeschoss befanden sich die Kontorräume. In den Seitenflügeln lagen die Manufaktur, Lagerräume und die Wohnungen der Arbeiter. Zum Main hin endet die Anlage mit zwei zauberhaften Pavillons als Kopfbauten, den Logis des Kurfürsten. Der Garten im Inneren des Gebäudekarrees wurde als Barockgarten auf zwei Geländeterrassen mit Brunnen, Balustraden, einer Grotte und zahlreichen Gartenskulpturen angelegt. Der Kurfürst erlebte die Fertigstellung des Palastes nicht mehr, er starb schon 1774, die beiden Bolongaro-Brüder 1779 und 1780. Fünf Jahre später wurde die Tabakfabrik geschlossen. Ab 1906 kaufte die Stadt Höchst den Palast und nutzte ihn als Rathaus. Im Sommer dient der Garten als Kulisse für Theateraufführungen im Rahmen der Festspiele „Barock am Main". ●

F

Frankfurt Höchst
Katholische Pfarrkirche Sankt Justinus

❌ Justinusplatz 3

🔷 Kath. Pfarrei St. Josef

🕐 April–Oktober Di–Sa 14–17 Uhr, Führungen nach Vereinbarung

ℹ️ Pfarrbüro St. Josef, Tel. 069 33999615 www.justinuskirche.de

Langhaus und barocker Hochaltar der Justinus-kirche

Hoch über die Stadtmauer am Mainufer aufragend prägt die Justinuskirche mit ihrem gewaltigen Chor und dem kleinen Dachreiter gemeinsam mit dem Alten Residenzschloss und dem Bolongaro-palast die Silhouette von Höchst, seit 1928 Ortsteil von Frankfurt. Damit kann sich Frankfurt rühmen, die älteste Kirche des Stadtgebietes eingemeindet zu haben. Um den seit römischer Zeit mit Einzelgehöften besiedelten Platz zu einem kirchlichen Zentrum auszubauen, wurde um 830 durch Erzbischof Otgar von Mainz mit dem Bau der Justinus-kirche als dreischiffige karolingische Basilika mit drei Apsiden begonnen. Die neue Kirche sollte die aus Rom übertra-genen Gebeine des Heiligen Justinus aufnehmen. Um 850 wurde sie von seinem Nachfolger Rhabanus Maurus geweiht. In den schriftlichen Quellen wird sie im Jahr 1090 als ruinös bezeichnet und der Benediktinerorden erhält den Auftrag zur Wiederherstellung. Nachdem die Gebeine des Heiligen 1298 nach St. Alban in Mainz transferiert worden waren, erlebte die Justinuskirche eine wechselvolle Geschichte, bis sie 1443 für viele Jahrhunderte dem benachbarten Antoniterkloster eingegliedert wurde. Danach erhielt sie anstelle der Apsiden den hochgotischen, das Langhaus über-ragenden Choranbau und drei Seiten-kapellen am nördlichen Seitenschiff. Die Kirche überrascht im Inneren durch die harmonischen Proportionen ihres klar gegliederten, hohen, flach gedeckten Langhauses und dessen sechs Arkaden mit karolingischen Kapitellen. Über dem Vierungsbogen sind Reste einer Aus-malung mit der Darstellung des Jüngsten Gerichtes aus der zweiten Hälfte des 15. Jahrhunderts erhalten. Beein-druckend ist die im Gegensatz zu der klaren Architektur stehende barocke Ausstattung mit dem Hochaltar von 1724 und den beiden Seitenaltären aus dem Kloster Gottesthal im Rheingau. Auf der 1988 restaurierten Orgel mit ihrem prachtvollen Orgelprospekt von 1736 finden jährlich Konzerte statt, die als „Höchster Orgelsommer" inzwischen zu einer festen Einrichtung geworden sind.

Sehenswert ist auch der auf der Mainseite gelegene Garten, in dem von den Antonitern verwendete Heilkräuter kultiviert werden. ●

Frankfurt Höchst
Kronberger Haus

- ✖ Bolongarostraße 152
- ◉ Stadt Frankfurt
- ❶ Sa–So 11–18 Uhr, wochentags Führungen
  für angemeldete Gruppen möglich
- ❶ Tel. 069 212-36712 oder 212-45474
  www.historisches-museum.frankfurt.de/
  index.php?article_id=38&clang=0

Das Kronberger Haus wurde als Adelshof für Anton Franz von Cronberg in den Jahren 1577 bis 1580 errichtet. Der langgestreckte, zweigeschossige Bau wurde unter späteren Besitzern mehrfach verändert. Von 1875 bis 1909 diente er nach spätklassizistischen Umbauten als Schule und Rathaus der damals noch selbständigen Stadt Höchst. 1994 wurde im Kronberger Haus als Dependance des Historischen Museums Frankfurt das Höchster Porzellanmuseum eingerichtet. Dank etlicher Spenden und Dauerleihgaben konnte die ursprünglich auf die Produktionszeit der alten Höchster „Porcelainfabrique" von 1746 bis 1796 begrenzte Ausstellung erweitert werden

und seit 2003 mit der Ausstellung „Höchste Güte und barocke Zier" auch die Entwicklung der Manufaktur bis in die neueste Zeit dokumentiert.

Die Sammlungen von Kurt Bechtold und die der früheren Höchst AG sind die Glanzstücke des Museums. In den zwei Etagen des Gebäudes werden etwa 1.800 Fayencen und Porzellanteile der Porzellanmanufaktur Höchst gezeigt. Das Spektrum reicht von den weniger bekannten frühen Fayencen über die reichhaltige Sammlung von Figuren und Tafelaufsätzen des Barock hin bis zu den bekannten Kaffee- und Tafelgeschirren des ausgehenden 18. Jahrhunderts mit ihren zauberhaften Purpur-Landschaftsdarstellungen, Blumen- und Vogelmalereien, die nach der Wiederaufnahme der Produktion am alten Standort nach dem Zweiten Weltkrieg weitergeführt wurden. Im Dachgeschoss des Kronberger Hauses wird das Atelier des Höchster Porzellanmalers Kurt Schröder (1927–2008) mit zahlreichen Aquarellstudien gezeigt. ●

Früher eine Schule, werden hier heute Fayencen und Porzellanteile gezeigt

Weit überragt der Turm den Torbau

durch Frankfurt ließ Mainz sie in der ersten Hälfte des 15. Jahrhunderts in Kastellform mit doppeltem Mauerring aufbauen, 1463 wurde sie unter Erzbischof Dietrich von Isenburg zum Residenzschloss ausgebaut. Das Wahrzeichen des Schlosses, der hohe Turm, wurde erst 1584–1587 auf 50 Meter erhöht und erhielt den eleganten Helm mit Belvedere, als das Schloss sukzessive bis 1608 zur Nebenresidenz der Mainzer Erzbischöfe ausgebaut wurde. Ein Kupferstich von Matthäus Merian zeigt die prachtvolle Anlage. Gleichzeitig begann man mit dem Bau des nördlich gelegenen „Neuen Schlosses". Im Dreißigjährigen Krieg sorgte die benachbarte Freie Reichsstadt dafür, dass die schwedischen Truppen 1635 die Residenz samt Zollstation niederbrannten. Die verbliebenen Teile des Alten Schlosses wurden zu Lagerzwecken genutzt, die Ruinen um 1770 abgetragen und zum Neubau des Bolongaropalastes benutzt. Trotz allem trieb man hier den Mainzoll bis 1866 weiter ein.

Nach verschiedensten Nutzungen wurde das Residenzschloss aus dem Besitz der Höchst AG 2002 für einen symbolischen Preis der Deutschen Stiftung Denkmalschutz verkauft, die dort unter anderem einen Sitz ihrer Denkmalakademie einrichtete. Das Neue Schloss, das durch moderne Anbauten in seinem Erscheinungsbild im Hof stark gestört ist, wird für Veranstaltungen genutzt. Dank der Restaurierungen der letzten Jahrzehnte zeigen die Restbestände des reizvoll von den Fachwerkhäusern der Altstadt gerahmten Alten Schlosses mit seinem schlanken Turm, der geschwungenen Giebelfront des Wohnhaus und dem Torhaus mit seiner reich in toskanischem Stil gegliederten Front, in welcher Pracht die Mainzer Erzbischöfe einst hier residierten. ●

Frankfurt Höchst
Residenzschloss

- ⊗ Höchster Schlossplatz 16
- ◔ Deutsche Stiftung Denkmalschutz, Tel. 069 340078-621
- ◔ Garten täglich bis Anbruch der Dunkelheit
- ⓘ de.wikipedia.org/wiki/Höchster_Schloß www.denkmalschutz.de/ denkmalakademie.html

Die kleine Siedlung Höchst war bereits im 9. Jahrhundert in Mainzer Besitz und wurde von den Erzbischöfen als Vorposten gegen die Stadt Frankfurt ausgebaut. 1355 erhielt sie durch Kaiser Karl IV. Stadtrechte.

Der Mainzer Erzbischof richtete in der am Mainufer gelegenen Burg zum Ärger der Stadt Frankfurt eine Zollstätte ein. Nach Zerstörung der Burg 1396

Frankfurt Kalbach-Riedberg

Bonifatius-Brunnen

✖ Zur Kalbacher Höhe, etwa in Höhe Renoirallee, Fußweg in den Bonifatiuspark
U8 bis Station Riedberg, Buslinie 29 bis Käthe-Kruse-Straße

◆ Stadt Frankfurt, Grünflächenamt

❶ jederzeit frei zugänglich

❸ www.frankfurt.de/Bonifatiusbrunnen

Im Frankfurter Stadtteil Kalbach-Riedberg begegnen sich Vergangenheit und Gegenwart auf engem Raum. Mitten im Neubaugebiet und umgeben von Wohnhäusern junger Familien erzählt der Bonifatiusbrunnen eine mehr als 1000 Jahre alte Geschichte. Der Legende nach hat an dieser Stelle im Juli des Jahres 754 der Leichenzug, der den von heidnischen Friesen ermordeten Bischof Bonifatius nach Fulda überführte, Rast gemacht. Noch in der selben Nacht soll hier die Quelle entsprungen sein, die bis heute an den Apostel der Deutschen erinnert.

Eingebettet ist der Brunnen in den 2006 angelegten Bonifatiuspark, von dessen Panoramaweg aus der Besucher einen herrlichen Blick auf die Frankfurter Skyline hat. Die in hellem Kalksandstein gefasste Quelle ist umgeben von einer Gedenktafel und einem iro-schottischen

Kreuz, eine Referenz an die britische Heimat des um 673 geborenen Benediktinermönchs.

Der Bonifatiusbrunnen ist eine Etappe der 2004 vom Verein Bonifatius-Route e.V. ausgeschilderten 172 Kilometer langen Strecke, die den Spuren des historischen Trauerzuges von Mainz nach Fulda folgt. Dort wurden die sterblichen Überreste des Bischofs von Mainz zunächst in der Sturmi-Basilika des Klosters Fulda beigesetzt und 819 in die neu erbaute Ratgar-Basilika überführt. Die Route verläuft durch die Frankfurter Stadtteile Zeilsheim, Niederursel, Kalbach, Bonames, Harheim und Nieder-Erlenbach und zeigt die Finanzmetropole von ihrer ländlichen, beschaulichen Seite. Wanderer sollten daher die Gelegenheit nutzen, vom Bonifatiusbrunnen aus in die nahe gelegenen Vororte zu gehen und die barocke Sankt Laurentius-Kirche an der Kalbacher Hauptstraße zu besuchen, deren Deckengemälde den Leichenzug von Bonifatius und die Bonifatiusquelle zeigt. Die katholische Kirche im Oberen Kalbacher Weg in Bonames ist dem 1855 heilig gesprochenen Bischof Bonifatius geweiht. Die Markierung der Bonifatius-Route zeigt vier zum Kreuz angeordnete rote Felder mit Bischofsstab und kleinem schwarzem Kreuz. ●

F

Hier soll der Leichenzug mit Bonifatius übernachtet haben

F

Frankfurt Nied

Eisenbahnbrücke Nied

Die Gewölbe halten seit mehr als 170 Jahren

- ❌ Nähe Denzerstraße, Fahrradweg entlang der Nidda stadteinwärts
- ⬧ DB Netz Aktiengesellschaft, Theodor-Heuss-Allee 7
- ❶ Gelände frei zugänglich

Bereits zwei Jahre nach dem 7. Dezember 1835, als die erste Dampfeisenbahn Deutschlands von Nürnberg nach Fürth fuhr, begann man mit dem Bau der Eisenbahnstrecke zwischen der Freien Stadt Frankfurt und der nassauischen Residenz Wiesbaden. Zu den Aufgaben des Ingenieurs und Eisenbahnpioniers Paul Camille von Denis, unter dessen Leitung die Taunus-Eisenbahn zwischen 1837 und 1840 erbaut wurde, gehörte auch der Entwurf und die Ausführung der Nidda-Eisenbahnbrücke. Als wichtiger Bestandteil des ersten Bauabschnitts ist sie heute die zweitälteste noch in Betrieb befindliche Eisenbahnbrücke in Deutschland.

Auf die Gründung der Brücke wurde großen Wert gelegt, da die Nidda bis zu ihrer Regulierung im 20. Jahrhundert regelmäßig Hochwasser führte. Mit halbkreisförmigen Pfeilervorköpfen versehen, überspannt die in rotem Sandstein ausgeführte Eisenbahnbrücke mit drei Flachbögen von je zehn Metern lichter Weite den Raum zwischen den circa sechs Meter hohen Dämmen.

Die Brücke wurde am 26. September 1839 gemeinsam mit dem ersten Bauabschnitt der Strecke zwischen Frankfurt und Höchst eröffnet und zunächst nur eingleisig betrieben. Erst ab 1869 begann der zweigleisige Ausbau.

Bis heute wird die in den beiden Weltkriegen nicht beschädigte Brücke von Zügen der Taunus-Eisenbahn und des Regionalverkehrs befahren. Sie steht unter Denkmalschutz und ist Teil der Route der Industriekultur Rhein-Main.

Für den an der Eisenbahngeschichte Interessierten lohnt sich ein kurzer Abstecher in die nahe gelegene Nieder Eisenbahnersiedlung. Diese für die Arbeiter der 1918 eröffneten Königlich-Preußischen Lokomotivhauptwerkstätte erbaute Siedlung wurde ab 1918 nach Plänen von Schelling & Zweifel im Auftrag des „Frankfurter Spar- und Bauvereins von Eisenbahnbediensteten eGmbH" realisiert und in mehreren Bauabschnitten bis 1930 fertig gestellt. Die hufeisenförmige Anlage zwischen den Straßen Grüne Winkel, Faulbrunnenweg, Am Selzerbrunnen, Vorm Wald und Taunusblick bietet einen Eindruck von den reformerischen Visionen der 1920er Jahre. ●

Frankfurt Niederrad
Kläranlage Niederrad

Jungbrunnen für Abwasser

- ✖ Schwanheimer Straße 151–155
- ⌃ SEF Stadtentwässerung Frankfurt/Main
- ☎ Besichtigung für Gruppen nach telefonischer Anmeldung, Tel. 069 212-34666
- ⓘ www.stadtentwaesserung-frankfurt.de

Seit dem Mittelalter hatte sich bis ins 19. Jahrhundert die Abwasserentsorgung in Frankfurt nicht wesentlich weiter entwickelt. Erst in der zweiten Hälfte des 19. Jahrhunderts erhielt die Stadt ein neues Kanalnetz. Um die stetig steigenden Abwassermengen möglichst hygienisch in den Main zu entsorgen, beschloss die Stadt im Jahr 1882 den Bau eines Klärwerks, das mechanisch und chemisch die Abwässer reinigen konnte. Nach den Plänen von Stadtbaurat William H. Lindley wurde am Mainufer in Niederrad 1883 bis 1887 die erste mechanische Kläranlage im Deutschen Reich gebaut. Erstmals wurde das Abwasser mit mechanischen Kämmen in feste und flüssige Stoffe getrennt, die dann in vier Absetzbecken weiter behandelt wurden. Durch Zusatz von Chemikalien wurden die festen Stoffe zu Dünger verarbeitet, das gereinigte Wasser floss in den Main und wurde so dem Wasserkreislauf wieder zugeführt. Da die Anlage für nur 140.000 Einwohner berechnet war, musste sie bereits 1902 bis 1904 auf 14 Becken erweitert werden.

Gleichzeitig entstand nach Plänen der Baumeister Adolf Söller und Hans Dasen das repräsentative Betriebsgebäude, das mit seinem dekorativen Wasserturm, den Fachwerkgiebeln und der reich gegliederten Dachlandschaft an eine großbürgerliche Villa erinnert. Im Verwaltungsgebäude mischen sich die Stilelemente des Historismus mit dem aufkommenden Jugendstil. In der Eingangshalle symbolisiert die Darstellung eines Jungbrunnens die Wirkungsweise der Kläranlage auf das Wasser. Das alte, verschmutzte Wasser wird durch die Kläranlage wieder jung und frisch. Gestiftet wurde das Fayencebild in malerischem Jugendstil von der Geiger'schen Fabrik in Karlsruhe, die auch die technischen Anlagen lieferte. Die damals größte und modernste Kläranlage Europas war bis 1960 in Betrieb und ist heute noch in großen Teilen als technisches Denkmal erhalten. Auch, wenn das Thema „Ökologie" damals noch unbekannt war, kann Frankfurt sich rühmen, um diese Zeit die fortschrittlichste Stadt Europas in Sachen Umweltschutz gewesen zu sein. ●

F

Frankfurt Niederrad

Licht- und Luftbad Niederrad

✖ Niederräder Ufer 10

⬢ Stadt Frankfurt
Frankfurter Verein für Soziale
Heimstätten e.V. – Transfer Werkstatt

🛈 Gelände frei zugänglich
Café Ponton LiLu täglich geöffnet,
11 Uhr bis in den frühen Abend

☏ Tel. 069 67733653
www.lilu-frankfurt.de

Ob das Licht- und Luftbad aus Gründen der Körperhygiene oder als Folge bürgerlicher Lebensreformbewegung geschaffen wurde, ist nicht eindeutig zu klären. Sicher ist, dass sich die Stadt Frankfurt mit dem um die Jahrhundertwende errichteten Strandbad auf der Maininsel in die Riege der mehr als 100 deutschen Licht- und Luftbäder einreihte. Vor allem Arbeiterfamilien besuchten das Bad, um dort im Main zu schwimmen. Durch Sandaufschüttungen stand ein „echter" Strand zur Verfügung. Während des Dritten Reichs war das Licht- und Luftbad das letzte öffentliche Bad, das die jüdische Bevölkerung nutzen durfte. Nach Ende des Zweiten Weltkriegs diente das Strandbad zunächst den US-amerikanischen Soldaten als Erholungsort, die es 1949 an das städtische Sport- und Badeamt übergaben. Erst

2003 wurde das Licht- und Luftbad wieder der allgemeinen Öffentlichkeit zugänglich gemacht.

Zwei Wege führen heute zum Licht- und Luftbad. Der eine leitet Fußgänger, Skater und Radfahrer bequem an der linksseitigen Flusspromenade zum Ziel. Der andere führt am Schifffahrtsamt über einen schmalen Steg, der die Insel mit dem Festland verbindet. Dieser Übergang ist Teil der alten Staustufe Niederrad, die als eines von fünf Nadelwehren in der ersten Phase der Mainkanalisation von der Mainmündung bis nach Frankfurt erbaut wurde. Dieser im Jahr 1883 begonnene Ausbau des Mains sollte die Anbindung an die Rheinschifffahrt sichern. 1927 außer Dienst gestellt, sind die Schleusenkammern und das Schleusenwärterhaus bis heute erhalten geblieben. In einer der Schleusenkammern ist das Nature Ship „MS Heimliche Liebe" vertäut und bietet bedrohten Arten und verletzten Tieren Zuflucht.

Das Gelände ist heute ein grünes Refugium mit Blick auf den Westhafen und das im Gutleutviertel angesiedelte Heizkraftwerk. Man kann am Strand sitzend vorbeifahrende Schiffe beobachten und vom Meer träumen. Das Café in Schiffsform ist preisgekrönt. Als Ponton konzipiert, ist es mit dem Boden verankert und kann so bei Hochwasser nicht fortschwimmen. ●

*Im weitläufigen Gelände
der Insel findet jeder
seinen Platz*

Seit mehr als 100 Jahren ein beliebtes Ausflugsziel

Frankfurt Oberrad
Gerbermühle

❌ Gerbermühlstraße 105

☁ Gerbermühle Objekt GmbH

❶ jederzeit frei zugänglich

☎ Tel. 069 68977790

Ursprünglich als Wassermühle erbaut, war die heutige Gerbermühle Teil des Anwesens „Wasserhof" und diente zunächst als Mahlmühle. Im 17. Jahrhundert wurde sie als Farb- und Schleifmühle genutzt, bis der Gerber Nicolas Coudos sie pachtete und dort von 1688 bis 1723 sein Gewerbe betrieb.

Im Laufe des 18. und 19. Jahrhunderts entwickelte sich Oberrad durch seinen ländlichen Charakter zum begehrten Ausflugsziel. Wohlhabende Frankfurter errichteten hier Gartenhäuser als Sommersitz oder pachteten vorhandene Anwesen, wie 1785 der Frankfurter Bankier Johann Jakob von Willemer die Gerbermühle. Dem Hausherrn freundschaftlich verbunden, wohnte 1815 auch Johann Wolfgang von Goethe in deren Sommersitz. Dabei lernte er von Willemers spätere Gattin Marianne kennen, mit der ihn bis zu seinem Tod eine enge freundschaftliche Beziehung verband. Goethe verewigte sie im „Buch Suleika" seines Spätwerks „West-östlicher Divan". Wie postum bekannt wurde, trat Marianne mit Goethe in einen lyrischen Dialog. Ein hoher Anteil der Gedichte geht auf Goethes Briefwechsel mit Marianne von Willemer zurück, aus deren Feder drei Gedichte in das Werk einflossen.

Einer der letzten gewerblichen Nutzer der Gerbermühle war der aus Offenbach stammende Bürger Franz Alexius Josseaux, der 1843 die Genehmigung zur Einrichtung einer Farbenfabrik erhielt. Ende des 19. Jahrhunderts fand die Mühle keine Pächter mehr und verfiel zunehmend. Diesen Verfall konnte auch die Renovierung und Nutzung als Bewirtungsbetrieb mit der publikumswirksamen Einrichtung eines „Goethe-Zimmers" nicht aufhalten. Das beliebte Ausflugsziel wurde im Zweiten Weltkrieg bis auf die Außenmauern zerstört, in den 1970er Jahren in vereinfachter Form wieder aufgebaut und als Gastwirtschaft betrieben.

Heute steht die Gerbermühle unter Denkmalschutz. Die attraktive Lage am Main mit ihrer Anbindung an die Wander- und Radwege des GrünGürtels wie auch der nahe gelegenen Schiffsanlegestelle Frankfurter Ausflugsschiffe machen den Sommergarten unter den weit ausladenden Ästen alter Kastanien zum beliebten Ausflugsziel. ●

F

Frankfurt Oberrad

Zu Ehren der sieben Kräuter ...

Grüne-Soße-Denkmal

❌ Direkter Zugang über die Kochstraße zwischen Kinzigstraße und Speckgasse

☁ Stadt Frankfurt

🕐 jederzeit frei zugänglich

ℹ www.kunst-im-oeffentlichen-raum-frankfurt.de /de/page150.html?id=380

Wenn am Gründonnerstag die erste Grüne Soße des Jahres zubereitet wird, haben die Oberräder Gärtner schon lange mit der Kultivierung der dafür verwendeten Kräuter begonnen. Traditionell gehören sieben Kräuter in die Frankfurter Grüne Soße: Schnittlauch, Borretsch, Pimpinelle, Kerbel, Sauerampfer, Petersilie und Kresse. In weißes Papier gewickelt und mit entsprechenden Rezepten bedruckt, erhält man sie als regionale Spezialität bis zum ersten Frost im Herbst auf den Wochenmärkten der Region. Woher das Rezept für die Grüne Soße stammt, ist nicht bekannt. Vermutet wird ein französischer oder italienischer Ursprung. Das erste gedruckte Rezept der Frankfurter Grünen Soße erschien 1860 in einem Kochbuch.

Seit mehreren hundert Jahren werden die Felder zwischen dem Ortskern von Oberrad und dem Main von Gärtnereibetrieben bewirtschaftet. Lange von der Viehzucht dominiert begann man ab dem 16. Jahrhundert mit dem Anbau von Getreide, Wein und Obst, bis schließlich vor allem der Gemüseanbau zur Lebensgrundlage wurde. Durch seinen ländlichen Charakter und die gute Verkehrsanbindung entwickelte sich Oberrad im 18. und 19. Jahrhundert zu einem beliebten Ausflugsziel. Seit 1848 fuhr die erste kommerziell betriebene elektrische Straßenbahn Deutschlands zwischen Frankfurt-Sachsenhausen durch Oberrad nach Offenbach, sodass sich das „Gärtnerdorf" mit weit über 40 Gastronomiebetrieben und Ball- und Tanzsälen für Tagesausflüge empfahl.

Um 1900 waren über 330 Gärtnereibetriebe in Oberrad ansässig. Nach dem Kriegsende sank die Zahl auf 132. Heute sind noch zwölf Betriebe übrig geblieben, die ungefähr 130 Hektar bewirtschaften.

Eine Hommage an die sieben Kräuter steht direkt am Rand der Felder. Wenn es dunkel wird leuchten dort sieben, in unterschiedlichen Grüntönen gestaltete Gewächshäuser, die jeweils einem Kraut der berühmten Soße gewidmet sind. Die Ludwigsburger Künstlerin Olga Schulz entwarf auf 777 Quadratmeter Grundfläche diese hintereinander gereihten Gewächshäuser aus Polycarbonat, die seit Mai 2007 der innerstädtischen Gartenbaukultur ein leuchtendes Denkmal setzen. ●

Frankfurt Oberrad
Ich-Denkmal

⊗ Mainuferanlage / Mainwasenweg
   zwischen Rudererdorf und Gerbermühle

⬙ Stadt Frankfurt

ⓘ jederzeit frei zugänglich

Die eigene Einzigartigkeit auf besondere Weise würdigen kann jeder Passant, der sich in die Mainuferanlage zwischen dem Rudererdorf und der Gerbermühle begibt.

Flankiert von zwei Säuleneichen wartet der bequem über mehrere Stufen zu besteigende Sandsteinsockel, dem die sonst übliche Statue fehlt. Auf seiner Vorderseite prangt in goldenen Lettern

Hier kann man sich selbst ein Denkmal setzen

„ICH". Jeder, ob Mensch oder Tier, ist aufgerufen, den Sockel zu besteigen und sich selbst ein Denkmal zu setzen.

Eine Hinweistafel mit einem Text des Künstlers animiert zum Fotografieren: „Jeder Mensch ist einzigartig. Das gilt natürlich auch für alle Tiere. Halten sie es fest für immer. Hier."

Das Ich-Denkmal ist Teil des seit 2002 kontinuierlich vorangetriebenen Projekts „Komische Kunst im GrünGürtel". Mehrere Künstler der informellen Künstler- und Satirikergruppe der Neuen Frankfurter Schule steuerten bis heute eigens hierfür geschaffene Werke bei. Als erstes Werk wurde am 24. März 2005 das Ich-Denkmal des Künstlers Hans Traxler aufgestellt. Anlässlich der parallel zur documenta 12 stattfindenden Caricatura 5 erhielt 2007 auch Kassel ein Ich-Denkmal. ●

F

F

Frankfurt Preungesheim
Gedenkstätte Preungesheim

Gedenkstätte vor der JVA Preungesheim

- ✕ Auf der Platte / Homburger Landstraße
- ◉ Land Hessen
- ⬆ jederzeit frei zu besichtigen

Die Justizvollzugsanstalt Preungesheim diente vor ihrem Neubau während der nationalsozialistischen Diktatur als Zuchthaus und Hinrichtungsstätte. Für ihre Opfer, überwiegend Widerstandskämpfer, wurde die Gedenkstätte errichtet. Auf einer Grünfläche, nach außen optisch begrenzt durch ein hohes quadratisches Eisengitter, führt durch eine Metallkonstruktion ein schmaler Betonweg auf ein erhöht stehendes Denkmal in Form eines menschlichen Torsos. Die Eisenkonstruktion symbolisiert den streng gesicherten Zugang zum Zuchthaus, an dessen Ende der enthauptete, hoch aufragende Mensch das Schicksal der Gefangenen und Ermordeten dieses Ortes anmahnt. Die Innenseite des Weges wird begleitet von einer langen Reihe aus 15 halbhohen Schrifttafeln. Die beiden ersten, farblich abgesetzten Tafeln informieren den Betrachter über den historischen Hintergrund der Gedenkstätte.

Mit einem Zitat von Ricarda Huch weihte der damalige Bundespräsident Richard von Weizsäcker die Anlage 1985 ein: „Wer aber vor der Vergangenheit die Augen verschliesst, wird blind für die Gegenwart. Wer sich der Unmenschlichkeit nicht erinnern will, wird wieder anfällig für neue Ansteckungsgefahren."

Anschließend wird an die Opfer des Widerstandes erinnert und es werden Informationen zu den Vorgängen in Preungesheim gegeben. Auf den folgenden 13 geschliffenen Betontafeln sind 100 Namen ermordeter Menschen aus neun Nationen mit Alter und Sterbedatum eingraviert. Wie viele Menschen hier hingerichtet wurden, lässt sich nicht mehr ermitteln, weil 1945 beim Einmarsch der alliierten Truppen viele Unterlagen verbrannt wurden.

Die strenge, in sparsamen Materialien errichtete Gedenkstätte führt mit ihrem sachlichen, informativen Text ohne Pathos bedrückend die Terrorjustiz dieser Zeit vor Augen. ●

Frankfurt Schwanheim

Schwanheimer Dünen

❌ am südlichen Mainufer zwischen Schwanheim und dem Industriepark Höchst gelegenes Naturschutzgebiet, Zufahrt über Höchst: Parken auf dem Parkplatz unterhalb der Altstadt am Main, von dort mit der Fähre auf das südliche Mainufer übersetzen

🔺 Stadt Frankfurt

❗ die Wege dürfen nicht verlassen werden, Fähre zur Sommerzeit: Mo–Fr 8–18 Uhr, Sa 9–19 Uhr, So 10–19 Uhr, zur Winterzeit: Mo–Fr 9–17 Uhr, Sa 9–16 Uhr, So 10–16 Uhr

ℹ️ GrünGürtel-Freizeitkarte, Umweltamt der Stadt Frankfurt, 2011 www.frankfurt.de

Der Name „Schwanheimer Düne" weckt Ferienerinnerungen an die Ostsee mitten in der Großstadt. Selbst zu literarischen Ehren haben es diese Dünen bereits gebracht: Lesern werden sie aus Jan Seghers Krimi „Die Braut im Schnee" bekannt sein. Aber selbst bei Schnee wirkt diese ungewöhnliche Landschaft nicht unheimlich, sondern faszinierend und lockt ganzjährig außer Spaziergängern mit Fernweh auch Geologen, Botaniker und Zoologen an.

Die durch einen Ring von Kleingärten von der Straße geschützt liegende Schwanheimer Düne ist eine etwa 60 Hektar große Binnendüne mit bis zu 20 Metern Mächtigkeit, die nach der letzten Eiszeit vor etwa 10.000 Jahren aus Quarzsandablagerungen des Mains entstand. Das Gebiet im Mainbogen war bis zum Anfang des 19. Jahrhunderts bewaldet, wurde aber dann aufgrund von Schädlingsbefall und Sturmschäden gerodet. Versuche der Bauern, auf dem nährstoffarmen Sandboden Obstbäume anzupflanzen, scheiterten. Während des 20. Jahrhunderts wurde weiträumig Sand und Kies ausgebaggert, wodurch eine reizvolle Teichlandschaft in der Düne entstand.

Die größte Grube, die „Schmitt'sche Grube" ist heute als besonders geschützter Lebensraum für seltene Vogel- und Reptilienarten eingezäunt und für Besucher gesperrt. Wie auf Dünenlandschaften am Meer wachsen auch hier vorwiegend Pflanzen, die auf den armen, trockenen Sandböden gedeihen können: verkrüppelte Kiefern, zwischen kahlen Sandflächen bilden sich Polster aus Moosen und Becherflechten, Magerrasen mit Silbergras, Nachtkerzen, Natternkopf, Grasnelken, Bergsandglöckchen und anderen, in unserer Region seltenen oder unbekannten Pflanzen. Seit 1984 ist der größte Teil der Düne Naturschutzgebiet. Zusätzlich ist sie seit 2003 nach der Fauna-Flora-Habitat-Richtlinie der Europäischen Union als Schutzgebiet ausgewiesen. ●

Kiefernwald in der Schwanheimer Düne

F

Versteckt hinter Bäumen ist die Warte nicht leicht zu finden

Frankfurt Seckbach
Berger Warte, Leopoldsäule

❌ Vilbeler Landstraße / Am Galgen

☁ Stadt Frankfurt

ℹ jederzeit frei zugänglich

Auf der höchsten natürlichen Erhebung Frankfurts steht, versteckt hinter Bäumen und Sträuchern, die Berger Warte. Über das Wartfeld, der höchsten Markierung des Berger Rückens, zogen bereits die Römer von Nida nach Bergen. Im Mittelalter waren es Händler, deren Weg entlang der Via Regia auch an der Berger Warte vorbeiführte. Seit 1340 ist an der Grenze zwischen Hanauer und Frankfurter Gebiet ein Turm als Geierswarte nachgewiesen. Er gehörte nicht zur Frankfurter Landwehr, sondern war Beobachtungsposten und Geleitwechselstation, denn hier endete der Geleitschutz der Hanauer Grafen für die nach Frankfurt ziehenden Kaufleute und Reisenden. Zugleich war dieser Ort auch Richtstätte des Hohen Gerichts der Grafschaft Bornheimer Berg. In unmittelbarer Nähe stand von 1484 bis 1834 der Galgen. Im Schmalkaldischen Krieg brannten protestantische Truppen die weitgehend aus Fachwerk errichtete Geierswarte nieder. 1557 ließ Graf Philipp III. von Hanau an derselben Stelle einen zwölf Meter hohen steinernen Rundturm mit Wächterstube errichten. Der erhöht gelegene Zugang konnte ausschließlich mittels angestellter Leiter betreten werden.

Anlässlich seiner Durchreise bestieg der spätere Kurfürst Friedrich Wilhelm I. von Hessen-Kassel die Berger Warte und war so begeistert vom Panorama, dass er 1844 den Bau einer Außentreppe zur Erleichterung des Einstiegs veranlasste. Hierfür wurden teilweise Steine des ehemaligen Galgens genutzt. Heute steht die Berger Warte unter Denkmalschutz, das umliegende Gehölz ist als Naturdenkmal ausgewiesen.

Westlich der nahe gelegenen Umspannstation steht die Leopoldsäule, die an ein Festessen anlässlich der im Frankfurter Dom zelebrierten Krönung Leopolds II. zum vorletzten Kaiser des Heiligen Römischen Reiches Deutscher Nation erinnern soll. Zum Schutz des zukünftigen Kaisers gegen die französischen Truppen lagerte hier Landgraf Wilhelm IX. von Hessen-Kassel vom 23. September bis zum 17. Oktober 1790 mit seinen Truppen. Eine mit einer reichen Skulptierung versehene Säule aus Basalt erinnert an das Festessen zur Krönung am 11. Oktober 1790. ●

Frankfurt Zeilsheim
Arbeitersiedlung Zeilsheim

Häuser in der Straße Neu-Zeilsheim

❌ Alt-Zeilsheim, Pfaffenwiese und West-Höchster Straße

☁ privat

ⓘ nur von außen

ⓘ www.frankfurt.de

Im Zuge der Industrialisierung der Städte und der damit verbundenen Wohnungsnot der Arbeiter, die häufig aus weit entfernten Dörfern in die Fabriken kamen, versuchten viele Unternehmen, durch Siedlungsbau ihrer Belegschaft zu besseren Lebensbedingungen zu verhelfen und sie somit auch emotional an die Fabriken zu binden. Die Farbwerke Höchst AG – vormals Farbwerke Meister Lucius Brüning – bauten schon seit 1874 im näheren Umfeld der Farbwerke Werkswohnungen, meist in Vierfamilien- oder Reihenhäusern. Als das Baugelände für solche Projekte in Höchst erschöpft war, entwickelte der Architekt der Farbwerke, Heinrich Kutt, für das Gelände in Zeilsheim eine Gartenstadt nach den Reformideen des damals führenden Städtebauers Camillo Sitte. Um der Arbeiterschaft möglichst gesunde, ange-

nehme und dennoch preiswerte Wohnungen zu bieten, plante er Doppelhäuser, die in versetzten Reihen auf jeweils 500 Quadratmeter großen Grundstücken standen. Im ersten Bauabschnitt wurde von 1900 bis 1916 die „Alte Colonie" mit 456 Wohnungen gebaut, 1925 setzte man den Siedlungsbau mit 154 Doppelhäusern in der „Neuen Colonie" fort. Die eingeschossigen, teilweise verputzten Klinkerhäuser spiegeln mit ihren reich gegliederten Dachlandschaften und Fachwerkgiebeln die architektonische Entwicklung der Jahre vom Klinkerbau des Historismus zum gefälligen Heimatschutzstil des frühen 20. Jahrhunderts wider. Zu jedem Haus gehörten ein kleiner Nutzgarten, ein Kleinviehstall und ein Toilettenanbau. Alle Wohnräume waren nach Süden, die Treppen und Nebenräume nach Norden ausgerichtet. Im Dachgeschoss lagen die Schlafräume. Auch die notwendige Infrastruktur der Siedlung wurde mit Kirche, Schule und Läden eingeplant. Die damals als eine der modernsten Werkssiedlungen Deutschlands geltende „Colonie" wurde in den 1990er Jahren unter Denkmalschutz gestellt und privatisiert. ●

Die Wasserversorgung und Abwasserentsorgung
in Frankfurt am Main

Fränkische Holzwasserleitung im Saalhof

Die Wasserver- und Abwasserentsorgung war in den römischen Städten bereits bestens organisiert, geriet jedoch unter den fränkischen Bewohnern in den folgenden Jahrhunderten wieder in Vergessenheit. Nur in Klöstern und Pfalzen lassen sich im Mittelalter noch entsprechende technische Einrichtungen nachweisen.

Die Wasserversorgung der Bevölkerung erfolgte in Frankfurt im Allgemeinen durch Brunnen. Seit dem 15. Jahrhundert lieferten manchmal hölzerne Teuchelleitungen fließendes Wasser in die Häuser der Oberschicht. Die Zahl der Brunnen und Fontänen reichte bis zum frühen 19. Jahrhundert für die bei etwa 41.000 Bewohnern stagnierende Bevölkerung vollkommen aus. Erst die steigende Industrialisierung sowie die rasant wachsende Einwohnerzahl nach den Napoleonischen Kriegen erforderte ein Umdenken und konsequentes Handeln der Stadtregierung. Nach Trockenlegung der höher liegenden Wallgräben mit einem Wasserreservoir von etwa 270.000 Kubikmetern, lieferten die Brunnen der Stadt immer weniger Wasser. Im Jahre 1827 legte daraufhin der Wege- und Brückenbauinspektor Philipp Jakob Hoffmann, Vater des „Struwwelpeter-

Hoffmann", dem Stadtrat den Plan für eine erste städtische zentrale Wasserversorgung vor, die er auf dem wasserreichen Knoblauchsfeld, dem Gelände der Bertramswiese, aufbauen wollte. Nach seinem Plan wurde das Wasser aus den Quellen dieses Gebietes in vier überwölbten Brunnenkammern gesammelt und über ein 17.000 Meter langes Leitungnetz an die Frankfurter Haushalte verteilt. Der Zugang zu den unterirdischen Brunnenkammern erfolgte über schlichte, klassizistische Obeliske.

Bei Hoffmanns Annahme eines Wasserbedarfes von 20,7 Litern pro Person und Tag und einem weiteren Bevölkerungswachstum von 10.000 Menschen pro 100 Jahre, sollte damit für Jahrhunderte die Versorgung der Stadt gesichert sein. Die Realität sah jedoch anders aus. Bei der Eröffnung der Leitung 1834 zählte die Stadt schon 54.000 Einwohner. Die Wasserversorgung würde zu einem der Hauptprobleme der ständig wachsenden Stadt in den nächsten Jahrzehnten werden. In den Jahren 1856 bis 1858 ließ der damalige Wasser-, Wege- und Brückenbau-Inspektor Ludwig Eckhardt

Bei Abbruch der Brunnengalerie wurde der letzte Obelisk am nördlichen Rand des Wasserparks als Rest der Wassergalerie des Knoblauchfeldes hierher transloziert.

die Seehofquellen in Sachsenhausen für die Trinkwasserversorgung erschließen. Weitere Projekte wurden zu finanziellen Desastern, ohne die Lage zu ändern. Eine grundlegende Verbesserung der Situation brachte die 66 Kilometer lange Quellwasserleitung aus dem Vogelsberg und dem Biebergrund, die im November 1873 trotz Dauerregens unter großem Jubel mit der Blaskapelle des 81. Infanterieregimentes eingeweiht wurde. Für den ständig steigenden Bedarf der inzwischen mehr als 130.000 Einwohner reichte auch diese Leitung nicht aus. Neben dem Anstieg der Bevölkerungszahlen stiegen auch die hygienischen Ansprüche, so dass inzwischen ein Verbrauch von 138 Litern pro Person und Tag angenommen wurde. Da zudem die Wasserkosten für die Bewohner von der Stadt äußerst niedrig berechnet wurden, regulierte sich der oft verschwenderische Verbrauch auch nicht über die Kosten. Durch Zufall wurde 1884 der Stadtwald als reiches Wasserreservoir entdeckt. Mit dem Bau des ersten Grundwasserwerks am Oberforsthaus begann 1885 die Nutzung dieser unerschöpflich scheinenden Wasservorräte. 1888 wurde das Wasserwerk Goldstein und 1894 das Wasserwerk Hinkelstein in Betrieb genommen. Insgesamt förderten 210 Brunnen das Grundwasser des Stadtwaldes, das bis heute mit 15% einen wesentlichen Anteil zur Versorgung der Bewohner beiträgt. Eine tatsächlich ausreichende Versorgung der Stadt Frankfurt wurde nach zahlreichen kleineren Neuanlagen in der Umgebung endlich 1909 durch den Bau des Jugendstil-Wasserwerkes in Hattersheim sichergestellt.

Zur Infrastruktur der Großstadt gehört aber neben der ausreichenden Versorgung mit Wasser eine ebenso gut ausgebaute Entsorgung der Abwässer. Die Entsorgung erfolgte in Frankfurt nachweislich seit 862 über ein System von offenen Gräben, die „Antauchen" in den Main. Mit dem Bau der ersten Stadtmauer erhielt Frankfurt auch einen Stadtgraben, den späteren Braubach, der zum ersten großen Abwassergraben der Stadt wurde. Reste eines gemauerten unterirdischen Kanalsystems des 12. Jahrhunderts im Saalhof, der kaiserlichen Pfalz, beweisen, dass der Sinn von Hygiene bei der Oberschicht bekannt war.

Die Bevölkerung sah den Wert von Hygiene offensichtlich aber weniger ein, wie die zahllosen städtischen Vorschriften zur Sauberkeit der Stadt, zur Reinigung der verkoteten Straßen, zur nächtlichen Entleerung der Fäkaliengruben sowie der regelmäßigen Reinigung der Abwassergräben zeigen. Die seit dem Mittelalter kaum veränderten Gewohnheiten der offenen Abwasserentsorgung und die

Kanalsystem der Pfalz

mussten die Pläne völlig überarbeitet und die Kanalisation erweitert werden. Technische Hilfen für die unterirdischen Reinigungsarbeiten in den Kanälen waren noch unbekannt, sie wurden unter schwierigsten und unhygienischen Bedingungen von Männern mit Wurzelbürsten, Schippen, Eimern und Schubkarren per Hand ausgeführt. Aufgrund der Geruchs- und Schmutzbelästigung an den Einlaufstellen in den Main wurde seitens der Stadt seit 1873 über Möglichkeiten nachgedacht, die Abwässer in feste und flüssige Stoffe zu trennen und durch eine mechanische Reinigung die Belastung des Mains zu reduzieren. Die Regierung verlangte dagegen die Anlage von platzaufwändigen Rieselfeldern. Nach langwierigen Verhandlungen einigte sich die Stadt 1882 mit der Regierung, die von ihr favorisierte mechanische Reinigung mit einer chemischen zu verbinden. Als Standort für die neue Abwasserkläranlage wurde Niederrad ausgesucht. Nicht nur die wenig bewohnte Gegend trug zu dieser Entscheidung bei, sondern auch die hohe Fließgeschwindigkeit des Mains, die für eine schnelle Aufnahme des geklärten Wassers sorgte. Unter der Leitung von Stadtbaurat William H. Lindley, wurde zwischen 1883 und 1887 die modernste Kläranlage Deutschlands in Frankfurt gebaut. ●

damit verbundene Verunreinigung der Brunnen führten nicht nur in Frankfurt bis ins 19. Jahrhundert immer wieder zu schweren Typhusepidemien mit vielen Todesopfern. Nach den seit 1830 neu auftretenden Cholera-Erkrankungen wurde der Bau einer städtischen Kanalisation für die immer größer werdenden Abwassermengen zu einem vordringlichen Problem. Daher beschäftigte sich seit 1854 erstmals eine städtische Kommission mit Planungen für ein Kanalsystem. Unter Leitung des englischen Ingenieurs William Lindley begann man 1867 mit den ersten Kanalbauarbeiten. Die Kanäle waren für die Aufnahme von Regen- und Küchenabwässern vorgesehen, Fäkalien wurden zunächst noch in Gruben gesammelt. Nachdem aber 1871 der Einbau von Wasserklosetts genehmigt wurde,

Die seinerzeit modernste Kläranlage Deutschlands von 1887

Friedrichsdorf

Friedrichsdorf
Evangelische Kirche (Hugenottenkirche)

❌ Hugenottenstraße

❗ während der Stadtführungen,
Schlüssel verwahrt das Pfarramt oder
das benachbarte Blumenlädchen

ℹ Pfarrbüro Tel. 06172 77766-0
Stadtarchiv Tel. 06007 918628
www.ev-kirche-friedrichsdorf.de
www.friedrichsdorf.de

Nach langen Debatten entschied sich die Gemeinde für einen schlichten Baustil

Nachdem 1685 der französische König Ludwig XIV. die Ausübung der protestantischen Konfession verboten hatte, flohen viele Hugenotten ins Ausland. Für rund dreißig Familien gründete Landgraf Friedrich II. von Hessen-Homburg eine neue Kolonie – Friedrichsdorf. Erst im 18. Jahrhundert entstand eine kleine Fachwerkkirche, der „temple". Als diese zu klein und baufällig wurde, riss man sie ab und baute 1834 bis 1837 die heutige Kirche. In die Diskussion über den zu wählenden Baustil schaltete sich sogar der Landgraf ein und beauftragte Georg Moller mit gotisierenden Plänen. Diese erschienen der Gemeinde zu katholisch, sodass sie den Frankfurter Architekten Rudolf Burnitz mit der Ausführung beauftragte.

Der Grundriss umschreibt ein Rechteck, ohne Chor und Gemeinderaum zu trennen. Außen rhythmisieren vertikale Lisenen den Bau und gehen über in einen Rundbogenfries, eine Reminiszenz an die Romanik. Den in die Hauptfassade integrierten Turm bekrönt ein Spitzhelm mit kunstvollem Gestänge, in einen Stern mit sechs Spitzen mündend. Drei Eingänge erschließen die Saalkirche mit ihrem klar strukturierten schlichten Inneren, darf doch nach reformierter Konfession kein schmückendes Beiwerk von der Verkündigung des Wortes Gottes ablenken. Daher dominiert den Raum die

barocke Kanzel des Vorgängerbaues. Am schwarzen Blockaltar feierte man dreimal im Jahr das Abendmahl, auf das die goldene Inschrift hinweist „Je suis le pain de vie" (Ich bin das Brot des Lebens). Auf der dreiseitigen Empore – die Stützen tragen paradiesische Palmkapitelle – befindet sich gegenüber der Kanzel die 1851 geweihte Orgel. Ihre Inschrift „Louez l' Éternel" (Lobt den Ewigen) verweist darauf, dass Gesang wichtiger Bestandteil des reformierten Gottesdienstes war. Rechts vom Altar hängt eine Gedenkplatte für die Friedrichsdorfer Soldaten des deutsch-französischen Krieges 1870/71, die erste deutschsprachige Inschrift des Ortes. Im Turmuntergeschoss, dem Vorraum, weist die Inschrift des Opferstockes auf eine weitere Lehre der Hugenotten hin, die tätige Nächstenliebe: „Souvenez-vous des pauvres" (gedenkt der Armen). ●

F

Friedrichsdorf
Philipp-Reis-Haus

- ✖ Hugenottenstraße 93
- ☁ Stadt Friedrichsdorf
- 🕐 Di und Do 9–16 Uhr und nach Vereinbarung, Führungen nach Voranmeldung unter Tel. 06172 21089
- ℹ Museum Tel. 06172 72142
  Stadtarchiv Tel. 06007 918628
  www.friedrichsdorf.de

Als Lehrer für das renommierte Institut Garnier war Philipp Reis (1834 bis 1874) an die Stätte seiner Schulzeit zurückgekehrt und kaufte das im 18. Jahrhundert erbaute Haus, das er bis zu seinem Tode bewohnte. Dort erfand er um 1860 auch das Telefon. Schon lange hatte sich Reis mit der Frage beschäftigt, wie man Töne in die Ferne übertragen könne. Als er dann für den Schulunterricht die Gehörwerkzeuge nachbaute, kam ihm die zündende Idee: Aus einem geschnitzten Ohr mit der Schwimmblase eines Fisches als Trommelfell, einer Stricknadel, Kupferdraht und galvanischen Zellen konstruierte er das erste „Telephon". Sogar der in alle Weltsprachen eingegangene Begriff stammt von ihm. Als man dann das Instrument ausprobierte, fiel der legendäre Satz: „Das Pferd frisst keinen Gurkensalat". Fehlerfrei wiederholte Reis die Testsätze. Trotzdem blieben ihm zu

Das Wohnhaus des Telefonerfinders beherbergt heute das städtische Museum

seinen Lebzeiten Ruhm und Anerkennung versagt. Anderen blieb es überlassen, seine Erfindung fortzuführen. Die Entwicklung von seinen Anfängen über die Apparate von Alexander Graham Bell, dem W 48 und der Grauen Maus bis zum aktuellen iPhone veranschaulicht das Museum mit zahlreichen Exponaten. Dabei ist anfassen nicht nur erlaubt, sondern sogar erwünscht, ertönen doch an den Apparaten kurzweilige Hörspiele, in denen historische Angaben und technische Daten unterhaltsam verpackt sind. Persönliches aus dem Leben des Erfinders wird in einem separaten Raum ausgestellt. Es hat sich sogar dessen biedermeierliches Wohnzimmer und das für seine Kinder gebastelte Spielzeug erhalten. Die obere Etage widmet sich der jungen Stadtgeschichte. Erst 1687 gründeten französische Glaubensflüchtlinge den Ort. Neben der hugenottischen Tradition bildet die Färberei einen weiteren Schwerpunkt.

45 Färbhäuschen standen einst entlang der Hugenottenstraße, wo leuchtend bunte Stoffe entstanden. Daher ergänzt das Museum ein kleiner Färbergarten mit Waid, Reseda und Färberkamille. Ebenfalls im Garten steht eine hölzerne Skulptur des Telefons, angelehnt an jener Form, die 1863 bereits in kleiner Serie verkauft wurde. ●

Friedrichsdorf Seulberg
Jüdischer Friedhof Seulberg

F

❌ Landgrafenstraße, etwa 200 Meter
außerhalb des Ortes

🔑 Schlüssel verwahrt das Städtische Ord-
nungsamt, im Rathaus Hugenottenstraße
55; nach Voranmeldung Führungen
möglich Tel. 06007 918628

ℹ️ Stadtarchiv Friedrichsdorf und Heimat-
museum Seulberg, Tel. 06007 918628
oder 06172 7008
www.heimatmuseum-seulberg.de

*Für die Ewigkeit – Grabsteine auf dem
jüdischen Friedhof Seulberg*

In Hessen haben sich 350 historische
jüdische Friedhöfe erhalten. Einer der
ältesten ist der Seulberger, auf dessen
4.334 Quadratmeter großem Areal noch
199 Grabsteine aus dem 18. und 19.
Jahrhundert stehen. Erstmals erwähnen
ihn Urkunden 1580, doch ist er wesentlich älter. Eine Verordnung von 1684 sah
vor, den Begräbnisplatz zu umzäunen
und den Pfortenschlüssel in Obhut der
landgräflichen Kanzlei zu geben. Nachdem die Homburger Kultusgemeinde
zwei Morgen Acker zur Erweiterung
gekauft hatte, erwirkte sie 1690 die
Erlaubnis, auch ausländische Juden auf
dem nunmehr hessen-homburgischen
Friedhof zu bestatten. Im Dorf selbst
lebten Christen und Juden friedlich
zusammen, sogar ein kleines Bethaus
konnte die kleine Gemeinde unterhalten.
Schließlich entzündete sich um die Zutei-
lung von Losholz ein Streit, der 1847 bis
1849 in den „Judenkrawallen" eskalierte.
Mit der allgemeinen wirtschaftlichen Ver-
schlechterung zogen die meisten Israeli-
ten in städtische Zentren oder die USA.
Ab 1865 fanden keine Beerdigungen
mehr statt, einzige Ausnahme bildet eine
Beisetzung im Jahre 1924. Nachdem die
Gemeinde Seulberg 1944 den Friedhof
gekauft hatte, transportierte sie einige
Steine zur Auskleidung des Löschwasser-
teiches ab. 1964 zurückgeführt, konnte

man sie nicht mehr an originärer Stelle
aufstellen. Wieder in Erinnerung rief
2001 die Künstlerin Constanze Heynold
den Jüdischen Friedhof mit ihrem inter-
kulturellen Projekt „Shalom – ein Zeichen
für den Frieden". Seither flankieren
Bündel von je sechs Basaltsäulen den
Hauptzugang, ein dichtes Erdmaterial,
das die Künstlerin zeichenhaft als konti-
nentale Zusammengehörigkeit und ihrer
Form wegen sogar als vorgefertigte
Skulptur Gottes begreift. Die eingelasse-
nen Halbedelsteine bezeichnen nach
dem Alten Testament die zwölf Söhne
Jakobs und damit die Stämme Israels.
Die bogige Gestaltung des Tores indes
nimmt die Form einiger Grabsteine auf,
verweist aber zugleich auf die mosai-
schen Gesetzestafeln als Basis eines
friedvollen Zusammenlebens. ●

G

Glashütten i.Ts.

Waldglashütten im Taunus

❌ „An der Emsbachschlucht", (Ortsausgang Glashütten Richtung Limburg auf der rechten Seite; Parkplätze vorhanden; ca. 1,5 km Fußweg am Limes entlang)

ⓘ Im Sommer frei zugänglich

ⓘ Ingrid Berg, Tel. 06174 62389 uwe-berg@gmx.de

Schon lange vor der Ortsgründung des Dorfes Glashütten 1685 wurde im Taunusgebiet Glas hergestellt. Die frühesten Funde von einfachen Glasöfen werden in die Zeit vor oder um 1200 nach Christus datiert.

Der Hochtaunus, kleinräumig und schon früh besiedelt, war kein typisches Glasmachergebiet. Trotzdem haben seit dem Hochmittelalter bis um 1700 immer wieder Glasmacher den Holzreichtum genutzt. Holz war als Energie- und Aschelieferant wichtigste Voraussetzung, auch musste Wasser vorhanden sein. Alles andere, wie sauberer, feinkörniger Quarzsand, hochwertige Tonerde und hitzebeständige Steine konnte herangefahren werden.

Drei Glashüttenstandorte aus der Zeit des 15. Jahrhunderts sind am Glaskopfhang bekannt und wurden von 2000 bis 2005 archäologisch untersucht. Das ausgewertete Material befindet sich unter anderem in einer Dauerausstellung im Freilichtmuseum Hessenpark.

Der früheste dieser Standorte „An der Emsbachschlucht" ist wegen seines guten Erhaltungszustands konserviert worden und gilt als einmaliges Bodendenkmal seiner Art. Man sieht den großen Hauptofen, der einseitig von vier Nebenöfen umgeben ist. In der Brennkammer des Hauptofens, in der durch die in den Schürkanal hineingeschobenen Buchenstämme eine Temperatur von etwa 1.200° C erreicht wurde, standen auf Hafenbänken die Schmelzhäfen mit dem Gemenge. Die Glasmacher entnahmen aus den Arbeitslöchern an beiden Seiten die Glasmasse, aus denen sie Hohlgefäße formten. Hier wurden einfache grüne Becher und Flaschen hergestellt. Dazu bestand mindestens die Hälfte der Produktion aus Flachglas, dessen Bedarf für Fenster insbesondere der Bürgerhäuser in dieser Zeit sehr groß war. Fertig ausgeformtes Glas durfte nicht sofort der kalten Luft ausgesetzt werden, sondern musste in den kleineren Nebenöfen langsam herunter gekühlt werden. Die beiden mittleren Kühlöfen dienten der Herstellung von Flachglas, für die eine Kombination aus Streck- und Kühlofen Voraussetzung war.

Die Anlage der Glashütte „An der Emsbachschlucht" ist mit mehreren erklärenden Bildtafeln ausgestattet, Bänke und Tische laden zum Verweilen ein. ●

Konservierter Standort der Glashütte „An der Emsbachschlucht", 15. Jh. nach Chr. Ein Hauptofen mit vier Nebenöfen

Grävenwiesbach

G

Grävenwiesbach
Evangelische Kirche

Der protestantische Kirchenbau Friedrich Joachim Stengels trägt deutlich profane Züge

 Kirchgasse

Ev. Kirchengemeinde

Besichtigung nach Voranmeldung im Gemeindebüro, Wuenheimer Platz 2 (neben der Kirche), Tel. 06086 408

Grävenwiesbach ist ein altes Kirchspiel sowie ein alter Gerichtsort und war vom 14. bis ins 19. Jahrhundert nassauisch. Zu Anfang des 18. Jahrhunderts war die alte Kirche baufällig geworden und sollte durch einen Neubau ersetzt werden. Die Pläne, nach der sie ausgeführt wurde, stammen vom nassau-usingischen Hofbaumeister Friedrich Joachim Stengel. Dieser trat 1733 in Usinger Dienste und legte 1737 einen Entwurf vor, der von Fürst Karl genehmigt wurde. Mit diesem Entwurf setzte Stengel erstmals einen neuen protestantischen Bautyp in die Praxis um. Es handelt sich um eine sogenannte Querkirche, die sich primär in der Breite entfaltet und im Inneren ein Saal ohne abgetrennten Chorraum besitzt. In diesem Saal konnte die Gemeinde das liturgische Geschehen besser verfolgen und den Pfarrer von allen Plätzen besser hören und sehen als in einem konventionellen Längsbau. Mit der Grävenwies-

bacher Kirche schuf Stengel gleichzeitig einen Prototyp, der in den rechts- und linksrheinischen nassauischen Ländern wiederholt gebaut wurde. Parallel mit der Grävenwiesbacher Kirche entstand die Kirche in Heftrich bei Idstein. Bei der Planung der beiden Dorfkirchen orientierte sich der Baumeister eng am theoretischen Werk Christoph Leonhard Sturms, dem wichtigsten Kirchenbautheoretiker im frühen 18. Jahrhundert. Sturm entwickelte die Predigtkirche, in der der Pfarrer der Gemeinde zugewandt den Gottesdienst vollzieht. Dem entspricht in Saalkirchen die Anordnung der Kirchenbänke und Emporen und der weitgehende Verzicht auf Pfeiler und Säulen, wie sie in mehrschiffigen Kirchen üblich waren. Altar und Kanzel bilden dabei stets eine Einheit. Steht die Grävenwiesbacher Kirche am Anfang des Stengelschen sakralen Œuvres, so ist die Ludwigskirche in Saarbrücken glanzvoller Höhepunkt an seinem Ende. Äußerlich wirkt die Grävenwiesbacher Kirche trotz Kirchturm wie ein Profanbau, ein Merkmal, das vielen Stengel-Kirchen anhaftet. Die Grävenwiesbacher Kirche wurde im April 1737 eingeweiht, die Orgel stammt von 1750. ●

Hattersheim
Alter Posthof

In der ehemaligen Pferdewechselstation geht noch heute gelegentlich die Post ab

- ⊗ Sarceller Straße 1
- ◉ Stadt Hattersheim
- ⓘ Gelände frei zugänglich
- ⓘ Stadt Hattersheim, Tel. 06190 970-124
  www.hattersheim.de

Der Alte Posthof gilt als „die gut Stubb" von Hattersheim. Im 17. Jahrhundert wurde hier die kaiserliche Posthalterei und Pferdewechselstation der Fürsten von Thurn und Taxis eingerichtet. Sie erhielt durch ihre zentrale Lage an der Handelsstraße Via Regia, die einst als eine der wichtigsten Landwege quer durch Europa galt, ihre herausragende Bedeutung. Auf halber Strecke zwischen Frankfurt und Mainz mussten nach 25 Kilometern in Hattersheim die Pferde gewechselt werden. Bis zu 72.000 Pferde sollen es im Jahr gewesen sein. Den Betreibern brachte die Poststation erheblichen Wohlstand. Überliefert sind die Namen der Posthalter seit der Mitte des 18. Jahrhunderts. Teilweise reichen auch die Gebäude des mehrflügeligen Hofes bis in diese Zeit zurück.

Die Anlage umschließt einen großen, fast quadratischen Innenhof. Der Südflügel ist nur eingeschossig, sein Gegenüber, der Nordflügel, trägt ein Fachwerkober-geschoss aus dem 18. Jahrhundert. Das Haupthaus ist aus Mainsandstein errichtet. Ihm gegenüber liegt die mächtige, umgebaute Scheune, an die sich eine große Remise anschloss.

Die ehemalige Pferdewechselstation bildet mit dem gegenüber liegenden, klassizistischen Wohnhaus des früheren Postmeisters, dem südlich davon gelegenen früheren Gasthaus „Zum fröhlichen Mann" und dem „Nassauer Hof" (siehe auch S. 120) ein einzigartiges Ensemble. Der rege Reise- und Durchgangsverkehr der Postkutschenzeit endete mit der Eröffnung der Taunuseisenbahn 1840.

1880/81 erwarb die Familie Schlocker den Posthof für ihre Landwirtschaft und erneuerte das Torhaus an der Hauptstraße. Über der Durchfahrt im ersten Stock richtete sie einen evangelischen Betsaal ein, der bis zum Bau einer evangelischen Kirche 1928 genutzt wurde.

Die IG Farben übernahmen den Hof 1917 als Versuchsgut. 1977 kaufte ihn die Stadt und weihte nach der Sanierung 1982 ihre Verwaltungsstelle mit repräsentativen Sitzungssälen, Trauzimmer und Kleinkunstkeller ein. Die Sonntagsmatineen „Die Post geht ab" im weiträumigen Innenhof sind in der gesamten Region bekannt. ●

Hattersheim
Jugendstil-Wasserwerk

❌ Grundwasser-Pumpwerk Wasserwerk-
chaussee, etwa 2 km südwestlich
des Ortes
50°03'07.75" N, 8°28'03.28" O

☁ Hessenwasser GmbH & Co. KG

⌚ von außen jederzeit frei zu besichtigen

ℹ info@hessenwasser.de
Stichwort Hattersheim
Tel. 069 25490-6999

Die Maschinenhalle des Jugendstil Wasserwerks Hattersheim von Nordosten

Die umzäunte Anlage liegt nördlich der S-Bahn-Trasse in Richtung Eddersheim, ca. 2 Kilometer von Hattersheim. Der Hauptweg führt über die Wasserwerksallee, die westlich vom Hessendamm in Hattersheim abzweigt.

Um eine in Zukunft ausreichende Wasserversorgung sicher zu stellen, ließ die Stadt Frankfurt in der Hattersheimer Gemarkung nach Grundwasser bohren. Erste Pumpversuche im Jahre 1904 ließen etwa 100 Meter unter der Oberfläche auf ausgedehnte Wasserreserven schließen. Nach langen Verhandlungen und zahlreichen Protestaktionen der betroffenen Gemeinden Hattersheim, Eddersheim und Weilbach, die Angst um ihre eigene Wasserversorgung hatten, kaufte sie 1907 zum immensen Preis von 338.000 Goldmark die notwendigen Grundstücke für die Errichtung des Großwasserwerkes von der Gemeinde Hattersheim. Der im Tiefbauamt beschäftigte junge Architekt Hans Gerold Dasen legte noch 1907 Pläne für das neue Pumpwerk vor, 1909 konnte es in Betrieb genommen werden. Nachdem die älteren Anlagen im Stil des Historismus erbaut waren, hatte in der Architektur inzwischen eine Stilwende zum landschaftsverbundenen Bauen stattgefunden, landläufig als Jugendstil bezeichnet, beziehungsweise in seiner späteren, architektonischen Ausformung Heimat-

schutzstil genannt. Ganz im Sinne der geforderten Einbindung der Gebäude in die Natur führt noch heute eine Lindenallee zu dem Pumpwerk, dessen Umgebung sich zu einem Waldgebiet mit Naherholungswert ausgewachsen hat. Das Hauptgebäude, die Maschinenhalle, wurde als Skelettbau in Stahl und Beton mit Pfeilern aus fränkischem Kalkstein, die Fassade und die vorgelagerten gestaffelten Eingangsbauten wurden als Putzbauten errichtet. Geprägt wird die Anlage von dem gewaltigen, weich geschwungenen Dach der Halle, das in seiner Form den Umrissen des Laufkrahns in der Halle angepasst werden musste. Über die unter dem Dach segmentbogig eingezogene Giebelfläche wird die Halle zusätzlich durch drei Okulusfenster belichtet. Nach mehreren Anbauten und technischen Modernisierungen trägt das als Denkmal geschützte, schönste Wasserwerk des Rhein-Main-Gebietes nach mehr als hundert Jahren noch heute wesentlich zur Wasserversorgung der Stadt Frankfurt und den umliegenden westlichen Gemeinden bei. ●

H

Noch heute werden im Nassauer Hof Gäste bewirtet

Hattersheim
Nassauer Hof

- ✖ Im Nassauer Hof 1-3, Sarceller Straße/ Mainzer Landstraße
- ☁ Hattersheimer Wohnungsbauges. mbH
- ⊕ Gelände frei zugänglich
- ⓘ Stadtarchiv Hattersheim, Tel. 06190 970-124 www.hattersheim.de

Blüte und Niedergang des vornehmsten Gasthauses von Hattersheim waren abhängig von der Verkehrsentwicklung des 19. Jahrhunderts. Den wirtschaftlichen Aufstieg verdankte der Ort seiner Lage an der bedeutenden Handelsstraße, der Via Regia. Carl Werle, Neffe des Posthalters, errichtete 1817 auf dem „vorzüglich gut zum Wirtschaftsbetrieb geeigneten Bauplatz" den Nassauer Hof. Hier kehrten zur Postkutschenzeit Reisende aus aller Herren Länder ein. Die wohlhabenden Gäste ritzten mit ihren Diamantringen Botschaften und ihre Namen in die Fenster. Nachdem die Eisenbahn die Postkutsche verdrängt hatte, war aus dem Verkehrsgasthof ein bäuerliches Anwesen geworden. Unter der Familie Schlocker, die den Hof von 1858 bis 1986 bewirtschaftete, wurde der langgestreckte Vierseithof zum größ-

ten landwirtschaftlichen Gut Hattersheims. Der zweigeschossige, klassizistische Putzbau dominiert noch heute die Straßenecke an der Mainzer Landstraße, die einst die Ortsgrenze markierte. Im Inneren beeindruckt die klassizistisch-biedermeierliche Dekoration der Wände mit einer selten erhaltenen Geschlossenheit von originalen Fenstern, Türen, Böden und Wandbekleidungen.

Ein kleines Refugium ist der idyllische Bürgergarten, wiederhergestellt nach der historischen Gartengliederung mit buchsbaumgefassten Rasenkarrees. Kostbares Relikt ist ein 100 Jahre alter Buchssolitär. Ein Fenster in die Geschichte öffnet sich im Gartenhäuschen mit der Grenzsteinsammlung und in der ehemaligen Remise mit dem Landauer der Schlockers. Der Kuhstall verwandelt sich anlässlich von Kunstausstellungen in eine Galerie der besonderen Art. Platz zum Verweilen bietet sich im Sommer im bewirtschafteten Innenhof unter einer mächtigen Platane.

2004 wurde die vorbildliche Sanierung des Anwesens mit dem Hessischen Denkmalschutzpreis gewürdigt. Seitdem kann man im Nassauer Hof wieder speisen und in den originalen Fensterscheiben nachlesen, was vor knapp 200 Jahren dort eingeritzt worden war: „Hier ist gut sein bei Lieb und Wein". ●

Hattersheim
Sankt Martinus

❌ Hauptstraße 22

🔄 Pfarrgemeinde Sankt Martinus

ℹ️ Gelände frei zugänglich

ℹ️ Kath. Pfarramt Sankt Martinus
   Erbsengasse 3, Tel. 06190 2217
   www.stmartinus.org

„Dom des Maingaus" wird die katholische Pfarrkirche Sankt Martinus genannt. Diesen Beinamen hat die zwischen 1913 und 1915 gebaute Kirche sicherlich ihrem weithin sichtbaren, 60 Meter hohen Turm mit elegant geschweifter Haube zu verdanken. Imposant ist aber auch das nach Norden ausgerichtete Kirchenschiff, das rund 450 Gläubigen Platz bietet. Mit der fortschreitenden Industrialisierung war auch die Zahl der Gemeindemitglieder in Hattersheim stark angestiegen, weshalb an der höchsten Stelle des Ortskerns, an der nachweislich seit 1313 eine Kapelle gestanden hat, ein Kirchenneubau notwendig wurde.

Der Mainzer Dombaumeister Prof. Ludwig Becker lieferte die Pläne für die dreischiffige Pseudobasilika. Den Vorgängerbau, eine kleine barocke Kirche von 1747, die unter Denkmalschutz stand, hat er dabei als Eingangshalle und Taufkapelle in den neoromanischen Neubau geschickt integriert. Der zeittypische Dachreiter und der barocke Chor heben sich erkennbar von dem hohen Hauptschiff des Erweiterungsbaus ab. Ebenso sticht der dem Jugendstil verpflichtete bauplastische Schmuck aus gelbem Sandstein hervor. Besonders deutlich zeigt er sich in den Drillingsfenstern und acht Heiligenfiguren des Turmobergeschosses.

Die Südfassade von Sankt Martinus mit ihrem barocken Dachreiter

Im Inneren öffnet sich das mit einer Tonne gedeckte Mittelschiff über drei Joche mit weiter Pfeilerstellung. Die Seitenschiffe enden in kleinen Apsiden mit eingebauten Seitenaltären aus der Werkstatt von Hans Steinlein, Eltville. Der Marienaltar stammt von 1915, der Herz-Jesu-Altar von 1930. Im halbrund geschlossenen Chor sind die originalen Glasfenster des Wiesbadener Glasmalers August Martin erhalten, die die sieben Sakramente darstellen. Zwischen 1923 und 1927 wurde die Kirche von Professor Schilling aus Karlsruhe ausgemalt, der in die Kalotte das Gemälde „Christus Pantokrator" einfügte. Der marmorverkleidete Hochaltar mit Tabernakel wurde 1926 gefertigt. Aus der Vorgängerkirche stammen die klassizistische Kanzel und der gotische Taufstein. ●

H

Vorne die kantigen Wehrpfeiler, dahinter das Kraftwerk der Hattersheimer Staustufe

Hattersheim – Eddersheim

Staustufe Eddersheim

- ⊗ Mönchhofstraße
- ◉ Wasser- und Schifffahrtsamt Aschaffenburg
- ⊕ Gelände frei zugänglich
- ⊕ Wasser- und Schifffahrtsamt
  Tel. 06021 385-0
  www.wsa-aschaffenburg-wsv.de

Die Anlagen der Eddersheimer Staustufe von 1934 sind ein markantes Industriedenkmal. Sie spiegeln die funktionale Architektur der 20er und 30er Jahre des letzten Jahrhunderts wider.

Die Staustufe besteht aus einem Walzenwehr mit drei Öffnungen, einer Bootsschleuse, einer Fischtreppe, einem hochwasserfreien Fußgängersteg und dem erst 1941 fertig gestellten Wasserkraftwerk. Daran schließt sich die circa 350 Meter lange, unterteilbare Doppelschleuse mit Vorhäfen an, die ein gleichzeitiges Schleusen zu Berg und Tal gestattet.

Das Kraftwerk wurde bereits 1931 projektiert. Es sollte baugleich mit dem in Griesheim sein, das schon 1932 betriebsbereit war. Die Stadt Frankfurt am Main stellte dem damaligen Bauherrn – dem Deutschen Reich – Mittel für den Ausbau der Kraftwerke zur Verfügung, wofür die Stadt den erzeugten Strom erhalten sollte. Finanzielle Engpässe und die einsetzende kriegsbedingte Mangelwirtschaft verzögerten die Fertigstellung. Wegen fehlenden Stahls musste die Planung zu Gunsten eines Betonskelettbaus verändert werden.

Für die in der Schleuse beschäftigten Arbeiter und Beamten entstanden bereits 1928 entlang der Mönchhofstraße sechs Doppelhäuser. Ihre hohen, mit Schiefer gedeckten Satteldächer und Giebel sind ein typisches Beispiel für den Heimatschutzstil. Die Arbeiter- und Beamtenhäuser unterscheiden sich durch die Grundstücks- und Wohngröße sowie durch die Gestaltung der Fassaden. Hinter den Häusern befanden sich die Waschküchen und Ställe für die Kleintierhaltung. Obst- und Gemüseanbau auf den großen Grundstücken sicherten die Selbstversorgung. Nach der Fertigstellung des Kraftwerks 1941 wurden noch in den Kriegsjahren in der Kraftwerkstraße drei neue Doppelhäuser gebaut und mit Luftschutzkellern ausgestattet.

Ab 2010 wurden umfangreiche Umbauarbeiten an den Schleusenkammern vorgenommen. Schließlich werden die Leitplätze in der Kostheimer Schleuse mit modernster Technik die Überwachung und Steuerung auch der Anlagen in Eddersheim und Griesheim übernehmen. ●

Hochheim

Hochheim
Katholische Pfarrkirche Sankt Peter und Paul

H

❌ Kirchstraße 27

🔷 Kath. Kirchengemeinde Sankt Peter und Paul

❶ tagsüber außerhalb der Gottesdienstzeiten

Weithin sichtbar thront die katholische Pfarrkirche Sankt Peter und Paul über den Weinbergen von Hochheim am Main. Dem Besucher des äußerlich eher schlichten Saalbaues mit eingezogenem Chor und fünfstöckigem Turm eröffnet sich im Inneren ein prachtvolles Panorama mit den Rokokofresken von Johann Baptist Enderle. Er malte die in den Jahren 1730 bis 1732 durch den Mainzer Ingenieur-Hauptmann Johann Farolsky an Stelle eines Vorgängerbaues errichtete Kirche in den Jahren um 1775 mit Szenen aus dem Leben der Apostel Petrus und Paulus und deren Martyrium im Kirchenschiff und im Hochchor aus. Ein weiterer Blickfang ist der einer Mainzer Werkstatt entstammende Hochaltar, dessen Altarbild die Abendmahlszene zeigt. Rechts und links sehen wir die Kirchenpatrone

Petrus und Paulus. Bekrönt wird der Altar mit einem Strahlenkranz und einer Darstellung der Dreifaltigkeit. Die beiden Seitenaltäre, der Kreuzaltar mit Maria und Johannes als Assistenzfiguren und der Marienaltar mit den Eltern der Gottesmutter Anna und Joachim als Assistenzfiguren, sind ähnlich gestaltet.

Nachdem am Ende des Zweiten Weltkrieges der Turmhelm und das Kirchendach durch Artilleriebeschuss teilweise zerstört worden waren, wurde beides 1948 wiederhergestellt. Eine umfassende Außenrenovierung in den Jahren 1993 bis 1995 und vor allem die Restaurierung der schwer geschädigten Enderle-Fresken lassen die Kirche heute wieder in neuem alten Glanz erstrahlen. Taufstein, Kanzel und Kommunionbank komplettieren die wert- und würdevolle einheitliche Gestaltung des Innenraumes.

Die Rettung und Restaurierung der Enderle-Fresken in Sankt Peter und Paul in den Jahren 1998 bis 2005 ist ein eindrucksvolles Beispiel für ein gelungenes Zusammenspiel von öffentlicher und privater Finanzierung für eine derartige Maßnahme. Unter dem Motto „Rettung alter Schönheit" konnten die entsprechenden Mittel zur Verfügung gestellt werden. ●

Sankt Peter und Paul umgeben von Weinbergen

H

*Das Königin Victoria-Denkmal
von Ernst Gladbach*

Hochheim
Königin-Victoria-Denkmal

✖ Etwa 2 km südöstlich von Hochheim in
den Weinbergen unmittelbar nördlich der
Bahnlinie Frankfurt–Wiesbaden
50°00'11.19" N 8°22'34.96" O

⬀ Privatbesitz

ℹ jederzeit frei zugänglich

In den Weinbergen südöstlich von Hochheim am Main erinnert seit 1854 das
Königin-Victoria-Denkmal an einen Besuch
der Monarchin im Jahre 1845 und daran,
dass sie 1850 dem Winzer Georg Michael
Pabstmann gestattete, die Weinlage
Königin-Victoria-Berg zu nennen. 1845
war die Königin von Mainz aus, wo sie am
Vortag mit einem Rheinschiff angekom-
men war, in Begleitung der Großherzog-
lichen Familie von Hessen-Darmstadt

nach Hochheim gekommen, um sich
über den Weinbau informieren zu lassen.
Auf Pabstmanns Weinberg, damals
Dechantenruhe genannt, fand eine Wein-
probe statt.
Schon seit dem 18. Jahrhundert war
Wein aus Hochheim in England bekannt,
und der vom Ortsnamen abgeleitete
Begriff „hock" wurde geradezu zum
Synonym für Wein aus dem Rheingau.
Überliefert ist der Spruch „Good hock
keeps off the doc".
   Geprägt wird die Ansicht des Denk-
mals, das nach einem Entwurf des
Hessisch-Darmstädtischen Staatsbau-
meisters Ernst Gladbach (1812–1896)
entstanden ist, von einem neogotischen
Aufsatz mit vier Ecktürmchen und Zinnen.
Auf der Vorderseite dominiert das könig-
liche Wappen mit Löwe, Einhorn und
dem Spruchband „Dieu et mon droit"
(„Gott und mein Recht"). Die Inschriften-
tafel unterhalb des Wappens weist auf
die Namensverleihung für den Weinberg
hin. Am Sockel angebracht ist eine
Muschelschale, darüber eine Löwenmaske.
Auf der Rückseite des Denkmals befindet
sich das Relief einer Weinpresse mit
Reben.
   Auch heute noch pflegt man seitens
des bewirtschaftenden Weingutes Flick
aus Flörsheim – Eigentümer ist das
Weingut Hupfeld in Oestrich-Winkel –
die Kontakte zum englischen Hof. Und
das Bildnis des neogotischen Denkmals
ziert das Etikett der Weinflaschen vom
Hochheimer Königin-Victoria-Berg. Das
Denkmal selbst ist seit seinem Bestehen
ein beliebtes Ausflugsziel. Häufig werden
dort Weinproben durchgeführt und
es ist eine der Stationen bei der jährlich stattfindenden Rheingauer-Riesling-
Wanderung.   ●

H

Die Abteilungen zeigen die Arbeit im Weinberg

Hochheim
Weinbaumuseum

⊗ Wiesbadener Str. 1

⬙ Stadt Hochheim am Main

🕐 Sa–So 15–17 Uhr

ℹ Tel. 06146 900-0 www.hochheim.de

Das erste Weinbaumuseum Hessens hat sein Domizil in einem historischen Gewölbekeller aus dem Jahr 1902. Das Museum widmet sich der Arbeit des Winzers in Weinberg und Keller. Arbeitsgeräte der traditionellen Handarbeit stehen neben Werkzeugen der 1960er bis 1990er Jahre.

Das Museum informiert über das Terroir, die Böden, das Klima, die Weinlagen und die Rebsorten in Hochheim, das mit seinen 240 Hektar Rebflächen oberhalb des Mains zum Rheingau gehört. Eine Rebzeile in Form eines Rheingauer Drahtrahmens ist nachgebildet. Veredlungsmesser und eine Omega-Stanzmaschine zeigen die Rebveredlung, eine Schutzmaßnahme gegen die Reblaus. Eine Spritzenfüllpumpe, Rückenspritzen und Handschwefler dokumentieren die Bekämpfung von Rebschädlingen. Die Traubenlese, Höhepunkt im Arbeitsjahr des Winzers, ist mit Butten dargestellt, die älteren dieser Tragegeräte sind aus Holz, die jüngeren aus Blech oder Kunststoff.

Im hinteren Kellergewölbe zeigen die Dezimalwaage der Winzergenossenschaft Hochheim und eine hölzerne „Bütt", auf die eine Traubenmühle steht, wie die Trauben nach der Lese gemahlen und entrappt wurden. Anschließend wurde die Maische gekeltert. Im Museum ist eine Spindel-Auslesekelter aus Eichenholz aus der Zeit um 1880 zu sehen. Holzfässer, Gärspunde und Weinheber stehen für die Gärung, Weinpumpen und Weinfilter veranschaulichen die Klärung und Filtration des Weins. Flaschenschwefler, Korkmaschinen, Kapselanroller und eine Handetikettiermaschine zeigen die Flaschenabfüllung. Daneben ist Küferwerkzeug für die Fassherstellung ausgestellt.

Auch das für Hochheim wichtige Thema Sektherstellung hat im Weinbaumuseum seinen Platz. Der Hochheimer Ignatz Schweickardt erlernte die „Champagnermethode" bei Veuve Cliquot in Reims und begründete den Aufstieg Hochheims zur Sektstadt. 1895 gab es hier sieben Sektkellereien, von denen Burgeff & Co. die größte im Deutschen Kaiserreich war.

An einer langen Weintafel können Besucher in Fachliteratur blättern und ein Glas Wein probieren. ●

H

Hochheim
Bildstock

❌ Im Weinberg südlich der Altstadt, Beinweg/Roßgängerweg (heute Tieferweg)
50°00'26.14" N, 8°20,47.73" O

🔼 Gemeinde

ℹ️ jederzeit frei zu besichtigen

In den Weinbergen um Hochheim befanden sich zahlreiche Bildstöcke, die teilweise in den letzten Jahren an den angrenzenden Straßen neu aufgestellt wurden. Der älteste erhaltene Bildstock des Kreisgebietes steht aber noch unterhalb der Kirche mitten im Weinberg. Ein an den Kanten abgefaster Basaltpfeiler trägt eine hohe, profiliert gerahmte Sandsteinplatte in Form eines Hausgiebels auf einem beidseitig abgeschrägten Sockel.

Auf dem Sockel benennen zwei zusammengehörige Wappentafeln vermutlich das Stifterehepaar des Bildstockes. Das linke, männliche Wappen mit drei Jakobsmuscheln weist sowohl auf das mittelrheinische Adelsgeschlecht von Metternich als auch auf das fränkische Geschlecht von Eyb hin, die beide in der weiteren Region begütert waren und aus denen zahlreiche Kanoniker entstammten. In dem großen, eingetieften Giebelfeld ist als Relief eine spätgotische Kreuzigungsgruppe mit Kruzifix, der trauernden Maria und Johannes dargestellt. Das sehr plastisch ausgearbeitete Kruzifix nimmt die gesamte Höhe und Breite der Platte ein, die beiden erheblich kleineren Assistenzfiguren stehen unter den Kreuzarmen. Die Bildplatte wird von einem stark profilierten, leicht eingeschwungenem Giebel beschlossen.

Am Fuß des Kreuzes zeigt die Jahreszahl 1512 die Entstehung des Bildstockes an, die Datierungen am Pfeiler 1694 und 1779 beziehen sich auf Restaurierungen. Seit einigen Jahren schützt ein Blechdach den qualitätvollen Bildstock. Sowohl das Heiligenhäuschen als auch der Bildstock dürften bei sommerlichen Prozessionen der Pfarrei von Bedeutung gewesen sein. ●

Der Bildstock zeigt eine spätgotische Kreuzigungsgruppe

Hochheim
Heiligenhäuschen

⊗ Verlängerungen Steinweg ca. 300 Meter
südlich des Ortes
50°00'28.36" N, 8°21'18.62" O

◉ Gemeinde

❶ frei zugänglich

In den Gemeinden des ehemaligen Kurfürstentums Mainz finden sich als Ausdruck der Volksfrömmigkeit zahlreiche kleine Denkmäler in Form von Flurkreuzen, Bildstöcken, Heiligenhäuschen und Wegekapellen. Schlichte Kreuze wurden meist als Sühne eines Verbrechens im ausgehenden Mittelalter oder der frühen Neuzeit am Ort des Geschehens gesetzt. Sie weisen im allgemeinen keine Beschriftung oder Datierung auf, denn alle Bewohner der Gemeinde wussten, weshalb das Kreuz gesetzt wurde. Dagegen wurden auf den zahlreichen Bildstöcken des 18. und 19. Jahrhunderts sowohl die Stifter namentlich oder durch ihr Wappen genannt als auch der Grund der Setzung angegeben.

Bildstöcke und Kreuze sind meist aus dem leicht zu bearbeitenden Buntsandstein hergestellt, die Motive der figürlichen Darstellungen oft dem Neuen Testament entnommen. Häufig waren sie Ziel dörflicher Prozessionen, besonders zu Marienbildern. Am Ortsrand von Hochheim steht dieses offene, tonnengewölbte Heiligenhäuschen in schlichten Formen. Über einer schmalen Mensa wurde die Platte eines Bildstockes von 1729 in die Wand eingelassen. Die deutlich angewitterte Platte stand offenbar lange ungeschützt auf einem Sockel im Freien, ehe das Heiligenhäuschen zu ihrem Schutz gebaut wurde. In sehr bewegten, barocken Formen werden die Himmelfahrt Mariae und die Dreifaltigkeit dargestellt. Maria steigt aus Wolken empor, Christus und Gottvater halten ihr

die Krone entgegen, der Heilige Geist in Form der Taube schwebt über der Szene. Im Textfeld darunter steht in etwas ungeübten Lettern eingeschlagen: „zu ehren der allerheyligsten dreyfaltigkeit haben die erben der beyden verstorbenen eltern als H. Joannes Kaufman u. anna margaretha Kaufmenin diesen bildstock sezen lasen. AO 1729". Eine Schriftplatte seitlich informiert die Besucher, dass die Kapelle im Jahr 1990 der Stadt Hochheim zum Gedenken an die beiden Schwestern Anna Maria Kirschgarten geb. Ramm und Margarete Hück, geb. Ramm geschenkt wurde, damit sie der Bevölkerung erhalten bleibt. ●

Das Heiligenhäuschen mit Sandsteinreliefplatte von 1729

H

Hochheim – Massenheim
Evangelische Pfarrkirche

❌ An der Kirche 3

☁ Ev. Kirchengemeinde Hochheim am Main

🕐 Di, Mi, Fr 9–12 Uhr, Do 16–18 Uhr

ℹ Pfarrbüro Tel. 06146 2350
ev.kirchengemeinde.hochheim@
ekhn-net.de

Das Ortsbild weithin prägend liegt am Hang zur Mainebene die evangelische Pfarrkirche in einem alten, ummauerten Wehrkirchhof. Eine erste Kirche wird bereits im Jahr 909 erwähnt. Die heutige Chorturmkirche wird in ihren älteren Teilen aus dem späten 16. Jahrhundert stammen, der kräftige, massive Turm, dendrochronologisch in die Zeit von 1583 bis 1585 datiert, könnte im Kern aber auch älter sein. In der Südwand ist ein spitzbogiges Portal erhalten, dem zeitlich im Inneren Ansätze eines gotischen Kreuzrippengewölbes entsprechen. Im Obergeschoss dienen drei große Biforenfenster als Schallarkaden, darunter sind schmale Schlitzöffnungen sichtbar. Ein für die Zeit typisch spitzer, am Fuß stark eingezogener Helm schließt den Turm ab. Das schlichte Kirchenschiff mit hohen Rundbogenfenstern und Krüppelwalm-

dach wurde 1762 bis 1764 von Baumajor L. H. Müller angebaut. Möglicherweise liegt auch hier wie bei den meisten Dorfkirchen des 18. Jahrhunderts kein kompletter Neubau, sondern ein Umbau unter Verwendung der alten Bausubstanz vor. Über dem Westportal wurde der Türsturz von 1581 wieder eingemauert. Der mit einer flachen Tonne überwölbte Innenraum wurde in den Jahren 1764 bis 1767 einheitlich in frühklassizistischem Stil eingerichtet. Runde Holzstützen tragen eine zweiseitige Empore mit kassettierter Brüstungsfüllung, auf der östlichen Empore steht die 1895 von der Firma Eberhard Friedrich Walcker ausgeführte Orgel. Die komplette bauzeitliche Ausstattung mit Altarmensa, dem hohen Kruzifix, Herrensitz, der Korbkanzel mit Schalldeckel und Bänken ist erhalten. Aus dem Vorgängerbau stammen die Grabsteine des Pfarrers Blume von 1628 und der Familie Petri aus dem Jahr 1652 sowie ein dekorativer, kelchförmiger Taufstein mit Putten, Seraphimen und üppigem Blattwerk, den laut umlaufender Inschrift der schwedische Hauptmann Christophorus Florus 1631 gestiftet hat, der wohl entsprechend der damaligen Mode seinen Namen „Blume" latinisiert hatte. ●

*Die alte evangelische Kirche
prägt bis heute das Ortsbild*

Hofheim

Hofheim
Bergkapelle

- ✖ etwa 1 km nordwestlich der Altstadt
  Kapellenberg
  50°05'45.90" N, 8°26'14.83" O

- ⛰ Kath. Kirchengemeinde
  Sankt Peter und Paul

- 🕐 Juni–September So 14.30–16.30 Uhr
  Gottesdienst: Juni–September Sa 8 Uhr

- ℹ Pfarrbüro Tel. 06192 929850
  pfarrbuero@st-peterundpaul-hofheim.de

Fast 150 Meter thront die Bergkapelle über der Stadt

Nach den Schrecken des Dreißigjährigen Krieges forderte eine weitere Katastrophe ihre Opfer unter der Bevölkerung: Die Pest. Über Mainz eingeschleppt, breitete sie sich ab 1666 auch in der Mainebene aus. Nach der Überlieferung soll am 3. Juni 1666 der Hofheimer Pfarrer Johannes Gleidner die Gläubigen seiner Gemeinde zusammengerufen und auf den Berg über die Stadt geführt haben. Dort gelobte man, zu Ehren der Muttergottes eine Kapelle zu bauen und alljährlich Bußgänge zu dieser zu unternehmen, wenn die Stadt von der Pest verschont bliebe. Der Berg sollte ab da den Namen Kapellenberg tragen und nicht mehr Räuberberg. Vermutlich ist der Name Räuberberg auf eine Dramatisierung durch den späteren Chronisten, Pfarrer Seitz, zurückzuführen. In Urkunden wird der Berg als Raupenberg oder Rupenberg bezeichnet.

Bereits im Mai 1667 begann man mit der Zurichtung des Bauholzes für die Fachwerkkonstruktion und am 29. September konnte die Kapelle eingeweiht werden. 100 Jahre später war der Kirchenbau zu klein geworden und ein neuer, größerer musste errichtet werden. Dieser war 1773 vollendet, wurde allerdings erst 1784 eingeweiht.

In Folge der Schlacht bei Höchst Anfang Oktober 1795 plünderten Soldaten des französischen Revolutionsheeres die gesamte Region und verwüsteten auch die Bergkapelle. 1851 gründete der Hofheimer Pfarrer Antonius Hilf den Verein zur Herstellung und Verschönerung der Kapelle. Die Genehmigung zu der nötigen Kollekte erfolgte aus Wiesbaden jedoch erst 1856. Schließlich gelang es den Einwohnern in der Zeit von 1863 bis 1865 den heute noch vorhandenen Neubau zu errichten.

1701 bis 1702 wurde von dem Aschaffenburger Bildhauer Antonius Wermerskirch der Kreuzweg mit den „Sieben Fußfällen" geschaffen. Fünf seiner Stationen sind größtenteils erhalten geblieben und stehen seit 1989 in der Kapelle. An den 128 Stufen der zu ihr hinaufführenden Treppe befinden sich seitdem Kopien. Die denkmalgeschützte Kapelle ist als Wahrzeichen von Hofheim von weitem zu erkennen. ●

H

Hofheim

Kellerei-Gebäude, Haus der Vereine und Wasserschloss

❌ Kellerei-Platz

🔼 Stadt Hofheim am Taunus

ℹ️ von außen frei zu besichtigen, nicht öffentlich zugänglich, Führungen können im Stadtarchiv angemeldet werden

ℹ️ Stadtarchiv Hofheim Tel. 06192 966-550 www.hofheim.de

Seit 2010 wieder Haus der Vereine – das Kellereigebäude mit Hexenturm

1352 verlieh Kaiser Karl IV. Philipp von Falkenstein, dem Älteren, die Stadtrechte für Hofheim. Schon ab 1354 wurde mit dem Bau des Wasserschlosses als Verwaltungssitz begonnen. Dieses war durch eine Brücke mit dem Kellereihof verbunden. Dort lagen die Scheunen für die Naturalabgaben an den Landesherrn, der Marstall für die Unterbringung der Pferde und der Gefängnisturm. Da in diesem während der Hexenverfolgungen im 16. und 17. Jahrhundert Frauen inhaftiert waren und auf ihren Prozess warteten, erhielt er im Volksmund die Bezeichnung Hexenturm. Im 16. Jahrhundert erfolgte die Erweiterung des Marstalls um einen Speicher. Auch am Wasserschloss gab es verschiedene Reparaturen. Bei größeren Baumaßnahmen, wie beispielsweise 1580, weilte sogar Kurfürst Daniel Brendel von Homburg in Hofheim, um den Bau zu besichtigen. Beide Gebäude

wurden im Dreißigjährigen Krieg stark beschädigt. 1667 erfolgte innerhalb des Mauergevierts des Wasserschlosses ein grundlegender Umbau, der nur das Kelterhaus verschonte, und 1687 der Wiederaufbau des Marstalls mit Speicher als Wirtschaftsgebäude. Der Mainzer Kurfürst und Erzbischof Lothar Franz von Schönborn, dessen Wappen über dem Eingang hängt, ließ ihn von 1717 bis 1719 zu Privatgemächern mit Kellerei ausbauen, um einen entsprechenden Amtssitz zu erhalten. Zeitweise diente diese Kellerei als Jagdschloss. Nur der kleinere Teil war dem Keller zur Ausübung der Geschäfte vorbehalten. Von dort verwaltete er die kurmainzischen Besitzungen und überwachte die Einziehungen der Steuern und des Zehnten. Im 19. Jahrhundert erwarb die Stadt das Gebäude und nutzte es als Schule. Seit 1976 wird es von den Vereinen genutzt. Von 2008 bis 2010 erfolgte eine umfangreiche Sanierung und im Oktober 2010 die Wiedereröffnung als Haus der Vereine.

Sowohl der Turm als auch die bei der Sanierung vorgefundenen Reste des Marstalls konnten mit Hilfe der C14-Methode und der Dendrochronologie in das Jahr 1426 datiert werden. Damit ist das Kellereigebäude in seinem Ursprung wesentlich älter als bisher angenommen. ●

Hofheim
Waldfriedhof mit Gefallenenehrenmal

❌ Vincenzstraße (L 3018)

🔺 Stadt Hofheim

❓ 1. April–30. September 8–20 Uhr
1. Oktober–31. März 9–17 Uhr

Im Zentrum des Waldfriedhofes von Hofheim steht vor der Trauerhalle in einer kleinen Grünanlage dieses beeindruckende Denkmal aus der Zeit um 1960. Im Gegensatz zu den meisten anderen Mahnmalen für die Gefallenen der Weltkriege dienten hier eindeutig christliche Motive als Vorbilder für die Gestaltung, sowohl die Kreuzabnahme Christi, als auch das Vesperbild, in dem Maria ihren toten Sohn mühevoll auf ihren Schoß zieht. Das blockhafte Denkmal wurde aus hellem Sandstein geschlagen, auf dem rechteckigen Sockel steht die schlichte Inschrift „Unseren Toten". Hinter einem toten Mann kniend, zieht eine trauernde junge Frau den nackten Toten mit festem Griff unter der rechten Achsel und an seiner linken Schulter vom Boden hoch. Die schwer hängenden Arme des Mannes und der zur Seite gefallene Kopf lassen das Gewicht des Toten förmlich spüren. Trotz der sichtbaren Anstrengung, den schweren Körper zu halten, strahlt die Frau eine unglaubliche Ruhe und Würde aus. Die sehr realistische Darstellung zeigt ebenso wie das Mahnmal von Carl Bourcarde in Sulzbach in seiner reduzierten Formensprache künstlerische Anklänge an den Expressionismus von Käthe Kollwitz und Ernst Barlach auf, die in den Nachkriegsjahren besonders geschätzt wurden.

Geschaffen wurde das Denkmal von dem bekannten Schwalbacher Bildhauer Willi Schmidt, der zahlreiche öffentliche Plätze in der Rhein-Main-Region mit seinen Skulpturen in Stein oder Bronze prägte, am bekanntesten ist wohl die „große Liegende" in der „Fressgass" in Frankfurt. Ein weiteres Denkmal mit einer sitzenden Frau schuf Willi Schmidt am Schwalbacher Waldfriedhof. Der in Wunsiedel geborene Künstler und einstige Städel-Dozent starb 2011 im Alter von 87 Jahren in seiner Wahlheimat Schwalbach. ●

Das Gefallenendenkmal von Willi Schmidt auf dem Waldfriedhof

H

Die evangelische Kirche in Diedenbergen

Hofheim – Diedenbergen
Evangelische Kirche

- ❌ Casteller Straße 35
- ⌂ Ev. Kirchengemeinde Diedenbergen
- ⏱ So 10–18 Uhr und nach Rücksprache im Gemeindebüro
- ℹ Gemeindebüro Tel. 06192 39768

Nach der Zerstörung der Kirche im Dreißigjährigen Krieg und dem Wiederaufbau 1686 forderte die Bevölkerungszunahme im 18. Jahrhundert den Bau eines neuen Gotteshauses. Am 19. Juli 1754 erfolgte die Grundsteinlegung des Neubaus auf Veranlassung des Landgrafen Ludwig VIII. von Hessen-Darmstadt. Die Kosten trug die Gemeinde. Zahlreiche renommierte Handwerker aus Darmstadt arbeiteten an dem Bau. Die Bauleitung hatte Lorenz Friedrich Müller inne, wie die Inschrift über dem Portal, die auch die Baugeschichte beschreibt, belegt. Bereits 1756 war die Kirche vollendet.

Vor dem breiten geosteten Saalbau der heutigen Kirche steht der 56 Meter hohe Westturm mit Eckpilastern und breiter, achteckiger Haube mit hoher Spitze. Die Turmhöhe, so die Überlieferung, habe der Landgraf von Darmstadt

bestimmt, um die Nordgrenze seines Landes – an dieser Grenze lag Diedenbergen – sehen zu können. Im Innern sind die Flachdecke, die dreiseitig abgeschrägte Empore, die ausgebogene Chorempore mit Kanzel und die schöne Orgel mit Rokoko-Ornamentik und die darunter befindliche Sakristei bemerkenswert. Am 29. Oktober 1949 wurde durch Anschaffung von drei neuen Glocken das seit dem Zweiten Weltkrieg auf eine 1678 gegossene Glocke reduzierte Geläute ergänzt. Die Außenrenovierung des Turmes und die Farbgebung nach Befund erfolgten 1982 unter der Oberleitung der Kirchenleitung der Evangelischen Kirchen in Hessen und Nassau, die Renovierung des Innenraumes in den Jahren 2003 und 2004.

Bemerkenswert ist die Rokoko-Orgel, die 1769 von dem Instrumentenmacher Johann Konrad Bürgy (1721–1792) für die französisch-reformierte Gemeinde in Frankfurt-Bockenheim gebaut worden war. 1789 trennte sich diese Gemeinde davon und 1791 konnte sie der Diedenberger Pfarrer Johann Heinrich Vogler für 1.400 Gulden erwerben. Südlich der Kirche befinden sich auf einem Teilstück des alten, bis 1860 belegten Kirchenfriedhofs drei historische Grabsteine. ●

Hofheim – Kapellenberg
Meisterturm – Aussichtsturm

❌ Kapellenberg
50°05'53.31" N, 8°26'11.47" O

🔼 Stadt Hofheim am Taunus

ℹ️ Gelände frei zugänglich, eingeschränkte
Parkmöglichkeit am Exerzitienhaus,
Kreuzweg, Fußweg steil ansteigend

ℹ️ Gaststätte am Meisterturm, Gastronomie
mit Kinderspielplatz, Mi–Mo ab 12 Uhr
Tel. 06192 8887 info@meisterturm.de

Nachdem Hofheim am Taunus 1877 an
das Eisenbahnnetz der Ludwigsbahn
angeschlossen war, erfolgte für die Stadt
ein wirtschaftlicher Aufschwung, der unter
anderem den zahlreichen Ausflüglern aus
dem nahen Frankfurt zu verdanken war.
Um den Fremdenverkehr zu fördern,
unternahm der 1872/1875 gegründete
ortsansässige Taunusklub-Verschöne-
rungsverein zahlreiche Aktivitäten. Zu
diesen gehörte auch der Auftrag zur
Errichtung eines 24 Meter hohen und
4.000 Mark teuren Aussichtsturmes aus
Holz im Oktober 1895. Direkt angren-
zend entstand eine Schutzhütte für
Besucher, in der an Sonn- und Feiertagen
Bier und Apfelwein ausgeschenkt wurde.
Den Namen Meisterturm erhielt die Konstruktion nach dem damaligen Landrat
des Kreises Höchst, Dr. Wilhelm von
Meister. Mangelnde Pflege während des
Ersten Weltkrieges und ein Blitzeinschlag
1919 führten am 31. Juli 1920 zum
Abriss.

Erneut bemühte sich der Taunus-
klub-Verschönerungsverein um die Finanzierung eines Turmes. Doch erst im
Dezember 1929 konnte dieser durch den
seit 1927 selbständigen Verschönerungs-
und Verkehrsverein der Öffentlichkeit

*Der Meisterturm bietet einen weiten Blick über
die Mainebene*

übergeben werden. Im Juni 1930 erfolgte
schließlich die offizielle Einweihung mit
einem „Wäldchestag". Einen erheblichen
Beitrag zur Finanzierung des jetzt
stählernen Nachfolgers mit 35 Meter
Höhe, dessen Aussichtsplattform in
32 Meter Höhe liegt, leistete der
Namensgeber Dr. Wilhelm von Meister.

Die Gesamtkosten des von Schlosser-
meister Josef Herzog und Söhne
ausgeführten Bauwerkes sollen sich auf
14.000 Mark belaufen haben. Um zu der
Aussichtsplattform zu gelangen, muss
man 173 Treppenstufen überwinden.
Die Stahlkonstruktion des Turmes wiegt
21 Tonnen und die Stahlträger sind mit
6.000 Nieten verbunden. 1955 ging der
Meisterturm mit Ausflugslokal in den
Besitz der Stadt Hofheim am Taunus
über. Bis heute sind Turm, Gastronomie
und angrenzender Spielplatz ein beliebtes
Ausflugsziel. Als technisches Baudenkmal steht der Meisterturm heute unter
Denkmalschutz. ●

H

Hofheim – Langenhain

Für alle Menschen geöffnet – das Bahá'í-Haus der Andacht

Bahá'í-Tempel – Haus der Andacht

✖ Eppsteiner Straße 95

◉ Der Nationale Geistige Rat der Bahá'í in Deutschland

🕐 Besucherzentrum täglich 9–18 Uhr, Tempel täglich 9–18 Uhr bzw. bis Sonnenuntergang, öffentliche Andacht So 15 Uhr mit Lesungen aus den heiligen Schriften der Weltreligionen

ℹ Tel. 06192 9929-0
info@bahai.de www.bahai.de

Das Bahá'í-Haus der Andacht wurde von 1960 bis 1964 als erster und einziger europäischer Tempel dieser internationalen Religionsgemeinschaft errichtet, die damit auf jedem Kontinent mit einem Tempel vertreten ist. Ein weiterer entsteht derzeit in Südamerika.

Architekt des Tempels in Hofheim-Langenhain war der Frankfurter Dipl.-Ing. Teuto Rocholl. Der Zentralbau besteht aus Stahlbetonfertigteilen auf einem kreisförmigen Grundriss. Der innere Kuppelraum hat eine Höhe von 28 Metern und einen Durchmesser von 25 Metern. Zusammen mit dem vorgelagerten, verglasten Umgang beträgt der Gesamtdurchmesser dieses Zentralbaus 48

Meter. 27 Pfeiler tragen die Kuppel und setzen sich auf ihr als Rippen fort. Sie enden in einem Ring, der die Laterne trägt. Die Kuppel ist durch insgesamt 540 regelmäßig angeordnete Rautenfenster stark durchbrochen, dadurch ergibt sich in ihrem Innern ein Spiel von Licht und Schatten.

Die weltweit verbreitete Religion der Bahá'í beruft sich auf die Schriften ihres Religionsstifters Bahá'u'lláh (1817-1892). Die Mehrheit ihrer etwa sechs Millionen Anhänger lebt heute hauptsächlich in Indien, Afrika, Süd- und Nordamerika. In ihrem Ursprungsland Iran bilden die Bahá'í die größte religiöse Minderheit, sind aber starken Verfolgungen ausgesetzt. Diese jüngste Weltreligion lehrt einen Monotheismus, in dessen Mittelpunkt der Glaube an einen transzendenten Gott, die mystische Einheit der Religionen und der Glaube an die Einheit der Menschheit in ihrer Mannigfaltigkeit steht. Ihre Tempel stehen allen Menschen offen, ungeachtet der Weltanschauung, Nationalität, Hautfarbe, Volkszugehörigkeit oder Muttersprache. Es sind Orte stiller Meditation.

Das Land Hessen nahm den Bahá'í-Tempel 1987 in die Liste der Kulturdenkmäler auf. ●

Hofheim — Marxheim
Pietà

⊗ Ecke Schulstraße / Pfarrer-Klarmann–
Platz

◔ Gemeinde

ⓘ jederzeit frei zugänglich

ⓘ www.klosterlexikon-rlp.de/rheinhessen/
mainz-franziskanerkloster.html

Die Mainzer Pietà von 1750

Die künstlerisch bedeutendste Plastik der Region findet sich im alten Ortszentrum von Hofheim — Marxheim. Die barocke Pietà aus hellem Sandstein wurde vor einem hohen Sandsteinkreuz auf einem großen, geschwungenen, gemauerten Altarsockel aufgestellt, der mit barock dekorierten Sandsteinplatten verkleidet wurde. Die trauernde Mutter Gottes sitzt auf einem Fels, wohl Golgatha, der Leichnam Jesu liegt über ihrem rechten Knie, zu ihren Füßen liegen Dornenkrone und Kreuznägel als Zeichen der Passion, aus dem Fels wachsen aber schon Pflanzen als Zeichen der Hoffnung. Das ausdrucksstarke, bewegte Vesperbild wurde nach einer langen Geschichte 1803 in Marxheim aufgestellt. Geschaffen wurde das Bildwerk vermutlich von dem Mainzer Bildhauer Nikolaus Binderiem im Jahre 1750 für das ehemalige Franziskanerkloster in Mainz.

Dieses Kloster wurde um 1221 in Mainz gegründet und entwickelte sich sehr schnell zu einem Zentrum des Ordens, von dem aus zahlreiche Klöster in Worms, Speyer und den thüringischen Territorien des Bistums eingerichtet wurden. Nachdem der Mainzer Konvent infolge der Reformation bis auf zwei Mitglieder geschrumpft war, musste das Kloster mit samt der Kirche 1577 auf Geheiß des Kurfürsten den Jesuiten überlassen werden. Nach finanziellen Zusagen des Kurfürsten Johann kehrten die Franziskaner 1612 wieder nach Mainz zurück und errichteten ein neues Kloster in der heutigen Franziskanerstraße. Während der französischen Belagerung von Mainz im Jahr 1793 wurden Kloster und Kirche schwer in Mitleidenschaft gezogen, die Kirche wurde in den folgenden Jahren teilweise wieder aufgebaut, um dann endgültig von den französischen Soldaten 1797 als Magazin genutzt zu werden. Die Klostergebäude wurden versteigert, die Kirche erlitt 1832 das gleiche Schicksal und wurde abgebrochen.

Das Vesperbild wurde 1802 bei Auflösung des Klosters von Franziskanern einem Bürger aus Marxheim geschenkt, der es 1803 hier aufstellen ließ. In der lateinischen Inschrift auf dem Sockel der Pietà sind sowohl das Entstehungsjahr als auch das Jahr der Translozierung vermerkt. ●

H

Der Obelisk markiert seit 1813 die neu angelegte Straße von Wiesbaden nach Frankfurt

Hofheim – Wallau
Wandersmann-Obelisk

❌ unmittelbar am Wiesbadener Kreuz, nördlich der A66 und westlich der A3
50°3'22.94" N, 8°23'2.25" O

☁ Stadt Hofheim am Taunus

➊ über einen Wirtschaftsweg zugänglich

ℹ Stadtarchiv Hofheim Tel. 06192 966-550
www.hofheim.de

Von 1810 bis 1813 wurde auf Befehl von Friedrich August Herzog von Nassau die Chaussee von Wiesbaden nach Frankfurt gebaut. Diese Straße war die wichtigste Verbindung zwischen den Städten Limburg, Wiesbaden und Frankfurt. Die zukünftig anliegenden Ortschaften verpflichtete man dazu Frondienste zu leisten und Baumaterial zu liefern. Auf dem Höhenrücken, auf dem heute das Autobahnkreuz Wiesbaden liegt, ließ man den Sandsteinobelisken, der bald die volkstümliche Bezeichnung „Wanders-

mann" erhielt, errichten. Seine lateinische Inschrift „Fredericus Augustus Dux Nassoviae hanc viam construi jussit MDCCCXIII" sollte die vorbeiziehenden Kaufleute und Wanderer an den Auftraggeber des Straßenbaus und das Jahr der Fertigstellung 1813 erinnern. Wilhelm der I. von Nassau hatte ihn im Gedenken an seinen Vorgänger und Onkel Friedrich August errichten lassen und 1818 eingeweiht. Der rund 20 Tonnen schwere und sieben Meter hohe Obelisk mit dreifach gestuftem Sockel und ovaler muschelförmiger Pferdetränke musste erstmals 1938 beim Ausbau der Autobahn A3 und 1982 vor der Verbreiterung der A66 ein zweites Mal versetzt werden. Sein Standort ist bis heute die Anhöhe am Schnittpunkt der beiden Autobahnen etwa 200 Meter vom alten Standort entfernt.

Bereits 1818 hatte man auf der anderen Straßenseite der Chaussee Wiesbaden-Frankfurt östlich der Wickerbach-Brücke eine Bauhütte errichtet, die später zur Gaststätte umgewandelt wurde. Seit circa 1850 als Gasthaus Zum Wandersmann bekannt, war sie der Treffpunkt der Wallauer Jugend. 1958 erfolgte der Abriss.

Das Wandersmann-Denkmal ist eines der wenigen erhaltenen Straßendenkmale in Hessen. Nach ihm erhielt der Wandersmanntunnel der neuen ICE-Strecke Frankfurt – Köln seinen Namen.

Der unter Denkmalschutz stehende Wandersmann-Obelisk gehört zu den wenigen Zeugnissen der Geschichte des Straßenbaus und ist das einzig erhaltene Monument dieser Art in Hessen. ●

Von der Königsetappe zu Kaisers Lieblingsprojekt –
Der Limes im Hochtaunus

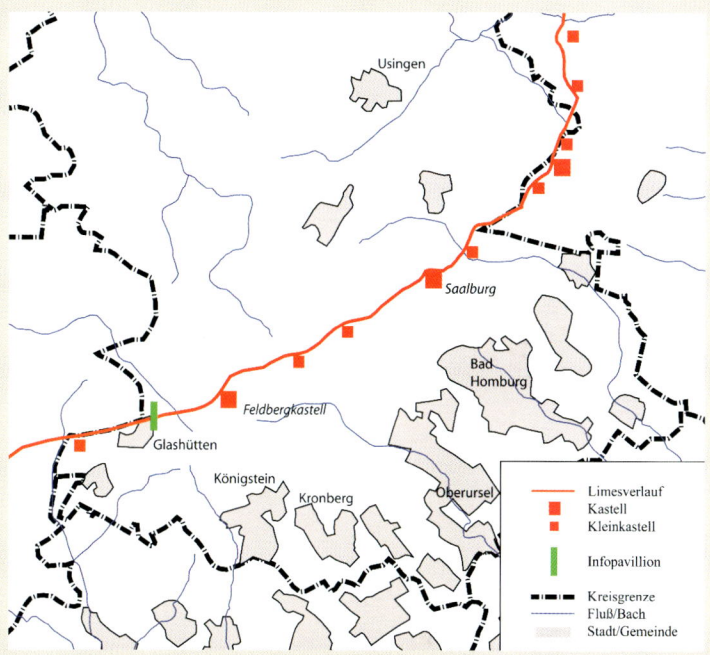

Verlauf des Limes im Hochtaunus

Der landschaftsprägende Charakter des Hochtaunus beeindruckt nicht erst in der heutigen Zeit beim Blick aus der Rhein-Main-Ebene hinauf auf die steil ansteigenden Höhen zur Kammlinie. Bereits die Römer fanden diesen Höhenzug so interessant, dass sie ihn als Grenzlinie für ihre Außengrenze auswählten. Dabei spielte weniger der reizvolle Landschaft eine Rolle – die Römer wählten ihn vor allem aus strategischen Gründen. Hier entlang der Kammlinie bestand eine gute Sichtverbindung und ermöglichte die weitgehend unverstellte Einsicht ins Vorfeld.

Aus diesem Grund findet sich im Hochtaunus einer der besterhaltenen Abschnitte des UNESCO-Welterbes Limes in Hessen. Insgesamt 25,8 Kilometer der ehemaligen Grenze des Römischen Reiches verlaufen durch den Hochtaunuskreis von seiner Westgrenze bei Glashütten bis nach Wehrheim im Osten. Mit seinem Verlauf durchquert er das Gebiet von sieben Städten und Gemeinden (Glashütten, Schmitten, Oberursel, Neu-Anspach, Bad Homburg v.d.H., Friedrichsdorf, Wehrheim), wovon er auf knapp Dreiviertel des Streckenverlaufs obertägig für den interessierten Besucher sichtbar ist. Dieser Anteil liegt deutlich über dem Durchschnitt der 153 Kilometer des Limes in Hessen, wo immerhin 34% sichtbar sind und auch in Abgrenzung zur Gesamtlänge der Grenze von 550 Kilometern, von der insgesamt nur 27% erkannt werden können, wird dies deutlich. Dies ist sicherlich einer der Gründe für die Bezeichnung „Königsetappe" für diesen Abschnitt des Limesverlaufs.

Auch bei den entlang der Grenze positionierten Wachttürmen, Kleinkastel-

141

Graben und Wall im Hochtaunus

len und Kastellen ist der Anteil der sichtbaren Anlagen im Hochtaunus sehr hoch. So erkennt man bei allen Kleinkastellen den Schuttwall der Umfassungsmauer – bei zwei von ihnen, dem Alten Jagdhaus und Heidenstock, sind sogar Teile des Mauerwerks konserviert. Die beiden größeren Kastelle am Grenzabschnitt, das Kastell Kleiner Feldberg und die Saalburg, sind als besondere Perlen am gesamten Limesverlauf anzusehen. Die Saalburg ist nicht nur das einzige vollständig rekonstruierte römische Kastell weltweit – es stellt auch als Lieblingsprojekt des Kaisers Wilhelm II. einen besonderen Ort deutscher Geschichte dar, an dem preußische Militärtradition und imperiales Gedankengut des Kaiserreiches in die Archäologie eingeflossen sind (siehe Beitrag zur Saalburg). Vom höchstgelegenen Kastell am Limes nördlich unterhalb des Feldberggipfels finden sich ebenfalls konservierte Mauern. So sind die Umfassungsmauer, Teile des zentralen Stabsgebäudes (Principia), eines Speicherbaus und des nordwestlich außerhalb liegenden Badegebäudes als Grundmauern zu sehen und in einen

archäologischen Landschaftspark integriert. Im Kastell lag eine 150 bis 200 Mann starke Einheit von Kundschaftern, deren Name durch Inschriftenfunde als „Exploratio Harlicanensium" belegt ist. Das Kastell, der Limesverlauf und die anderen Teile des Denkmals werden hier durch einen speziellen Rundweg mit Informationstafeln erschlossen.

Eine weitere Besonderheit zeichnet diesen Abschnitt aus. Bereits sehr früh rückten die Reste der ehemaligen römischen Grenze wieder in das Bewusstsein der Menschen in der Region. Bereits im 16. Jahrhundert beschrieb Erasmus Alberus (~1500-1553) in einer seiner Fabeln den Limes am Feldberg: „... Darumb die alten Hyden haben / Bey zehen meil umbher gegraben, / Ein lange zeit, eh Jhesu Christ / Auff erden mensch geboren ist, / Den Graben man noch sehen kann, / Er wirdt genent von jederman / Der Polgrab, und zur linken hand / Reicht er biß in das Hessenlandt, / Zur rechten handt biß an den Rhein, ...". Die systematische Erforschung setzte im

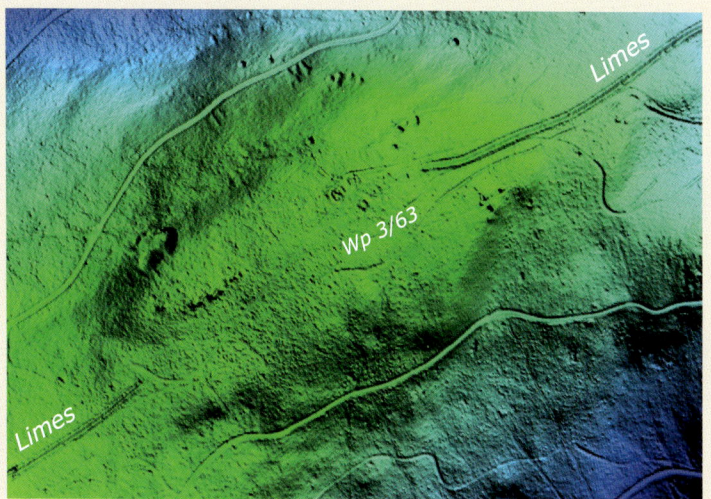

Airborne-Laserscanning der Turmstelle 3/63

18. Jahrhundert ein und mündete in der intensiven Arbeit der beiden ersten Direktoren der Saalburg, Louis Jacobi und dessen Sohn Heinrich. Auf sie geht nicht nur die vollständige Erfassung des Limesverlaufes samt seiner zugehörigen Wachttürme zurück, sondern auch die umfangreichen Ausgrabungen an der Saalburg und am Kastell Kleiner Feldberg.

Trotz dieser intensiven frühen Forschungstätigkeit am Limes birgt das Denkmal immer noch Potenzial für neue Entdeckungen und weitere Erforschung. Hierbei finden vor allem moderne Untersuchungsmethoden Anwendung, die ohne Ausgrabung und damit zerstörungsfrei Informationen über das Denkmal liefern können. Dazu gehören zum einen geophysikalische Prospektionsmethoden, die durch lokale Veränderungen im Erdmagnetfeld oder der elektrischen Leitfähigkeit im Boden verborgene Strukturen sichtbar machen. Auf einem Streckenabschnitt wie im Hochtaunus, wo noch große Teile des

Denkmals sichtbar sind, lohnt sich aber mehr das Airborne Laserscanning (ALS). Durch Vermessung der Erdoberfläche mittels Lasern aus der Luft können auch geringste Veränderungen an der Oberfläche sichtbar gemacht werden. So können vor allem solche Strukturen, die für das menschliche Auge nicht erkennbar sind, dokumentiert und analysiert werden. Dies gilt beispielsweise für den Palisadengraben oder den Begleitweg entlang des Limes, aber auch für bisher unbekannte Turmstellen. Bekannte Strukturen lassen sich in ihrer Lage und Ausdehnung präzise vermessen.

Auch die Neubetrachtung der Beobachtungen und Funde der älteren Grabungen bringt neue Aussagen für die Geschichte des Limes. So ist die früheste römische Präsenz auf dem Taunuskamm am Ende des 1. Jahrhunderts nach Christus in der Regierungszeit des Kaisers Traian anzusetzen. Zu diesem Zeitpunkt entstand eine Schneise durch den Wald, die mit ersten Holztürmen gesichert wurde. Wahrscheinlich um das Jahr 120 nach Christus kommt eine erste Holzpalisade als Grenzsicherungselement hinzu.

Auf dem Wanderweg kann man dem Verlauf des Limes folgen

Es folgt der Ausbau der Wachttürme in Stein um 145 nach Christus und die Errichtung von Graben und Wall um den Wechsel vom 2. zum 3. Jahrhundert. Ein Teil von Graben und Wall wird im Hochtaunus durch eine Trockenmauer ersetzt, da an diesem Abschnitt der Taunusquarzit so hoch ansteht, dass die Römer auf ein Ausheben des Grabens verzichten mussten. Schließlich lässt sich östlich des Kastells Kleiner Feldberg noch eine Verdoppelung von Graben und Wall beobachten. Diese muss als kleinräumige Korrektur des Grenzverlaufes im 3. Jahrhundert durchgeführt worden sein, wobei die Beweggründe dafür im Unklaren bleiben. Das Ende des Limes im Hochtaunus scheint nicht mehr fest mit dem Jahr 259/260 verbunden zu sein. Es finden sich Hinweise für eine Besetzung darüber hinaus und das Ende kann als langsamer Prozess aus Truppenabzügen und Abwanderung der Bevölkerung aus den Zivilsiedlungen ins Reichsgebiet vermutet werden.

Der beschriebene Abschnitt der Römischen Reichsgrenze wird von einem thematischen Wanderweg erschlossen, der seit 2011 auch als „Qualitätsweg Wanderbares Deutschland" nach den Richtlinien des Deutschen Wanderverbandes zertifiziert ist. Konzipiert bereits vor der Erhebung des Limes zum Welterbe unter dem Namen „Limeserlebnispfad Hochtaunus" erschließt der Weg eine Vielzahl der Denkmäler am Limes und andere Kulturdenkmäler in der Umgebung. Am Beginn des Limeserlebnispfad in Glashütten steht seit 2011 ein Informationspavillon als Wegeinstieg. Dieser gibt dem Wanderer Hintergrundinformationen zum UNESCO-Welterbe, zum Limes selbst und den Denkmälern vor Ort und veranschaulicht auf einer großen Karte den Verlauf des Limeserlebnispfades sowie Details zur touristischen Infrastruktur (Einkehrmöglichkeiten, Parkplätze, Haltestellen des ÖPNV, etc.). Er bildet neben der Saalburg sicherlich den idealen Einstieg zum Limes im Hochtaunus und dem damit verbundenen Wandererlebnis. ●

Kelkheim

Kelkheim

Museum Kelkheim – Sammlung für Möbelhandwerk und Stadtgeschichte

- ⊗ Frankfurter Straße 21
- ⌂ Stadt Kelkheim (Taunus)
- ⏱ Mi 15–17 Uhr, So 15–18 Uhr, in den Ferien geschlossen, Sonderöffnungszeiten bei Sonderausstellungen und auf Anfrage
- ℹ Tel. vormittags 06195 803850-851
  kultur@kelkheim.de
  www.museum-kelkheim.de

Kelkheim genießt bis heute ein überregional einmaliges Renommee als Möbelstadt, das auf eine etwa 150-jährige Tradition in der Möbelherstellung zurückgeht.

Um das traditionelle heimische Handwerk für nachfolgende Generationen zu bewahren, begannen Holzfachleute seit 1985 Exponate zur Geschichte des Schreinerhandwerks in Kelkheim zusammenzustellen. Die Sammlung bildete die Grundlage für ein Museum für Möbelhandwerk und Stadtgeschichte, das auf dem Gelände einer ehemaligen Schreinerei eingerichtet wurde.

Warum hat sich gerade Kelkheim zur überregional bekannten Möbelstadt mit bis zu 300 Schreinereien entwickelt? Das Museum Kelkheim beantwortet diese Frage mit Blick auf die Industrialisierung des Rhein-Main-Gebietes um 1850, dem Zuzug von Arbeitskräften und einem erhöhten Bedarf an preiswertem Mobiliar. Eine durch Realteilung verarmte bäuerliche Bevölkerung am waldreichen Taunus reagierte zunächst in Heimarbeit, dann im Haupterwerb auf den steigenden Bedarf an Möbeln. Die beispiellose Entwicklung Kelkheims zum florierenden Zentrum der Möbelschreinerei mit Handelsverbindungen nach Paris, Amerika und in entlegene Länder wie Äthiopien begann.

Das Museum Kelkheim gliedert sich in fünf Stationen. So präsentiert die Abteilung „Stadtchronik" die Siedlungsgeschichte Kelkheims, die „Stadtgeschichte" untersucht in sechs Vitirinen die Lebensbedingungen des 19. Jahrhunderts, in dem arme Taunusdörfer durch Spezialisierung auf ein Handwerk zu einem Zentrum der Möbelherstellung heranwuchsen.

Mit exemplarischen Möbeln zeigt die „Straße der Schaufenster" die vormalige Konzentration der Möbelgeschäfte und Schreinereien in Kelkheim entlang der Frankfurter Straße. Sie wird ergänzt durch Tafeln zu dem Thema „100 Jahre Schreinereigeschichte".

Höhepunkt des Museums ist eine exemplarische Schreinerwerkstatt mit historischen, meist von den Schreinern selbst gebauten Maschinen, Hobelbänken, einem Leimofen und typischen Werkzeugen. ●

Stadtgeschichte und Möbelbau – zwei Abteilungen im Museum Kelkheim

K

Der Rettershof bei Fischbach, früher Kloster – heute Hofgut

Kelkheim – Fischbach
Rettershof

❌ Rettershof 4, Zufahrt von der B 455 zwischen Kelkheim-Fischbach und Königstein-Schneidhain

☁ Stadt Kelkheim (Taunus)

🕐 Hof und Außenbereich frei zugänglich

ℹ Gutsverwaltung Rettershof GmbH
Tel. 06174 7354
www.rettershof-kelkheim.de

Der aus einer Klostergründung von 1146 hervorgegangene beliebte Ausflugsort Rettershof besteht heute aus drei Gebäudekomplexen: Dem Hofgut mit Pferdepension und Reitschule, dem Schlosshotel und der Landgaststätte „Zum fröhlichen Landmann". Das von den Grafen von Stolberg-Königstein 1559 aufgehobene Frauenkloster Retters wurde in ein Hofgut umgewandelt und dieses an Erbleihbeständer verpachtet. 1884 ging das bis dahin herrschaftliche Domänengut in das Privateigentum der Hofbesitzer über. Zum Jahresbeginn 1980 erwarb die Stadt Kelkheim den Rettershof mit insgesamt 110 Hektar Wald, Wiesen und Feldern.

Der Zutritt zum Hofviereck erfolgt durch ein Torgebäude an der Südseite. Von der Kirche und den anderen Gebäuden des Klosters ist außer einigen Architekturteilen, die in der Umfassungsmauer der ehemaligen Dungstätte vermauert sind, nichts erhalten. Auf den Mauern der Hofgebäude sind launige Sprüche zu lesen, die in den 1930er Jahren aufgemalt wurden, eine Schrulle des damaligen Besitzerehepaares Felix und Hertha von Richter-Rettershof. Diese Gutsbesitzer waren es auch, die überall zur Verschönerung ihres Anwesens eine große Anzahl im Kunst- und Antiquitätenhandel erworbener Objekte aufstellten. Säulen, Wappensteine, Ofenplatten, steinerne Treppengeländer, Wegkreuze, Statuen aus einem Schlosspark, Brunnenschalen, Kreuzwegstationen, Nepomuk- und Marienfiguren, Marmorvasen, Madonnenreliefs, Torgewände und anderes mehr bieten eine eigenartige Kunstausstellung im Freien, deren Exponate aus der Zeit der Gotik bis hin zum Historismus stammen.

Die alten Hofgebäude werden überragt vom dem Herrenhaus, das Frederik Rodewald 1885 im Stil eines herrschaftlichen Landhauses seiner englischen Heimat auf der Anhöhe westlich der Hofgebäude erbauen ließ. Das jetzige Schlosshotel mit dem turmartigen Aufbau über dem Portal, mit seinen Giebeln und Erkern, der Terrasse und der Freitreppe sowie den architektonischen Details ist ein im Main-Taunus-Kreis einmaliges Bauwerk. ●

Kelkheim – Hornau

Gagernweg

- ⊗ Rotlintallee, Beginn bei der Liederbachbrücke
- ⬙ Stadt Kelkheim (Taunus)
- ❶ jederzeit frei zugänglich
- ❶ Kulturreferat der Stadt Kelkheim
  Tel. 06195 803-850 www.kelkheim.de

In Hornau, seit 1938 ein Stadtteil von Kelkheim, hatten die Freiherren von Gagern von 1818 bis 1866 das Hofgut in Besitz. Mit Hans Christoph von Gagern und seinen drei Söhnen Friedrich, Heinrich und Maximilian gingen von Hornau wichtige Impulse für die Einigung und Demokratisierung Deutschlands aus. Heinrich von Gagern war 1848 der erste Präsident eines frei gewählten deutschen Parlaments, der Frankfurter Nationalversammlung.

Im Ortskern von Hornau bewahren das Gagernhaus, die Gagernanlage und die Gräber auf dem Friedhof die Erinnerung an diese Vorkämpfer der deutschen Einheit. Diese Gagernstätten sind seit 2010 mit dem Gagernweg verbunden, einem etwa zwei Kilometer langen Rundweg mit Tafeln, die in Text und Bildern über das Wirken und die Lebensumstände der Freiherren von Gagern informieren.

Zu Beginn der historischen Wanderung durch das 19. Jahrhundert ist der letzte Rest des Hofgutes, das ehemalige Hofhaus, zu sehen. Nahebei befindet sich die Gagernanlage, in der seit 1998 zwölf Findlinge eine Gagern-Gedenkstätte bilden. Dort ist die Familiengeschichte ausführlich dargestellt. Über eine Station zur 1100-jährigen Geschichte Hornaus mit einem Ortsplan von 1823 geht es weiter bis zur alten Martinskirche und dem Thema Glaube und Kirche. Am ehemaligen Standort der ersten Hornauer Schule von 1710 informiert eine Tafel zur Schul- und Verwaltungsgeschichte. Danach folgt mit Blick auf den Staufen eine Tafel zum „Staufenschwur", denn auf diesem Berg leisteten im Herbst 1838 die drei Gagernbrüder den Schwur, ihre ganze Kraft der Zukunft Deutschlands zu widmen. Der Weg führt die Straße hinauf zum Höhepunkt des Rundganges, den Gagerngräbern auf dem Hornauer Bergfriedhof. Dort ruhen unter elf Grabmälern 16 Angehörige der Familie. Nach der Besichtigung ihrer Gräber geht es hinunter zur letzten Station am Liederbach mit Informationen über die von Hans Christoph von Gagern hier angelegten Nutz- und Ziergärten. ●

*Die Gagerngräber
auf dem Friedhof
in Hornau*

147

K

Kelkheim — Münster
Pfarrkirche Sankt Dionysius

❌ Am Kirchplatz 4

☁ Kath. Pfarrgemeinde Sankt Dionysius

🕐 täglich außerhalb der Gottesdienste

ℹ Pfarramt Sankt Dionysius
Tel. 06195 2352 www.stdionysius.de

Der ältere Bauteil von Sankt Dionysius zählt zu den seltenen klassizistischen Kirchenbauten in Nassau und gilt als beeindruckendes Beispiel für eine mit den bescheidensten Mitteln dennoch monumental wirkende Dorfkirche. Das Bauwerk wurde von 1808 bis 1811 nach einem Entwurf des nassauischen Landbaumeisters Christian Zais errichtet. Unter Verzicht auf einen Kirchturm sind zwei niedrige achteckige Türme mit flachen Zeltdächern in den einspringenden Ecken zwischen Kirchenschiff und Rechteckchor eingelegt, was dem sonst streng antik wirkenden Bauwerk eine gefällige Silhouette gibt. Das Portal wurde durch eine immer kräftiger gesteigerte Umrahmung sowie den darüber liegenden flachen Dreieckgiebel des Portalrisalits zum Mittelpunkt der Westfassade.

Zur Wirkung des Klassizismus tragen im Innern des Saalbaus eine Flachdecke und acht eng gestellte dorische Säulen bei, die als Stützen der Eingangsempore dienen. Die zu klein gewordene Zais-Kirche erhielt 1969/70 nach den Plänen des Kirchenbauarchitekten Paul Johannbroer, Wiesbaden, einen flach gedeckten Anbau in Sandsteinmauerwerk mit bodenlangen Glasfenstern. Dieser Erweiterungsbau wurde so gestaltet, dass der klassizistische Kirchenbau in seiner historischen Form erhalten blieb. Seit 2008 wird die Messe im neuen Kirchenteil auf einer Altarinsel in der Mitte der Gläubigen zelebriert.

Die einzigen Ausstattungsstücke aus dem vorklassizistischen Kirchenbau sind ein schmiedeeiserner Osterleuchter aus der Zeit vor 1651 und ein zierlicher Taufstein von 1723. Die anderen Stücke aus dem Barock wurden meist aus der Kirche des 1803 aufgehobenen Klosters Eberbach im Rheingau nach Münster geholt. So auch die beiden Nebenaltäre: der Marienaltar von 1685 und der ehemalige Sakramentsaltar von 1710 sowie die Kreuzigungsgruppe und die vom Mainzer Bildhauer Johann Sebastian Pfaff 1779 geschaffenen Statuen der Heiligen Barbara und der Heiligen Katharina. Erhalten blieb der barocke Prospekt einer Orgel, die Johann Christian Köhler 1748 für Pfungstadt gebaut hatte. ●

Sankt Dionysius in Münster — ein klassizistischer Kirchenbau

Kelkheim – Ruppertshain
Ehemalige Lungenheilstätte

Der Männerbau, der älteste Teil der Lungenheilstätte in Ruppertshain

⊗ Robert-Koch-Straße 116

⊙ von außen frei zugänglich

ℹ Tel. 06174 9348-0
info@zauberberg-kelkheim.de
www.zauberberg-kelkheim.de

Der Frankfurter Verein für Genesungsanstalten konnte 1895 durch eine Spende von Hannah Baronin von Rothschild oberhalb von Ruppertshain eine Heilanstalt für unbemittelte Lungenkranke eröffnen. Die am Südhang des Taunus weithin sichtbar gelegene Volksheilstätte, erbaut nach Plänen des Frankfurter Architekten Carl Wolff, gilt als erste Volksheilstätte in Deutschland und ist vorbildlich für die Errichtung von Heilstätten in Deutschland und Europa. Hier sollten die an Tuberkulose erkrankten Arbeiter und Arbeiterinnen bei frischer Luft, guter Ernährung und unter ärztlicher Aufsicht Heilung finden. Die neue Heilstätte nahm damals 36 weibliche und 36 männliche Patienten auf.

Bald genügten die verfügbaren Krankenzimmer der Nachfrage nicht mehr und ein weiteres Gebäude – durch Spenden der jüdischen Mäzene Paul Cohn-Speyer und Karl Sulzbach ermöglicht – entstand östlich des alten Baus.

Der 1900 eröffnete Neubau diente ausschließlich zur Aufnahme von Frauen, während der alte Bau männlichen Patienten vorbehalten blieb. Nunmehr konnten in der Heilstätte Ruppertshain 135 Patienten versorgt werden. Die beiden Bauteile wurden durch niedrige Bauten und eine Liegehalle verbunden.

Erst der Mittelbau von 1953 schloss die Lücke zwischen Männerbau und Frauenbau und die Heilstätte, im Volksmund Hustenburg genannt, zeigte seitdem die heute bekannte imposante Front. Aus dieser heben sich deutlich bemerkbar die beiden denkmalgeschützten Altbauten mit ihren roten, farbig verzierten Dachziegeln hervor. Zum ausgedehnten Komplex der ehemaligen Lungenheilstätte gehören weitere vor dem Ersten Weltkrieg errichtete Häuser: ein Arztwohnhaus von 1897, das Maschinenhaus von 1898, die Werkstätten von 1905 und Ökonomiegebäude aus dem Jahr 1909. Durch den Rückgang der Tuberkulosekranken musste die Lungenheilstätte im Juli 1982 geschlossen werden. 1988 kaufte eine Investorengruppe die Gebäude und richtete dort unter dem Namen Zauberberg Miet-, Eigentumswohnungen, Arztpraxen und Künstlerateliers ein. ●

Königstein

Burgruine

❌ Burgweg

☁ Magistrat der Stadt Königstein im Taunus

🕐 November–Februar Sa–So 10.30-16.30
Uhr, Einlass bis 15.30 Uhr,
März bis Oktober täglich 10-19 Uhr

ℹ Tel. 06174 202-264

Um die Gründung von Burg und Stadt Königstein rankt sich die „Chlodwigsage", nach der der Frankenkönig Chlodwig (466-511 n. Chr.) der Gründer der Burg auf dem Berg und einer Kapelle im Tal gewesen sein soll. Das Jahr 1215 datiert die erste urkundliche Erwähnung Königsteins. Somit fällt der Bau der ursprünglichen Burg vermutlich in das 12. Jahrhundert und ist als eine staufische Gründung zur Sicherung der wichtigen Handelstrasse Frankfurt–Köln anzusehen. Die ältesten Mauerteile im Westen und Süden sind in „Fischgrät-Mauertechnik" ausgeführt.

1239 kam die Burg als Reichslehen an die Reichsministerialen von Münzenberg. Anschließend gelangte die Herrschaft

*Burg – Residenz – Festung – Gefängnis:
Die Burgruine Königstein hat eine wechselvolle Geschichte*

Königstein in die Hände der Herren von Falkenstein-Bolanden. Sie erbauten die unteren Geschosse des Burgturms.

Danach wurde die Herren, später Grafen, von Eppstein mit der Reichsburg belehnt. Sie ließen sie im 15./16. Jahrhundert zum Residenzschloss ausbauen. Es entstanden unter anderem ein neuer Eingang am Eppsteiner Tor sowie die Kasernen und ein wegen seiner Grundrissform „Kutsche" genanntes Torgebäude. Auch blieb Königstein Residenz, die mit Rondellen befestigt wurde.

Nach den Stolbergern ging die Herrschaft Königstein von 1581 bis 1803 an das Kurfürstentum Mainz über. Da sie nun keine Residenz mehr war, erfolgte der Ausbau zur Festung, auf der eine Garnison stationiert war. Hier befand sich auch ein Staatsgefängnis, in dem Ende des 18. Jahrhunderts Anhänger der französischen Revolution inhaftiert waren, darunter Caroline Schlegel-Schelling.

K

Am 7. September 1796 sprengte ein französisches Besatzungskommando die Festung. Die Ruine diente der Bevölkerung zur Beschaffung von Baumaterial, um die vier Jahre zuvor durch eine Beschießung stark beschädigte Stadt wieder aufzubauen. Ein Blitzschlag zerstörte 1819 die Spitze des Burgturms. Später erwarb Herzog Adolph von Nassau die Ruine. Seine Tochter, Großherzogin Hilda von Baden, schenkte sie 1922 der Stadt Königstein. Die imposante Burgruine ist das Wahrzeichen Königsteins und zieht alljährlich viele Besucher an. ●

Königstein
Luxemburger Schloss

❌ Burgweg 9

☁ Hessische Justizbehörden, Amtsgericht Königstein

🛈 von außen frei zu besichtigen

Seit 1981 befindet sich in dem malerisch unterhalb der Burgruine gelegenen kleinen Schloss das Amtsgericht Königstein. Kern des Schlosses ist ein von 1686 bis 1694 erbautes kurmainzisches Amtshaus, an dessen Stelle sich zuvor ein Bau aus der Stolberger Herrschaftszeit befand. Hier verweilten die Mainzer Erzbischöfe im Sommer. Der Amtsgarten wurde wegen seiner Schönheit gepriesen. Während der Revolutionskriege erlitt das Amtshaus 1792 Beschädigungen.

Nach Auflösung des Mainzer Kurstaates 1803 ging das Gebäude an den neuen Landesherrn, den Fürsten, später Herzog von Nassau, über. 1820 erwarb der Frankfurter Lederhändler Georg Christian Dörr den alten Amtshof. Seine Erben veräußerten das Anwesen 1858 an Herzog Adolph von Nassau. Hier

verbrachte die herzogliche Familie ihre Sommer. Nach der Annexion Nassaus durch Preußen 1866 war Königstein der einzige Ort im ehemaligen Herzogtum, in den die Familie je zurückkehren sollte. Von 1873 bis 1877 baute der belgische Architekt Gédéon Bordiau das Gebäude zu einem kleinen Schloss um. Er lies es auf drei Stockwerke erhöhen und an der Südfassade Ecktürme errichten.

1890 wurde Adolph von Nassau zum Großherzog von Luxemburg ernannt. Nach seinem Tod 1905 verbrachte die Witwe, Großherzogin Adelheid Marie, zunehmend mehr Zeit in „ihrem" Königstein und wurde häufig von ihren sechs Enkelinnen aus Luxemburg besucht. 1916 verstarb Adelheid Marie auf Schloss Königstein. Ihre Tochter, Großherzogin Hilda von Baden, erbte das Anwesen. Seit 1948 war es dem großherzoglich-luxemburgischen Hausfideikommiß einverleibt. Nachdem das Mobiliar nach Luxemburg verbracht worden war, stand das Schloss bis zum Erwerb durch einen Frankfurter Kaufmann im Jahr 1959 leer. Seit 1970 ist die Stadt Königstein Eigentümerin des Anwesens. Nach Durchführung umfassender Renovierungsarbeiten wurde das Schloss an die hessischen Justizbehörden verpachtet.●

*Das Luxemburger Schloss war bis 1916
Alterssitz der Großherzogin Adelheid Marie*

Königstein
Pfarrkirche Sankt Marien

- ⊗ Kirchstraße
- ⬥ Kath. Kirchengemeinde Königstein
- ◔ täglich 15–17 Uhr
- ❶ Pfarramt, Georg-Pingler-Str. 26
  Tel. 06174 21480 www.kkkk4u.de
  st.marien-koenigstein@kkkk4u.de

Ein Kleinod in Königstein ist die Pfarr-
kirche Sankt Marien. Bereits im 12. Jahr-
hundert stand auf ihrem Boden eine
Kapelle. Diese „Kapelle im Tal" wurde in
Folge mehrfach erweitert und im 15.
Jahrhundert zur jetzigen Größe ausge-
baut. Um 1700 in baufälligem Zustand,
setzte sich Pfarrer Schneider, seit 1743 in
Königstein amtierend, beim Erzbischof in
Mainz für einen Neubau ein. Von 1744
bis 1746 erfolgte der Umbau des
Kirchenschiffes zum heute noch bestehen-

den Saalbau unter Einbeziehung spätgotischer Mauerteile. In der Außenmauer
ist noch ein Portal des Vorgängerbaues
zu sehen. Die Mauern wurden damals
verstärkt und um drei Meter erhöht.
Ebenso wurden die gotischen Fenster
gegen barocke ausgetauscht. 1750
wurde der Turm um neun Meter erhöht
und der Eingang an die Südwestseite
verlegt. Die feierliche Weihe der Kirche
erfolgte am 8. September 1756.

Zu den Sehenswürdigkeiten in der
Kirche gehören der von dem Mainzer
Hofstukkateur Johann Peter Jäger
(1708–1790) geschaffene Hochaltar und
die Kanzel. Von der Innenausstattung
sind des weiteren die beiden Neben-
altare von 1725 erwähnenswert, die 1813
nach der Auflösung des Königsteiner
Kapuzinerklosters ihren Weg in die Pfarrkirche Sankt Marien fanden. Ein besonderes Kunstwerk ist die Königsteiner
Madonna aus der Zeit um 1440. Mit einer
Blattkrone versehen, blickt sie auf das
mit einer Taube spielende Jesuskind. Die
spätgotische Skulptur stammt vermutlich
aus dem Mainzer Raum und stand
bereits in der Vorgängerkirche. Sie gilt als
Schenkung des Landesherrn Eberhard II.
von Eppstein-Königstein.

1957/58 wurde die Sakristei durch
einen Neubau ersetzt. Das heutige Aussehen des Kircheninnenraumes verdankt
die Kirche den Restaurierungsarbeiten
von 1972 bis 1974. Damals erfolgte auch
der Einbau einer neuen Orgel.

Der Platz um die Kirche weist noch
einige Grabsteine auf. Hier befand
sich bis zur Anlage des neuen Friedhofs
1878 der Kirchhof. Lange nach der
Schließung wurden die Kirchenväter
Bischof Maximilian Kaller und Weihbischof Dr. Adolf Kindermann an diesem
Ort beigesetzt.   ●

*Weit überragt der Kirchturm die umliegenden
Häuser*

Königstein
Die Ende des 19. Jahrhunderts erbaute Villa Rothschild

Villa Rothschild

⊗ Im Rothschildpark

⬟ Stadt Königstein im Taunus

ℹ Tel. 06174 2908-0

In der zweiten Hälfte des 19. Jahrhunderts entwickelte sich Königstein zu einem beliebten Sommersitz für begüterte Familien. So ließ sich auch der Frankfurter Bankier Wilhelm Carl von Rothschild in den Jahren 1888 bis 1894 auf dem Raufenberg eine Villa im englischen Landhausstil erbauen. Die umgebende Parkanlage wurde von den bekannten Landschaftsarchitekten Gebrüder Siesmayer gestaltet.

Kurz nach Fertigstellung der Villa waren sogar die im nahen Kronberg lebende Kaiserin Friedrich und ihr Bruder, der spätere englische König Edward VII., zu Gast. Sie pflanzten am Eingang zwei Tannen, die dort noch heute zu bewundern sind.

Nach dem Tod Wilhelm Carl von Rothschilds im Jahr 1901 verbrachte seine Witwe Hannah Mathilde jährlich mehrere Wochen in Königstein. Ihr Enkel Rudolf von Goldschmidt-Rothschild erbte 1924 das Anwesen. Unter dem Druck der nationalsozialistischen Diktatur veräußerte er die Villa und emigrierte 1938 mit seiner Familie in die Schweiz.

1945 übernahm das Land Hessen die Verwaltung des Sommersitzes. Die Villa Rothschild wurde als Tagungs- und Gästehaus „Haus der Länder" berühmt. Vor allem die Ministerpräsidentenkonferenz vom 24. März 1949 ging in die Geschichte ein. Sie stellte die Weichen für die Verabschiedung des Grundgesetzes im Mai 1949. Zahlreiche prominente Politiker jener Jahre, darunter der erste Bundespräsident Theodor Heuss und die Bundeskanzler Konrad Adenauer und Ludwig Erhard, waren hier zu Gast.

Das „Haus der Länder" verlor durch die Wahl Bonns zur Bundeshauptstadt an Bedeutung. Nach Rückerstattung des Anwesens an Rudolf von Goldschmidt-Rothschild verkaufte jener 1955 die Villa mit Park an die Stadt Königstein. Sie begründete den Ankauf mit der Notwendigkeit, ein Hotel für gehobene Ansprüche vorweisen zu können. Nur ein Jahr später konnte nach notwendiger Sanierung das „Hotel Sonnenhof" eröffnet werden, welches 2005 geschlossen wurde. Nach Pächterwechsel und Renovierung erfolgte im März 2007 die Neueröffnung der „Villa Rothschild" als Hotel der Luxusklasse. ●

K

Die Burgruine birgt noch Reste einer Turmburg aus dem 11. Jahrhundert

Königstein – Falkenstein

Burg Falkenstein

- ❌ etwa 400 Meter südlich des Ortes
  50°11'24.57" N, 8°28'36.00" O

- ☁ Stadt Königstein im Taunus

- 🕐 März–Oktober 10–19 Uhr,
  November–Februar 10.30–16.30 Uhr

- ℹ Tel. 06174 202-264

Die Burgruine Falkenstein liegt weithin sichtbar auf einem Ausläufer des Altkönigs. Hier, auf dem so genannten Noringsberg, errichteten die Gaugrafen von Norings (auch „von Nürings" genannt) Ende des 11. Jahrhunderts eine Turmburg, von der heute noch Reste vorhanden sind. Die Linie der Grafen von Norings endete im Jahr 1171. Ihre Nachfolger waren die Herren von Münzenberg, die wiederum von den Herren von Falkenstein-Bolanden beerbt wurden. Nur wenige Schritte östlich der Turmburg ließen diese eine neue Burganlage errichten. Diese Anlage, 1364 erstmalig erwähnt, wurde zunächst Neu-Falkenstein genannt.

Die Burg Falkenstein und das unterhalb gelegene Dorf, das noch bis in das 18. Jahrhundert Nürings genannt wurde, fielen im 14. Jahrhundert an die Herren von Nassau. Unter ihnen wurde Falkenstein als Lehen an verschiedene Ritterfamilien vergeben. Aus dieser ritterlichen Besitzgemeinschaft entwickelte sich eine Ganerbschaft. Das bedeutete, dass mehrere Ritterfamilien, darunter die von Kronberg, von Staffel und von Hattstein, Anteile an Burg Falkenstein hatten. Insbesondere zu Zeiten der Hattsteiner war Falkenstein Ausgangspunkt verschiedener Raubritterüberfälle. Die letzten nassauischen Lehensherren waren für die Dauer von drei Generationen bis 1773 die Herren von Bettendorf, die in Königstein lebten.

Durch mehrere Kriege beschädigt, hatte die Burg Falkenstein mittlerweile an Bedeutung verloren und verfiel immer mehr. Arme Familien und Obdachlose suchten in den Ruinen Unterkunft. Die Einwohner des Dorfes nutzten die Burg als Steinbruch. 1842 erwirkte der Frankfurter Kaufmann Osterrieth ein Abbruchverbot.

Im Jahr 1954 ging die Ruine Falkenstein vom Land Hessen auf die Gemeinde Falkenstein über, die seit 1972 Stadtteil von Königstein ist. Heute noch erhalten ist der aus dem 15. Jahrhundert stammende Bergfried, das Wahrzeichen Falkensteins. Tor und Schildmauer stammen hingegen aus dem 14. Jahrhundert. ●

Königstein – Falkenstein

Ehemaliges Offiziers-
erholungsheim, heute
Falkenstein Grand-Kempinski

⊗ Debusweg 6-18

◈ Dr. Broermann Hotels & Residences GmbH

ⓘ Tel. 06174 90-0

An der Stelle des heutigen Hotels befand sich von 1873 bis 1906 eine renommierte Lungenheilanstalt, die von Patienten aus allen Teilen Europas frequentiert wurde. Anfang des 20. Jahrhunderts, vor allem aber nach dem Tod des leitenden Arztes, Dr. Peter Dettweiler, verlor sie zunehmend an Bedeutung.

Dem damaligen Landrat, Ritter von Marx, gelang es, den deutschen Kaiser Wilhelm II. für die Einrichtung eines Offiziergenesungsheims auf diesem Gelände zu begeistern: Ende 1906 erwarb Wilhelm II. die alte Heilanstalt mit Park und in nur zwei Jahren wurde auf dem Gelände der 1907 niedergelegten Lungenheilanstalt das Offiziersheim Falkenstein errichtet.

Am 20. August 1909 erfolgte in Anwesenheit des Kaisers die feierliche Einweihung des Anwesens. Im Mittelpunkt steht der Hauptbau, von dessen Terrasse Gäste und Besucher einen wundervollen Blick in die Mainebene und auf Frankfurt genießen können. Dieser Bau, der den Offizieren einst Bibliothek, Speisesaal, Billardzimmer, Kasino und Salon bot, wird von sechs Nebengebäuden im englischen Landhausstil umgeben, von denen das östlichste erst 1916 fertiggestellt wurde. Nördlich des Debusweges entstanden die eindrucksvollen Wirtschaftsgebäude, das Elektrizitätswerk sowie Personalwohnungen. Das Offiziersheim war für genesungsbedürftige Offiziere gedacht, wurde aber mit Ausbruch des Ersten Weltkrieges 1914 zum Reservelazarett umfunktioniert. Nach Kriegsende 1918 besetzten französische Truppen das Heim. Nach erneuter Nutzung als Erholungsheim, übernahm die deutsche Wehrmacht 1936 die Anlage. Mit Ausbruch des Zweiten Weltkrieges war hier abermals ein Lazarett untergebracht. Seit 1945 wieder Lungenheilstätte, betrieb hier ab 1964 der Landeswohlfahrtsverband Hessen (LWV) die Taunusklinik mit mehreren Spezialabteilungen.

1992 veräußerte der LWV die Klinikgebäude mit Wirtschaftsanlagen und Park an einen Investor, der umfassende Sanierungen vornehmen lies und 1999 das Luxushotel Falkenstein Grand-Kempinski eröffnete. Im südöstlichen Teil des Siesmayer-Parks entstand die Asklepiosklinik, eine neurologische Fachklinik, die ebenfalls 1999 ihren Betrieb aufnahm. ●

Erbaut als Genesungsheim für Offiziere ist das prächtige Gebäude heute ein Hotel

Kriftel

Station der Bonifatiusroute an der Bonifatiuskapelle in Kriftel

Bonifatiuskapelle

- ❌ An der Bonifatius-Kapelle
- ☁ Kath. Kirchengemeinde Sankt Vitus, Kriftel
- ✚ Von außen jederzeit zu besichtigen

An die Bonifatiustradition im heutigen Kriftel erinnert die Kapelle oberhalb der Landesstraße zwischen Hattersheim und Eppstein. Der kleine Rechteckbau mit Chor, Sakristei und Glockenturm wurde 1958 geweiht. Ganz im Zeichen des „Apostels der Deutschen" ist der Innenraum gestaltet, der von einem Mosaik dominiert wird, das Bonifatius im Bischofsgewand zeigt. Im Kirchenschiff zeigen Bilder auf der rechten Seitenwand Szenen aus dem Leben des Heiligen. Links neben dem Eingang ist eine Sandsteinplatte eingemauert, die aus dem Vorgängerbau stammt und an dessen Bau im Jahr 1755 erinnert. Gedenktafeln mit den Namen der Gefallenen in den beiden Weltkriegen komplettieren die Innenausstattung zusammen mit einem Holzmodell der älteren Kapelle.

Die Wurzeln des heutigen Kapellenbaus finden sich im Mittelalter. Für das Jahr 1277 ist in der früheren Siedlung Hedekam in der heutigen Krifteler Gemarkung die Existenz einer Kapelle nachgewiesen. Im Jahr 1694 wird das offenbar weit zurückreichende Bonifatius-Patrozinium erwähnt, das 1755 auf die damals neu gebaute Kapelle übertragen wird. Der kleine Bau mit achteckigem Chor und Dachreiter stand in den Fünfziger Jahren des 20. Jahrhunderts Plänen für den Straßenbau im Wege und wurde im Dezember 1959 abgerissen. Von der Ausstattung erhalten geblieben sind die Heiligenfiguren aus dem barocken Altar, von denen eine Bonifatius-Statue in der Krifteler Pfarrkirche Sankt Vitus aufgestellt ist. Am früheren Standort erinnern heute ein Gedenkstein und eine Informationstafel der Bonifatius-Route an die alte Kapelle. Die Bonifatius-Route, die seit 2004 als Pilger- und Wanderroute dem Leichenzug des Bonifatius von Mainz nach Fulda folgt, verweist auf die Ursprünge der Bonifatius-Tradition im heutigen Kriftel. Die erste Nachtrast des Zuges im Jahre 754 soll hier stattgefunden haben, eine zwar wissenschaftlich nicht nachzuweisende aber durchaus nicht abwegige Annahme. ●

K

Kriftel
Bonifatiuskreuz

⊗ Lindenplatz, Frankfurter Straße
Ecke Lindenstraße

⬆ Gemeinde Kriftel

➊ Frei zugänglich

Neben der Bonifatiuskapelle und der Bonifatiusstatue in der katholischen Pfarrkirche Sankt Vitus wird noch das so genannte Bonifatiuskreuz, das älteste erhaltene Steindenkmal in Kriftel am Lindenplatz mit dem Leben und Wirken des „Apostels der Deutschen" in Verbin-

dung gebracht. Dieses Kreuz, aus grob behauenem Basalt und ohne Inschrift wurde 1555 als „Creutz an der Krofteller Linden" in einem Güterbuch erstmals schriftlich erwähnt und stand in früheren Zeiten neben der alten, 1933 gefällten Gerichtslinde in der Mitte des Platzes. Am heutigen Standort direkt neben dem Kriegerdenkmal für die Gefallenen des Krieges von 1870/71 ist das Kreuz von unterschiedlich hohen Basaltsäulen umgeben.

Über den Zeitpunkt der Aufstellung ist nichts bekannt. Die Bezeichnung Bonifatiuskreuz indes, wurde erstmals durch den damaligen Pfarrer Bill im Jahre 1924 in einem Schreiben an das Bischöfliche Ordinariat in Limburg verwendet. Der Legende nach wurden Bonifatiuskreuze überall dort aufgestellt, wo der Leichenzug des Märtyrers im Jahre 754 auf dem Weg von Mainz zum Begräbnisort Fulda Rast machte.

Das Kreuz ist heute, nach einer Restaurierung im Jahre 1976, 133 Zentimeter hoch und 66 Zentimeter breit. Auf den Kreuzarmen sind Vertiefungen, möglicherweise zur Aufstellung von Kerzen, erkennbar.

Jenseits der Bezeichnung als Bonifatiuskreuz wird auch die Vermutung geäußert, dass das Kreuz an der Krifteler Dorflinde eines jener Wege-, Erinnerungs-, oder Sühnekreuze ist, die als Zeichen der Volksfrömmigkeit in vielen katholisch geprägten Landstrichen Mitteleuropas die Kulturlandschaften mit prägten. Oft standen sie an viel begangenen Wegen, beziehungsweise Wegegabelungen. ●

Das 1555 erstmals erwähnte Bonifatiuskreuz aus Basalt

Kronberg

K

Kronberg
Burg Kronberg

- ⊗ Schloßstraße 10/12
- ⬡ Stiftung Burg Kronberg
- 🕐 April bis Oktober, Mi–Sa 13–17 Uhr,
  So 11–18 Uhr und nach Voranmeldung
- ℹ Tel. 06173 7788, Fax 06173 994990
  www.burgkronberg.de
  stiftung@burgkronberg.de

Der Bau der Burg Kronberg begann um 1200 mit der Errichtung der romanischen Oberburg und dem alles überragenden Bergfried. Bauherren waren die Ritter von Eschborn, die sich seit dieser Zeit Ritter von Kronberg nannten. Im 14. Jahrhundert entstand die heutige Mittelburg, die aus zwei Gebäudeteilen besteht, dem Alten und dem Neuen Schloss. Das Kronberger Rittergeschlecht starb 1704 aus. Danach fiel die Burg an das Kurfürstentum Mainz, 1802 an das Herzogtum Nassau und 1866 wurde das Königreich Preußen Besitzer. 1891 erhielt Victoria Kaiserin Friedrich, Witwe des 99-Tage Kaisers, die Burg von ihrem Sohn Kaiser Wilhelm II. als Geschenk. Bis zu ihrem Tod 1901 ließ sie durch den Architekten Jacobi Sanierungen durchführen. Unter anderem entstand in dieser Zeit der Wehrgang. Nach ihrem Tod kam die Burg in den Besitz ihrer jüngsten Tochter Margarethe und

deren Mann Prinz Friedrich Carl von Hessen. Sie setzten die Sanierung fort und eröffneten 1912 ein Museum im Neuen Schloss. 1989 sollte die Burg von der Hessischen Hausstiftung des Landgrafen von Hessen verkauft werden. In dieser Zeit wurde der Burgverein gegründet. Er überzeugte die Stadt davon, vom Vorkaufsrecht Gebrauch zu machen. 1992 kaufte die Stadt die Burg und 1995 wurde die Stiftung Burg Kronberg gegründet, in deren Besitz sich die Anlage heute befindet.

Nach einer längeren Sanierungsphase konnte 2008 das neue Burgmuseum im Neuen Schloss eröffnet werden. Besonders sehenswert sind die historische Küche, die originalgetreue Nachbildung der Ritterrüstung Hartmuts, das Schulzimmer und kostbare Möbel aus der Zeit der Kronberger Ritter.

Einzigartig ist der unter Naturschutz stehende geschlossene Eibenhain mit rund 200 Bäumen. Die beiden schönsten Einzeleiben sind als Naturdenkmal ausgewiesen.

Dank einer großzügigen Spende können bis 2014 die Säle im Alten Schloss saniert werden. In diesen Räumen finden in Zukunft Ausstellungen und unterschiedliche Veranstaltungen statt.

In den Vorderhäusern der Burg befindet sich das Stadtmuseum mit einigen Besonderheiten Kronbergs. ●

*Blick durch das Burgtor
auf den Prinzenturm
und die Mittelburg*

*Die Pfarrkirche
St. Johann mit reicher
Innenausstattung und
Bemalung*

Kronberg

Evangelische Pfarrkirche Sankt Johann Kronberg

- ❌ Friedrich-Ebert-Straße
- ☁ Evangelische Kirchengemeinde Sankt Johann Kronberg
- ❶ täglich 7–18 Uhr
- ❶ „Orgelmusik zum Wochenende" samstags 18–18.30 Uhr

Nach einem Stadtbrand 1437, der wohl auch die um 1335 erbaute Johanniskapelle in Mitleidenschaft gezogen hatte, begannen die Herren von Kronberg um 1440 mit dem Bau einer größeren Kirche, deren Chor die ehemalige Kapelle bildet. Frank IX. der Reiche gilt als Hauptbauherr. Sein Wappen und das seiner Frau Katharina von Isenburg finden sich an der Außenseite des Glockenturms wie auch im Gewölbe des Chorraums.

Ihre äußere Gestalt hat die Johanniskirche seit dieser Zeit behalten. Unter Johann Ludwig Christ, evangelischer Pfarrer von 1786 bis 1813, wurden Wände und Decke der Kirche geweißt und ein großer Teil der Ausstattung, Grabsteine der von Kronberg, Kunstgegenstände sowie das Maßwerk und die mittelalterlichen Glasfenster des Langhauses, entfernt.

Victoria Kaiserin Friedrich, seit 1894 in Kronberg ansässig, veranlasste die Restaurierung der übermalten Gemälde auf den Wänden des Langhauses, der Malerei auf dem Tonnengewölbe der Holzdecke von Meister Johann Friedrich Spangenberg aus Frankfurt von 1617 und des Marienaltars an der Südwand des Chores. Er gilt mit dem Gemälde eines mittelrheinischen Künstlers um 1440/50 auf der Außenseite der Flügel als bedeutendstes Kunstwerk der Kirche. Im Chor befinden sich auch das von Dietrich Schro geschaffene Grabmal der bereits im Alter von zwei Jahren verstorbenen Anna von Kronberg und das als Werk von Hans Backofen geltende Grabmal des Walter von Reifenberg. Die reich verzierte Kanzel wurde im 17. Jahrhundert von Hermann von Kronberg und seiner Frau Anna Sidonie gestiftet. Ihre Grabplatte ist an der nördlichen Wand erhalten. Die fünf Grabdenkmale für Ritter und ihre Frauen aus grauem Sandstein im Langhaus stammen aus der Zeit um 1500. An Victoria Kaiserin Friedrich erinnert das Gestühl links im Chor, ein von ihr geschenktes Terrakottarelief neben der Kanzel und die Epitaph, ein Relief von Adolf von Hildebrand mit der Grablegung Christi, an der Westseite des Glockenturms. ●

K

Kronberg
Ringwälle auf dem Altkönig

❌ Rund vier Kilometer nordwestlich Kronbergs, „Fuchstanz", Fernwanderweg E1, Markierung Andreaskreuz weiß auf schwarz, 50°12'44" N, 8°28'58" O

🔶 Naturschutzgebiet Land Hessen, Untere Naturschutzbehörde Hochtaunuskreis

ℹ jederzeit frei zugänglich

Der Altkönig, mit 798,2 Metern die dritthöchste Erhebung des Taunus, dominiert Wetterau und Mainebene und bildet – von Süden gesehen – den schönen Hintergrund für Burg und Altstadt Kronberg. Rings um seine Kuppe finden sich zwei eindrucksvolle, parallel verlaufende Ringwälle aus Bruchsteinen. Sie sind Überreste einer frühkeltischen Befestigungsanlage aus der Zeit der Latène-Kultur, etwa 400 vor Christus Grabungen im Jahr 1893 haben ergeben, dass es sich ursprünglich um eine Trockenmauer aus Taunusquarzit gehandelt hat. Bei dieser so genannten Holzschlitzmauer hielten senkrechte Holzpfosten an der Vorder- und Rückseite und waagerechte im Inneren das Mauerwerk. Mit dem Verrotten des stabilisierenden Holzes verfielen die Mauern zu Wällen. Der innere Wall hat eine Länge von etwa 980 Metern und erreicht vor allem an der Südostseite eine eindrucksvolle Höhe. Der äußere

Der Rest einer keltischen Befestigungsanlage

Wall verläuft in einer ungefähren Länge von etwa 1.390 Metern. An ihn schließt sich im Südwesten ein nicht vollständig erhaltener Wall als Anhang an, der eine tiefer am Bergrücken liegende Quelle einschließt. Dieser Annex umschließt etwa elf Hektar, die beiden annähernd ovalen Ringwälle eine Fläche von 15 Hektar. Im Süden und Südwesten des äußeren Walles sind Eingänge zu sehen, die die Tore der ehemaligen Mauer markieren. Beim inneren Ring findet sich ein Einlass im Osten. Die Mauern, aus denen diese Ringwälle entstanden sind, waren circa fünf Meter tief, etwa ebenso hoch und mit einer hölzernen Palisade versehen.

Welche Funktion diese befestigte Anlage im Einzelnen hatte, lässt sich nicht sagen. Gemeinsam ist den zeitlich versetzt entstandenen Befestigungsanlagen im Hochtaunus auf dem Bleibeskopf, der Gickelsburg und Heidetränk-Oppidum ihre erhöhte Lage am Rande der eigentlichen Siedlungsgebiete Wetterau und Mainebene. Sie waren nicht nur Fluchtburgen, sondern ständig bewohnte, möglicherweise herausgehobene Zentren eines Siedlungsbereichs. ●

Kronberg
Schloss Friedrichshof
Schlosshotel Kronberg

❌ Hainstraße 25

🔶 Hessische Hausstiftung

ℹ Führungen Sa, So halbstündlich 15–17.30 Uhr

ℹ www.schlosshotel-kronberg.de

Die Witwe des nur wenige Wochen nach seiner Thronbesteigung 1889 verstorbenen Kaiser Friedrich III., Victoria, geborene Princess Royal von Großbritannien, suchte nach einem Witwensitz fernab von Berlin und erwarb schließlich ein Anwesen in Kronberg. Bis 1893 ließ sie darauf vom

Heute Golfplatz, früher Park – Die Grünanlage vor Schloss Friedrichshof

Architekten Eberhard von Ihne Schloss Friedrichshof im Stil der Tudor-Gotik mit Renaissance-Elementen und dem der Gegend eigenen Fachwerkstil erbauen. Durch Zukäufe vergrößerte die Kaiserin Friedrich genannte Witwe ihr Anwesen, der Park wurde im Stil eines englischen Landschaftsgartens von dem aus Potsdam bestellten Hofgärtner Hermann Walter angelegt. Ein Rosengarten, ein Steingarten, eine Grotte mit Wasserfall und Treibhäuser vervollständigten die Anlagen. Sie wurden bereichert durch die besonderen Bäume, die die verwandten Besucher aus den europäischen Fürstenhäusern auf Wunsch der Kaiserin Friedrich mitbrachten und in ihren Park pflanzten.

Die Inschrift über dem Eingangsporticus lautet „Frederici Memoriae". Ihren Lebenssinn fand Kaiserin Friedrich darin, das Andenken ihres verstorbenen Mannes zu pflegen. Schloss Friedrichshof war angelegt als Sammlungs- und Präsentationsstätte für die gemeinsame in dreißig Ehejahren zusammengetragene Kunstsammlung.

Mit dem Tod von Kaiserin Friedrich 1901 ging Schloss Friedrichshof an ihre Tochter Margarete und deren Mann Friedrich Karl von Hessen. Nach dem Ersten Weltkrieg wurde die Nutzung des Schlosses aufgegeben. Die Haushaltung wurde in das Gärtnerhaus, das so genannte „cottage" verlegt. Das Inventar und die Sammlung der Kaiserin blieben weitgehend unberührt. Nach dem Zweiten Weltkrieg wurde Schloss Friedrichshof von der amerikanischen Besatzung bis 1952 als Offiziersclub genutzt.

Nach der anschließenden Renovierung wurde es mit Originalinventar 1956 als Schlosshotel Kronberg eröffnet, das heute von der Hessischen Hausstiftung verwaltet wird. Der Park wurde, weitgehend belassen, in einen Golfplatz umgewandelt. Die Gartenanlagen sind zugänglich. ●

K

Kronberg

Streitkirche und Museum Kronberger Malerkolonie

❌ Friedrich-Ebert-Straße / Eingang
Museum Tanzhausstraße 1 A

☁ Stiftung Kronberger Malerkolonie

🕐 Mi 15–18 Uhr
Sa, So und Feiertage 11–18 Uhr

ℹ www.kronberger-malerkolonie.com

Altstadt Kronberg mit Streitkirche (Bildmitte) und dahinter liegender Johanniskirche

1704 erlosch die Familie von Kronberg und der Kurfürst und Erzbischof von Mainz übernahm die Landesherrschaft. Er ordnete, rechtswidrig in der nach den Regelungen des Westfälischen Friedens evangelischen Stadt, 1737 den Neubau einer Kirche für die Katholiken Kronbergs an. Die evangelische Gemeinde sagte finanzielle Unterstützung zu. Einige ihrer Mitglieder konnten jedoch so viel Einfluss gewinnen und Protest gegen den Kirchenbau entfalten, dass sie von Mainz als Vertreter ernst genommen werden mussten. Der Protest begründete sich auch in der Lage des Neubaus unmittelbar neben der Johanniskirche und seiner dominierenden Größe. Denkschriften und Eingaben wegen angeblicher religiöser Bedrückungen durch den Landesherrn

wurden verfasst, der Streit wurde so über Kronberg hinaus zum Politikum. Der Abriss der Kirche wurde schließlich verfügt. Der Kirchenbau war nahezu fertiggestellt, als die Bauarbeiten 1739 eingestellt wurden. Auseinandersetzungen über den Abbruch zogen sich hin, bis 1765 der Kirchturm abgebrochen und zwei Jahre später der Streitkirche genannte Bau zum Zivilgebäude erklärt wurde. 1887 erwarb Dr. Julius Neubronner das Gebäude und nutzte es als Apotheke und Wohnhaus. Bis 1990 blieb es, zuletzt teilweise, in Familienbesitz.

1979 wurde zur Einrichtung einer Ladengalerie die Fassade des Barockbaus für eine Kolonnade aufgebrochen und mit Arkaden zur Tanzhausstraße versehen.

In den restaurierten ehemaligen Wohnräumen der Apothekerfamilie befindet sich seit 2001 das Museum Kronberger Malerkolonie. Es zeigt Werke der Maler der Künstlerkolonie in einer ständigen Ausstellung, die regelmäßig durch Sonderausstellungen ergänzt wird. Seit der Mitte des 19. Jahrhunderts zog es Maler des Städel'schen Kunstinstituts in Frankfurt aus der Strenge der Akademie

Liederbach

zum Malen in die als frei empfundene Natur des Taunus und nach Kronberg. Über die Jahre lebten 60 Maler, unter Ihnen Anton Burger, Jakob Fürchtegott Dielmann, Carl Peter Burnitz und Philipp Franck zeitweise oder dauerhaft in Kronberg. ●

Liederbach – Oberliederbach
Evangelische Pfarrkirche

⊗ Alt-Oberliederbach 5

⊘ Ev. Gemeinde

🕐 Mo, Di, Do 9–12 und Di 17–18 Uhr

ℹ Gemeindebüro, Die Ritterwiesen 2
Tel. 06196 527060
evkliederbach@aol.com

Am Rande des alten Ortszentrums liegt frei auf erhöhtem Gelände an einer Straßenecke die evangelische Kirche von Oberliederbach. Das Dorf Oberliederbach war 1803 an Nassau-Usingen und damit zum Herzogtum Nassau gekommen. In den Jahren von 1833 bis 1834 wurde eine neue evangelische Kirche nach Plänen des nassauischen Landbaumeisters Eberhard Philipp Wolff in den für ihn typischen, streng klassizistischen Formen aus Freudenberger Sandstein errichtet. Der voluminöse Saalbau mit halbrundem Chorabschluss wird von einem schweren Frontturm mit achteckigem Laternenaufsatz auf dem flach geneigten Dach dominiert. Die Fassade ist in Form eines griechischen Tempels mit Pilastern, einem Architrav und einem profiliert gerahmten Giebeldreieck angelegt. In der Mittelachse wird die Kirche über eine klassizistische Tür mit halb runden, strahlenförmig geteiltem Oberlicht erschlossen, das Oberlicht wiederholt sich in Höhe des Emporen-Geschosses. Die gewaltig hohe Mauerfläche der Fassade wird von Lisenen gerahmt und von vier kräftigen Pilastern vertikal gegliedert, die Traufseiten werden horizontal von zwei kräftigen Simsbändern in Höhe der Sohlbänke und Kämpfer der jeweils vier hohen Rundbogenfenster optisch in ein Erd- und ein Obergeschoss geteilt. Im Erdgeschoss belichten auf beiden Seiten große Okulusfenster den Innenraum.

Im hellen Innenraum ist weitgehend die bauzeitliche Ausstattung erhalten: Im Chor eine Korbkanzel mit Schalldeckel und zwei geschlossene Pfarrstühle, über dem Eingang die seitlich ausschwingende Orgelempore auf sechs sandsteinfarben gefassten Säulen. Die Orgel wurde von Christian Friedrich Voigt aus Igstadt bei Wiesbaden hergestellt. Die Kirche stellt in ihrer klaren Architektur und Ausstattung ein völlig ungestört erhaltenes Beispiel des Klassizismus im Herzogtum Nassau dar. Wolff baute 1835 eine ähnlich streng gegliederte Kirche in Dachsenhausen. ●

Wie ein Tempel angelegt –
die Westfassade der Kirche mit Frontturm

L

Liederbach-Oberliederbach

Villa im Park

❌ An den Hofgärten 2

🌐 Generalkonsulat der Volksrepublik China
Tel. 069 90734687

ℹ️ Besichtigung nur von außen möglich.
Park öffentlich zugänglich.

Am Rande des Dietel'schen Parks liegt in einem umzäunten Gelände ein repräsentativer Villenbau, auch Karl-Winnacker-Haus genannt. Im Jahre 1866 erwarb der aus St. Petersburg stammende Kaufmann Adolf Meyer aus dem Besitz eines Gastwirtes den zweigeschossigen Fachwerkbau Alt-Oberliederbach 8 mit den anschließenden Ländereien. Durch den Frankfurter Gartenplaner Heinrich Siesmayer ließ er sein neuerworbenes Gelände in einen Landschaftspark verwandeln, der sich mit seiner Geländemodellierung und dem reichen Baumbestand im Wesentlichen bis heute erhalten hat. Meyers Enkelin Adele Müller und ihr Ehemann, Landrat Dr. Alwin Woldemar von Dietel erbten das Anwe-

sen 1892 und ließen sich 1911/12 am nordöstlichen Rand des Parks von dem Baurat Carl Seidl aus Wien die in ihren Bauformen für die Region ungewöhnliche Villa bauen.

Der 1858 in Mähren geborene Architekt Carl Seidl hatte sich auf den Villenbau spezialisiert und war vor allem an der liburnischen Küste, dem heutigen Kroatien, tätig. Aus diesem Kontext sind die von italienischen Renaissancevillen entlehnten Architekturformen der dreigeschossigen Villa mit niedriger venezianischer Querlaube in der Mittelachse des obersten Geschosses und den flach geneigten Dächern verständlich. Villen mit zwei turmartig erhöhten Eckbauten und Loggien waren bereits in der Spätantike von den Römern, im 15./16. Jahrhundert von Venezianern in Kroatien errichtet worden. Von ihnen ließ sich Seidl für seinen Villenbau inspirieren. In der Villa in Oberliederbach wurden die Formen des in Deutschland ausklingenden Historismus verschmolzen mit der Kubatur der Renaissancevillen — vermut-

Eingang zur Villa im Park

Oberursel

lich baute Carl Seidl ähnliche Villen auch in dem zu Österreich gehörigen Kroatien. Die außergewöhnlich reiche Ausstattung im Stil des Historismus ist bis heute erhalten, leider aber nicht zu besichtigen. Nach dem Tod der Eltern verkaufte Gert von Dietel das Anwesen zwischen 1951 und 1955, bewohnte es aber bis zu seinem Tod 1982. Inzwischen wurde das Gebäude grundlegend saniert und mit dem an historischen Vorbildern orientierten Eisengitter eingezäunt.   ●

Oberursel
Heidetränk-Oppidum

> ⊗ Parkplatz: etwa 500 Meter nordwestlich von Oberursel an der L 3004
> 50°13'15" N, 8°31'19" E
>
> ⬙ Land Hessen
>
> ❶ jederzeit frei zu begehen
>
> ❶ Informationszentrum in Oberursel-Hohemark

Die heute allenfalls von Spaziergängern frequentierten Waldflächen und Berge des Taunus weisen durch zahlreiche archäologische Befunde auf ihre ganz anders geartete Siedlungsgeschichte im Altertum hin. Vor zweitausend Jahren war das Gelände bevorzugtes Siedlungsgebiet der Kelten, das Heidetränk-Oppidum entsprach in seiner wirtschaftlichen Bedeutung der heutigen Großstadt Frankfurt. Auf den beiden Bergkuppen der Altenhöfe und der Goldgrube bauten die keltischen Stämme im zweiten Jahrhundert vor Christus eine stark befestigte Stadt – Oppidum – mit einer Fläche von über 130 Hektar Größe. Das archäologische Fundmaterial belegt den Reichtum der Bewohner, die Handel von der Ostsee bis nach Italien trieben. Grundlage ihres Handels waren die

Für Ungeübte ist das Oppidum im Wald kaum zu erkennen

natürlichen Ressourcen des Taunus, die Erzlagerstätten und das Salz in Nauheim.

In ganz Mitteleuropa hatten die Kelten eine Kette derartiger Oppida angelegt. Das Heidetränk-Oppidum lag am nördlichen Rand ihres Herrschaftsgebietes. Den im ersten vorchristlichen Jahrhundert von Norden eindringenden germanischen Stämmen und den von Süden heranrückenden Römern konnten die Kelten nicht standhalten. Die vier Kilometer lange und einst vier bis fünf Meter hohe Wallanlage aus zweischaligen Trockenmauern mit Stein-Erde-Füllung, verstärkt mit einer Konstruktion von senkrechten und waagerechten Holzpfosten, hinterließen sie den Eroberern. Über sechs tiefe Toranlagen gelangte man in das Oppidum. Die teilweise zweigeschossigen Zangentore boten nicht nur Schutz vor Eindringlingen, sondern demonstrierten gleichzeitig Stärke nach außen. Eines davon lässt sich anhand einer 35 Meter langen und acht Meter breiten Torgasse am südlichen Steilhang der Goldgrube nachweisen. Vor etwa 100 Jahren wurden die ersten Ausgrabungen an der inzwischen weitgehend verflachten und erodierten Wallanlage unternommen. Das hessische Landesamt für Denkmalpflege hat an einigen Stellen im Wald die spärlichen Reste rekonstruiert und mit Schautafeln die uns weitgehend unbekannte Kultur der Kelten erläutert.   ●

O

Oberursel
Katholische Kirche Sankt Ursula

✖ Sankt-Ursula-Gasse

⛰ Kath. Kirchengemeinde Sankt Ursula

🕐 täglich 9–18 Uhr

ℹ www.Kath-oberursel.de

Seit 1315 ist die Verehrung der Heiligen Ursula in Oberursel besiegelt, seit 1464 ist sie Patronin der Kirche. Die Sankt Ursula Kirche steht auf dem Grund einer karolingischen Marienkirche. Der spätgotische Bau ist das Ergebnis spätmittelalterlicher Frömmigkeit und wachsendem bürgerlichen Bewusstsein. Das zeigt besonders deutlich der Turm, der früher eine „Hohe Wacht" war. In 31 Metern Höhe wohnte hier von 1500 bis 1901 ein

Die katholische Kirche Sankt Ursula in Oberursel

Turmwächter mit seiner Familie. Die Glocken im Turm riefen nicht nur zum Gottesdienst, sie dienten auch bürgerlichem Geläute.

Die Kirche besteht aus drei Bauteilen: Dem Chor mit der Sakristei, errichtet auf abfallendem Gelände mit hoher Stützmauer, dem Langhaus mit vier Jochen und einem schon vorhandenen Seitenschiff sowie dem Turm mit dem verbindenden fünften Joch. Der Achsenknick zwischen Chor und Langhaus war gewollt, der Grund dafür aber ist heute leider unbekannt. Die Ausstattung der Kirche stammt aus verschiedenen Epochen. Kostbar ist ein Fragment einer spätgotischen Kreuzigung von der Außenwand der Sakristei. War es ein gemaltes Bild mit den Köpfen aus Ettringer Tuff in plastischer Erhöhung? Ein Bild Sankt Ursulas und sechs weitere Heiligenscheiben sind Zeugnisse der Glasmalkunst am Mittelrhein. Den frühbarocken Hochaltar bekam die Kirche nach dem verheerenden Brand von 1645. Den Auftrag dafür erhielten der Oberurseler Schreiner Urban Baader und die Miltenberger Bildhauer Zacharias Juncker und Franz Nagel. 1959 hat Georg Hieronymi aus Oberursel die Figurengruppe um Sankt Ursula eingefügt. Ein barocker Taufstein aus Lahnmarmor steht inmitten des Chores. Seine Haube ziert Johannes der Täufer von Franz Mathias Hiernle aus Mainz. Die Schöpfer des eindrucksvollen Kreuzes im Chorbogen, der königlichen Madonna und des Johannes von Nepomuk sind unbekannt.

Die um 1650 eingestufte Kanzel, deren Fuß von rätselhaften Indios gebildet wird, fällt dem Besucher gleich ins Auge. 1791 baute Johann Conrad von Bürgy die Orgel mit dem heute noch bestehenden Prospekt. Das 1959 hinzu gefügte Holzgewölbe unterstreicht die besondere Akustik der Kirche. ●

Oberursel
Vortaunusmuseum

- ⊗ Marktplatz 1

- ⬙ Kuratorium Vortaunusmuseum e.V., Stadt Oberursel

- ⊕ Mi 10–17 Uhr, Sa 10–16 Uhr, So 14–17 Uhr und nach Vereinbarung, Führungen nach vorheriger Anmeldung, Tel. 06171 581434

- ⊕ www.vortaunusmuseum.de

Was haben Seifenkisten mit Oberursel zu tun, und wo gab es die erste Fabrik im Herzogtum Nassau? Dies und vieles mehr erfährt man bei einem Besuch des 1987 eröffneten Stadtmuseums, das direkt am historischen Marktplatz in Oberursel liegt. Das Vortaunusmuseum, welches sich in einem Gebäudekomplex aus dem frühen 18. Jahrhundert befindet, lädt zu einer Reise durch die spannende Vergangenheit der Stadt ein.

Die Dauerausstellung zeigt einen Abriss der Oberurseler Stadtgeschichte von der ersten Namensnennung im Jahre 791 bis zur Gegenwart. Die ausgestellten Objekte aus der frühesten Besiedlung der Region bis hin zu Gegenständen des alltäglichen Gebrauchs informieren über die Lebens- und Arbeitswelt der Bewohner Oberursels. Dem Urselbach verdankte Oberursel seine Entwicklung zu einer florierenden Handwerker- und Industriestadt. Viele Jahrhunderte diente er als Energiequelle für Wassertriebwerke. Zur Dokumentation der Entwicklung vom Handwerk hin zur industriellen Fertigung sind im Museum verschiedene Mühlenwerke und Objekte aus den Bereichen Flugzeugmotorenbau, Lederherstellung und -verarbeitung ausgestellt.

Die 2011 neu gestaltete archäologische Abteilung informiert unter anderem über das Leben der Kelten im Heidetränk-Oppidum. Baureste und Teile des Inventars der 1382 zerstörten Wasserburg Bommersheim geben einen Überblick über das Leben in einer mittelalterlichen Burg.

Oberursel gilt als Geburtsstätte des Kinderautomobilrennens, dem Vorläufer der Seifenkistenrennen. Neben dem Nachbau eines Kinderautomobils aus dem Jahr 1907 sind im Vortaunusmuseum zahlreiche Siegerkisten aus der großen Zeit des Seifenkistenrennsports in Deutschland zu sehen. Naturkundlich Interessierte Besucher finden im Gewölbekeller des Museums einen Abriss der Paläontologie und Mineralogie der Taunusregion. Die Kunstsammlung der an das Vortaunusmuseum angeschlossenen Hans-Thoma-Gedächtnisstätte zeigt Skizzen, Grafiken und Keramiken sowie Ölgemälde des 1839 im Schwarzwald geborenen Malers Hans Thoma. ●

Blick auf das Vortaunusmuseum

O

Unscheinbare Architektur eines unvergleichlichen Lebensgefühls

Oberursel – Weißkirchen

Sendeanstalt American Forces Network (AFN)

❌ Am Weißkirchener Berg

🔼 US Army

❓ von außen jederzeit frei zu besichtigen

Etwas unscheinbar liegt das kleine Haus westlich der BAB 5 bei Kilometer 483,5. Allein die drei rotweiß gestreiften Sendemasten und ein auffälliger Zaun weisen darauf hin, dass hier etwas Besonderes sein muss: Der amerikanische Sender AFN.

AFN-Frankfurt, Bestandteil der US-Amerikanischen Sendekette, sendete erstmals am 15. Juli 1945 aus einem beschlagnahmten Wohnhaus in der Inckusstraße 11. Bevor aber sein Hauptquartier von London nach Frankfurt verlegt werden konnte, musste zunächst ein größerer Standort gefunden werden. Captain Cummings „fand" dafür das Höchster Schloss, das am 1. Oktober 1946 bezogen wurde und dem Sender 20 Jahre lang als Unterkunft diente.

Die 1950er und 1960er Jahre waren die Zeit, in der sich AFN der größten Beliebtheit auch in der deutschen Bevölkerung erfreute. Die Hörerzahl insgesamt wird auf über 50 Millionen geschätzt. Trotz des kleinen Budgets und eines vergleichsweise kleinen Mitarbeiterstabes wurde AFN so zu einem der meist gehörten Sender der Welt. Ganze Generationen der Wirtschaftswunder-Zeit wuchsen mit

AFN auf, der Jazz, Blues, Country und Western und Rock 'n' Roll nach Europa brachte und den Musikgeschmack in Deutschland entscheidend mit prägte.

Am 31. August 1966 gab AFN das Höchster Schloss an den Bund zurück und zog in das neu erbaute Sendehaus in der Bertramstraße 6, unmittelbar neben dem Hessischen Rundfunk. Hier gab es zwei Sendesäle sowie sechs kleinere Aufnahmeräume. Diese zusätzliche Fläche sollte sich schon bald als nötig erweisen, da für die in Europa stationierten US Truppen ein eigenes amerikanisches Fernsehprogramm eingeführt wurde. Das Frankfurter Gebäude wurde entsprechend umgebaut, um dessen Ausstrahlung zu ermöglichen. Am 28. Oktober 1976 ging AFN damit auf Sendung. Trotz des Abzugs der US Streitkräfte aus Frankfurt im Jahre 1994 setzt der Sender seinen Rundfunk- und Fernsehbetrieb fort. 2004 zog AFN Frankfurt, der nun AFN Hessen heißt, nach Wiesbaden um und das Hauptquartier AFN-Europe ging am 26. April 2005 in die Coleman Barracks nach Mannheim. ●

Schmitten – Arnoldshain

Kirche Sankt Laurentius

❌ Kirchgasse

🔼 Ev. Kirchengemeinde, Kirchgasse 15

❗ Schlüssel erhältlich im Gemeindebüro

ℹ Gemeindebüro, Tel. 06084 2276
www.kirche-arnoldshain.de

Der Ort Arnoldshain war im Mittelalter Teil der Herrschaft Hattstein mit der weniger als zwei Kilometer entfernt liegenden Burg Hattstein. Arnoldshain war Gerichtsort und gehörte zum Sprengel der mainzischen Großpfarrei Schloßborn. Einerseits soll die Kirche bereits im

Schmitten

Die Laurentiuskirche bewahrt Glasmalerei aus dem 15. Jahrhundert

frühen 13. Jahrhundert selbstständige Pfarrkirche gewesen sein, andererseits wird sie für das späte 13. Jahrhundert als Filialkirche des Eppsteiner Patronats Treisberg genannt. Als der bestehende Bau errichtet wurde, gehörte das Kirchenpatronat als pfälzisches Lehen den Herren von Reifenberg. Im 16. Jahrhundert hatten auch die Hattsteiner Anteile am Patronat. Zum Arnoldshainer Kirchspiel gehörten auch die Orte Hattstein sowie Nieder- und Oberreifenberg.

Die Kirche ist in ihrer Substanz eine der ältesten erhaltenen Kirchen des Usinger Landes. Es handelt sich um eine längsorientierte geostete Saalkirche mit dreiseitigem Chorabschluss. Sie wurde aus Bruchsteinen gemauert, blieb unverputzt und wirkt dadurch sehr rustikal. Die

Maßwerkfenster und das Werksteinportal weisen für den Baukörper eine Bauzeit im 15. Jahrhundert aus.

Als Kleinod der Ausstattung haben sich in einem der Fenster kleine – in Blei gefasste – bemalte Scheiben erhalten, die in das späte 15. Jahrhundert zu datieren sind. Eine Scheibe zeigt das Wappen der Reifenberger, eine zentrale Butzenscheibe den heiligen Georg beim Drachenkampf, eine weitere einen Falkner. Da sich die Darstellungen jeweils auf eine der Scheiben beschränkten, erinnern sie an Miniaturen aus der Buchmalerei jener Zeit.

Eine weitere Rarität ist die 1488 gegossene Marienglocke. Die in gotischer Textura beschriftete Glocke hängt noch immer im Dachreiter und erklingt zusammen mit zwei jüngeren Glocken. Der Dachreiter wurde nach einem Einsturz des Dachwerks in den Jahren 1761 bis 1764 erneuert. Die erste Orgel gelangte 1783 aus der Idsteiner Stadtkirche hierher, 1866 wurde eine neue angeschafft. Der Altar aus Villmarer Marmor und die Kanzel stammen aus der ersten Hälfte des 19. Jahrhunderts. ●

S

Türme auf dem Feldberg:
zwei moderne Sendeanlagen, der Aussichts-
turm und der Fernmeldeturm (von links)

Schmitten – Niederreifenberg
Großer Feldberg

❌ Gebiet der Gemeinde Schmitten, über
die L 3024 Sandplacken/Rotes Kreuz

🕐 frei zugänglich, Aussichtsturm Mo-Sa
ab 9 Uhr, So ab 8 Uhr, jeweils bis zum
Einbruch der Dunkelheit

📞 Taunus Touristik Service Tel. 06171 5078-0
www.taunus.info

Die von Natur aus baumfreie Gestalt des
Gipfelplateaus machte den Großen Feldberg, die höchste Erhebung des Taunus,
schon früh zu einem wichtigen topografischen und ideellen Bezugspunkt für die
Umgebung. Als solcher fungierte er
bereits in seiner urkundlichen Erst-
erwähnung im Jahr 1043, in der auch der
Name Brunhildisbett (heute meist Brun-
hildisfelsen) für die markante Felsforma-
tion auf dem Gipfelplateau genannt wird.

Dieser Bezug auf eine mythische
Vorzeit faszinierte die Menschen schon
früh. Weil der Feldberg dadurch kein
Berg wie jeder andere war, wurde er
immer wieder zum Schauplatz wichtiger
Ereignisse und zu einem Symbolort für
das Streben nach Freiheit und Einheit:
1814 feierte hier eine große Menschen-
menge unter Führung von Ernst Moritz
Arndt den Jahrestag der Leipziger Völkerschlacht mit einem großen Freudenfeuer.
1844 wurde das erste Feldberg-Turnfest
hier gefeiert – das älteste Bergturnfest in
Deutschland, das heute noch jedes Jahr

stattfindet. Und hier gründete sich 1868
der Taunusklub, einer der ältesten
deutschen Wandervereine. Mit dem
Aufkommen des Fremdenverkehrs in der
zweiten Hälfte des 19. Jahrhunderts
wurde der Feldberg auch zu einem
touristischen Magnet. Der Taunusklub
trug dem Rechnung und errichtete
1901/02 einen Aussichtsturm. Mit der
Entwicklung des Fernsehens kam noch
ein weiterer Turm dazu: der Fernmeldeturm, der 1937 errichtet wurde und
heute ein bemerkenswertes Technikdenkmal darstellt. Beide Türme wurden
nach kriegsbedingten Zerstörungen in
leicht veränderter Form wieder aufgebaut.

Vom Feldberg aus lässt sich die
Geschichte des Taunus hervorragend
erwandern, zum Beispiel über den nahen
Limeserlebnispfad Hochtaunus entlang
der einstigen römischen Reichsgrenze
oder über den 8,5 km langen Grenzstein-
Rundwanderweg, auf dem sich anhand
zahlreicher historischer Grenzsteine die
wechselvolle Geschichte des Taunus und
der einstigen Waldgenossenschaft Hohe
Mark nachvollziehen lässt. ●

Schmitten – Oberreifenberg
Bassenheimer Palais

❌ Schloßstraße 1

🔒 Privatbesitz

🔓 Beschränkte Zugänglichkeit, nach der
Restaurierung des Saales soll dieser zu
besonderen Anlässen der Öffentlichkeit
zugänglich gemacht werden.

Die Bezeichung Bassenheimer Palais
ist modern, wird aber dem barocken
Wohngebäude der als Kellerei geplanten
Hofanlage aufgrund seines eleganten

Venezianische Stadtansichten schmücken den Saal des Bassenheimer Palais

französischen Stils gerecht. Nach dem Tod des letzten Reifenberger Herrn, Philipp Ludwig, setzten sich die Waltbotten von Bassenheim im Streit um das Erbe gegen Kurmainz durch. Freiherr Johann Lothar Waltbott von Bassenheim war mit der Schwester Philipp Ludwigs, Johanna Walburgis, verheiratet. Sein Sohn Casimir Ferdinand Adolf trat das Erbe an und setzte die Konsolidierung der Herrschaft fort, obwohl der Rechtsstreit erst 1781 zugunsten der Bassenheimer entschieden wurde.

Die Burg war 1689 umfassend zerstört worden und wurde nicht wieder aufgebaut. Auch eine neue Kellerei war nötig geworden. Als Standort wurde nicht die Vorburg, wo sie sich vorher befand, sondern ein Platz am Rand des Burgdorfes außerhalb der Befestigung gewählt. Der Bassenheimische Baumeister Benedikt Burtscher zeichnete Pläne, die ein Amtshaus, Ställe und eine Scheune um zwei Innenhöfe vorsahen. Die Hofanlage wurde im Großen und Ganzen entspre-

chend realisiert, wenn auch Änderungen des Bauherrn Casimir Waltbott von Bassenheim vorgenomen wurden. Als Bauzeit kommt die Zeit um 1728 in Frage, da das Datum auf dem Grundstein eines Wirtschaftsbaus erscheint. Das Wohn- und Amtshaus ist als zweigeschossiger und verputzter Massivbau mit sieben Fensterachsen an den Längsseiten und vier an den Schmalseiten gut proportioniert. Die Stichbögen der Werksteinfenster sowie das Mansarddach mit den Gauben verleihen ihm eine schlichte Eleganz im Sinne des Rokoko. Das trifft auch für das Innere zu, wo von der Originalausstattung Türen, Vertäfelungen, Stuck und Treppen erhalten sind. Der Saal im Obergeschoss wurde mit italienischen Landschaften und Stadtansichten Venedigs im Stile Canalettos ausgemalt. Dies geschah erheblich später als es das Grundsteindatum angibt, so wie auch das Palais erst nach dem Tode Casimirs 1729 nach einer von anderer Hand überarbeiteten Planung ausgeführt wurde. ●

S

Vor dem runden Bergfried der Reifenberger Burg wehrte eine mächtige Schildmauer einst Angreifer ab

Schmitten – Oberreifenberg

Burgruine Reifenberg

⊗ Schloßstraße

☁ Land Hessen, Verwaltung der Staatlichen Schlösser und Gärten in Hessen

🛈 Gelände jederzeit zugänglich, der Wohnturm kann Sa-So bestiegen werden

ℹ www.burgverein-reifenberg.de

Die Burgruine Reifenberg ist eine der imposantesten Höhenburgen im Hintertaunus. Von weitem sichtbar erheben sich der 30 Meter hohe Bergfried und der Wohnturm über den Ort Oberreifenberg. Beim Besteigen des Burgbergs fällt besonders die mächtige, zwischen zwei Rundtürme eingespannte Schildmauer auf, die vom Mauerring der Kernburg erhalten ist. Sie war seit dem 12. Jahrhundert Sitz der Herrschaft Reifenberg, die aus der nahegelegenen Herrschaft Hattstein hervorgegangen war. Die Burg wurde bis ins 14. Jahrhundert ausgebaut und erhielt gegen Ende des 16. Jahrhunderts einen neuen großen Wohnbau. Von diesem, dem äußeren Befestigungsring mit Wassergraben, den Toren und der Vorburg sind so gut wie keine Mauerreste erhalten.

Die Reifenberger waren in zahlreiche Fehden verwickelt. Unter anderem zogen sie gegen die benachbarten Burgen Eppstein und Königstein und 1380 an der Seite der Reichsstadt Frankfurt gegen Kronberg. An der Belagerung der alten Hattsteiner Burg nahmen sie ebenfalls teil und verbündeten sich mit Kronberg gegen Frankfurt, das 1389 in einer Schlacht bei Kronberg geschlagen wurde. Im 15. Jahrhundert kam es zur Fehde mit Mainz und im Dreißigjährigen Krieg wurde die Burg von unterschiedlichen Truppen mehrfach heimgesucht und von der verwandten Weller-Linie aus dem Westerwald erobert. 1646 wurde sie weitgehend zerstört. Gleichzeitig stieg Philipp Ludwig von Reifenberg in der Gunst des Erzbischofs Johann Philipp von Schönborn auf. Er wurde 1642 Domherr und Dompropsts zu Mainz, persönlicher Berater des Erzbischofs und erster kurmainzischer Statthalter in Erfurt. Doch Reifenberg wirtschaftete in die eigene Tasche und wurde wegen Verrats von Schönborn seiner Ämter enthoben. 1667 wurde er in der Burg Königstein eingekerkert und die Burg von Mainzer Truppen zerstört. Nach dem Tode Schönborns wurde er freigelassen, 1676 aber erneut festgenommen. Er blieb nun bis zu seinem Tod 1686 in Gefangenschaft. Die Burg wurde 1689 im französisch-pfälzischen Krieg endgültig zerstört. ●

Schmitten – Oberreifenberg
Gertrudiskapelle

⊗ Ortsrand, zugänglich von der Siegfried-
straße am Friedhof vorbei

⬙ Kath. Kirche

⊙ Die Kapelle ist in der Regel geschlossen

⊕ Pfarramt Oberreifenberg, Schulstraße 1
Mo 10-11 Uhr und Do 16-18 Uhr
Tel. 06082 910319

Die Gertrudiskapelle wurde 1710 als
Heilig-Kreuz-Kapelle oberhalb des ehemaligen Reifenberger Burgdorfes gebaut.
Anlass gab die Wunderheilung eines
Reifenbergers nach einer Pilgerfahrt. Seinem Gelöbnis zufolge baute dieser
zunächst eine Kapelle auf dem alten
Friedhof und konnte bei Graf Casimir Ferdinand Waldbott von Bassenheim den
Neubau am jetzigen Standort erwirken.
Sie wurde von Benedikt Burtscher entworfen, der das bassenheimische Bauwesen leitete und für Nassau-Usingen
schon zwei Kirchenbauten errichtet
hatte. Es ist ein einfacher Rechteckbau
mit Satteldach und Glockendachreiter.
Bedeutung gewann die Kapelle posthum
als Grabkapelle der Reifenberger Herrschaft. Philipp Ludwig, der nach langer
Kerkerhaft auf der Burg Königstein 1686
starb, wurde zunächst in der Königsteiner
Kirche bestattet und 1730 in die Heilig-
Kreuz-Kapelle überführt. Später kamen

die Gebeine seines Vaters Heinrich von
Reifenberg, seiner Mutter Anna von
Kronberg, seiner Geschwister Anna,
Johanna-Walpurga, Maria und Ferdinand
hinzu, die zuvor in der alten Schlosskapelle Sankt Otmar ruhten. Ein Epitaph
in der Kapelle erinnert an die Familie.

1926 schädigte ein Blitzeinschlag
die Kapelle erheblich, woraufhin der
Frankfurter Arzt Dr. Heinrich Burkard sie
1933 wieder herstellen ließ. Aus dieser
Zeit stammen die Außengestaltung und
Ausstattung der 1985 erneut renovierten
Kapelle. Hervorzuheben ist ein Wandgemälde an der (dem Altar gegenüberliegenden) Eingangsseite. Es zeigt einen
thronenden Christus in einer idealisierten
Taunuslandschaft und zu beiden Seiten
zwei Landfrauen und Landmänner. Eines
der beiden bunten Glasfenster stellt die
heilige Monika, Mutter des heiligen
Augustinus dar, das zweite Augustinus
mit seinen „Confessiones". Alle Wand-
seiten sind mit typographisch gestalteten
Segens- und Friedenssprüchen mit
Bezug auf die „Confessiones" verziert.
Die Decke ist mit Sternen sehr dekorativ
gestaltet, über dem Altar erhebt sich die
Figur der betenden Maria Immaculata.
Zum Gedenken an die Mutter des
Mäzens, Gertrude Burkard, wurde die
Kapelle der heiligen Gertrud geweiht. Sie
ist auf einem Relief über dem Eingang
dargestellt.   ●

*In 650 Meter Höhe liegt
malerisch die Gertrudis-
kapelle*

S

Schmitten – Seelenberg
Kirche Sankt Kasimir

❌ Camberger Straße 6

🔺 Kath. Kirche

ℹ️ Schlüssel erhältlich bei Fam. Wietschorke, Camberger Straße 6 oder Familie Waldschmidt, Camberger Straße 58

Seelenberg lag im Sprengel der alten mainzischen Großpfarrei Schloßborn und war neben (Ober)Reifenberg der einzige Ort in der Herrschaft Reifenberg. Eine Sankt Otmar-Kapelle wurde bereits im 13. Jahrhundert als Filiale der Treisberger Kirche, die unter Einfluss der Eppsteiner Herren stand, erwähnt. Der Ort lag im 17. Jahrhundert wüst, wurde aber 1695 wiederbelebt. Im Rahmen der Reifenberger Erbschaft kam Seelenberg unter die Herrschaft der Waldbotten von Bassenheim.

Casimir Ferdinand Adolf Waldbott von Bassenheim ließ am Standort der alten Kapelle eine neue Kirche errichten. Die Planung übernahm der Bassenheimer Baumeister Benedikt Burtscher. Er entwarf und errichtete im Usinger Land im frühen 18. Jahrhundert zahlreiche Kirchen und Kapellen. Die bedeutendste ist die sogenannte Hugenottenkirche in Usingen, ferner baute er die Kreuzkapelle bei Usingen-Kransberg, die Kirche in Neu-Anspach-Westerfeld sowie die Gertrudis-Kapelle in Schmitten-Oberreifenberg. Bei all seinen Sakralbauten zeigte er einerseits für die Zeit recht unkonventionelle Lösungen, griff aber andererseits auch auf konventionelle Bauformen zurück. So sind nachgotische Spitzbogenfenster ein Markenzeichen für das Wirken Burtschers. Sie treten an den Kirchen in Usingen und Westerfeld auf, wo sie mit Holz den Werkstein der Maßwerkfenster nachahmten. Auch in Seelenberg sind sie als zweibahnige Spitzbogenfenster vorhanden. Im Grundriss verleiht Burtscher dem Langbau durch kurze Querarme eine Kreuzform.

Eine Besonderheit der Seelenberger Kirche ist die Außenkanzel am nördlichen Querarm, wie sie für Wallfahrtskirchen üblich sind. Im Oktober 1711 erfolgte bereits die Weihe des 1710 begonnen Baus. Der Hochaltar mit dem gekreuzigten Christus stammt aus Schloßborn und ist im frühen 18. Jahrhundert entstanden. An den Ecken der Kreuzarme stehen dem heiligen Kasimir und der Mutter Gottes geweihte Nebenaltäre. Das ikonografisch interessante Gnadenbild im Chor gehört zur Ausstattung des 18. Jahrhunderts. Die Orgel von 1847 wurde in der Werkstatt des Christian Friedrich Voigt in Igstadt bei Wiesbaden gebaut. ●

Die altertümlichen gotischen Fenster sind ein Markenzeichen des Barockbaumeisters Benedikt Burtscher

Schwalbach am Taunus

Das ehemalige Alte Rathaus ist das Wahrzeichen der Stadt Schwalbach

Schwalbach am Taunus

Altes Rathaus

⊗ Schulstraße 2

☁ Gemeinde

❶ jederzeit frei zu besichtigen

❶ www.schwalbach.de

Am Dalles, dem zentralen Platz eines hessischen Dorfes, stand in Schwalbach neben der barocken Pfarrkirche auch das multifunktionale Alte Rathaus, das seine Aufgabe Ende des 19. Jahrhunderts verlor, als der 1835 von dem nassauischen Hofarchitekten Eduard Zais errichtete klassizistische Schulbau in der Schulstraße zum Dienstgebäude für die Gemeinde umgebaut wurde. Das ehemalige Alte Rathaus, ein zweigeschossiger Fachwerkbau in den für Südhessen typischen schlichten Gebälkformen mit hohen Diagonalstreben und Andreaskreuzen in den Brüstungen, erhält seinen besonderen Charme durch den offenen Treppenanbau an der Traufseite, der zum Obergeschoss über eine zweigeschossige, giebelständige Laube führt.

Die balusterförmigen Holzstützen der Laube, ähnlich denen an der Kirche von Sulzbach, datieren den Bau in die zweite Hälfte des 17. Jahrhunderts. Bis zur Sanierung war die Wand vor der Treppe geschlossen und wurde erst in jüngster Zeit wieder in ihren Originalzustand versetzt. Das Satteldach mit Aufschieblingen wird dekorativ über dem Treppenanbau abgeschleppt, der kleine Fachwerkgiebel der Laube mit seinem ebenfalls aufgeschobenen Satteldach ergänzt die Dachlandschaft sehr reizvoll. Seitlich etwas nach hinten eingerückt, wurde im 18. Jahrhundert ein schmales Fachwerkhaus auf massivem Erdgeschoss giebelseitig integriert. Vermutlich um 1900 zum Dalles hin erweitert, erhielt es einen hölzernen Schlauchturm, der wie ein gewaltiger Schornstein das weit abgeschleppte Dach durchstößt. Die gesamte Gebäudegruppe wurde in den Jahren 1981 bis 1982 grundlegend saniert und prägt seither mit ihrem Charme nachhaltig das alte Ortszentrum von Schwalbach. ●

S

Hochhauskomplex im Süden der Limesstadt

Schwalbach am Taunus

Limesstadt

❌ Westring, Ostring und angrenzende Straßen

🔼 Öffentliches und privates Eigentum

ℹ️ von außen frei zu besichtigen

Die Wohnstadt Limes ist das nahezu unverändert in das 21. Jahrhundert überkommene Beispiel einer „organischen Stadtlandschaft", die nicht über Jahrhunderte mit den unvermeidlichen Brüchen gewachsen ist, sondern vollständig auf dem Reißbrett ihres Schöpfers entstand. Die Konzeption des 1899 geborenen und 1974 verstorbenen Stadtplaners Hans Bernhard Reichow lehnt sich eng an seine Vorstellungen einer „organischen Stadtbaukunst" an, die Stadt und Natur vereinen sollte.

Die Limesstadt wurde in einzelne Zellen aufgeteilt, die wiederum in „Nachbarschaften" gegliedert waren. In der Siedlung wechseln Einfamilien- und Mehrfamilienhäuser von Zelle zu Zelle; im Süden verdichtet sich die Bebauung zu einem Hochhauskomplex. In der Mitte leitet der Marktplatz mit Funktionsgebäuden wie Rat- und Bürgerhaus, Einkaufszentrum, Kirchen, S-Bahnhof und so

fort zum alten Ortskern über. Schulen, Kindergärten und ein Sportzentrum ergänzen den Gebäudebestand.

Durchzogen wird die gesamte Siedlung von einem parkähnlichen Naturbereich mit einem durchgehenden Rad- und Fußweg. Mit diesem „grünen Mittelweg" erinnert sie aus der Luft betrachtet an ein Blatt.

Für die Erschließung sorgt ein organisch gegliedertes, kreuzungsfreies Straßensystem, das aus einer Ringstraße mit entsprechenden Verästelungen besteht und sich dem natürlichen Geländeverlauf anpasst. Der Verkehr auf der so genannten Limesspange wird in einem Einschnitt ebenso wie die in den 1970er Jahren neu gebaute Bahntrasse für die S-Bahnlinie 3 von der Siedlung getrennt geführt.

Mit seinen Vorstellungen gewann Reichow 1959 den von der Nassauischen Heimstätte und der Gemeinde Schwalbach ausgelobten Wettbewerb zur Planung der Limesstadt mit 3.000 Wohnungen und den erforderlichen Wohnfolgeeinrichtungen für rund 10.000 Einwohner. In den Jahren 1962 bis 1973 kamen die Pläne zur Ausführung. Durch den Bau der Limesstadt wuchs die Einwohnerschaft des schließlich 1970 zur Stadt erhobenen Schwalbach am Taunus um mehr als das Doppelte. ●

Schwalbach am Taunus
Viergötterstein

❌ Ostring 170, am Südostende des Waldfriedhofs am Rande der Wohnstadt Limes

☁ Stadt Schwalbach am Taunus

ℹ frei zugänglich

Vor dem Gelände des Waldfriedhofs in
Schwalbach am Taunus steht der Abguss
eines römischen Viergöttersteins, der
1839 etwa 400 Meter vom heutigen
Standort entfernt aufgedeckt wurde. Der
Fundort liegt in der Nähe des Verlaufs
einer römischen Straße und einer für das
Hinterland des Limes typischen „villa
rustica". Am Ende des 19. Jahrhunderts
wurden das Hauptgebäude, kleinere
Wirtschaftsgebäude und Reste der
Umfassungsmauer ergraben. Die vier
Seiten des Schwalbacher Steines zeigen
die Gottheiten Minerva mit Rüstung,
Helm, Schild und Lanze, Herkules mit
Keule und Löwenfell, Merkur mit Flügel-
hut, Heroldstab und Geldbeutel und
schließlich Juno mit Diadem und langem
Gewand.

Das heute im Depot des Wiesbadener
Museums befindliche Original war offensichtlich der Sockel einer sogenannten
Jupiter- oder Jupitergigantensäule, wie
sie im 2. und 3. Jahrhundert nach Christus
vor allem in der römischen Provinz Ober-
germanien aufgestellt wurden. Sie gelten
als Zeugnisse einer römisch-keltischen
Religionsverschmelzung, in der sich der
keltische Baumkult mit der römischen
Götterwelt verbindet. Diese Säulen
bestanden neben dem Sockel, wie er in
Schwalbach gefunden wurde, aus einem
darüber angeordneten Stein mit Darstellungen der Wochengötter, einer Säule mit
Schuppenornamentik, einem Kapitell mit
den Köpfen der personifizierten Jahres-
zeiten und einer Bekrönung durch eine
Blitze schleudernde Jupiterdarstellung,
die einen Giganten nieder reitet. Dieser
Gigant war in seiner Darstellung ein
Mischwesen mit menschlichem Ober-
körper und einem schlangenförmigen
Unterleib.

Die Nachbildung des Viergöttersteines
wurde 1981 durch den Verschönerungsverein Schwalbach gespendet. ●

Der Viergötterstein mit Minerva, Herkules, Merkur und Juno

177

Steinbach (Taunus)
Sankt Georgskirche

- ⊗ Kirchgasse 5
- ☁ Ev. Sankt Georgsgemeinde Steinbach (Ts.)
- ❶ Gelände frei zugänglich
- ❶ Gemeindebüro Tel. 06171 74876

Nähert man sich dem alten Ortskern von Steinbach über den Pijnacker-Platz, so fällt der Blick auf die leicht erhöht stehende Sankt Georgskirche. Sie wurde vermutlich um 1270 von den Kronberger Rittern erbaut. Diese Annahme beruht auf der ersten urkundlichen Erwähnung in einem Testament des Ritters Frank von Cronberg aus dem Jahr 1371, in dem 40 Gulden für das „Machen" der Kirche festgelegt wurden, die ursprünglich nur zehn mal acht Meter maß. Nach der Höhe der Summe zu urteilen, muss es sich um eine umfangreiche Reparatur gehandelt haben. Darüber hinaus stützt ein altes romanisches Fenster die Überlegungen zur Entstehungszeit um 1270. Der heutige Bau entstand zwischen 1701 und 1720 durch Anbau des Chores, die Erhöhung des gesamten Schiffs und den Einbau der Emporen. Zugleich erhielt die Kirche den im Stil älterer Bauformen gestalteten Dachreiter. Von 1747 bis 1748 wurden drei Fenster in der Südwand vergrößert, um den Raum mit Tageslicht zu erhellen. Die Kanzel wurde 1743 eingeweiht.

Als ein besonderes Juwel gilt die Stumm-Orgel, die — 1767 von Philipp und Franz Stumm in Rhaunen-Sulzbach ursprünglich für die Kirche in Sprendlingen erbaut — 1834 nach Steinbach überführt wurde.

Die Sankt Georgskirche stellt eine fast unverändert in ihrer barocken Form erhaltene typische Predigerkirche dar. Darin steht nicht wie in vorreformatorischer Zeit der Chor im Mittelpunkt des Gottesdienstes, sondern Predigt und Kanzel rücken ins Zentrum des Geschehens, das von allen Plätzen aus einsehbar gemacht werden soll. Im Idealfall bilden Altar, Kanzel, Taufstein und Orgel eine liturgische Zentralachse. Dies wird in der Sankt Georgskirche sichtbar. ●

*Die Südseite
der Sankt Georgskirche*

Sulzbach

Sulzbach
Evangelische Pfarrkirche

- ⊗ Fronhof Straße 6
- ◈ Ev. Gemeinde Sulzbach
- ① auf Anfrage, Tel. 06196 500710
- ❶ Ev. Pfarramt, Platz an der Linde 5
  Di, Mi und Fr 10–12 Uhr
  www.evangelisch-in-sulzbach.de

Die evangelische Kirche in Sulzbach gehört zu den ältesten Kirchen des Kreises. Der unverputzte Saalbau mit hohem Schildgiebel, Apsis und Chorturm mit spitzen Helm reicht in seinen Ursprüngen ins 11./12. Jahrhundert. Der kräftige Turm war vermutlich als Wehrturm in die Ortsbefestigung eingebunden. Die Apsis wurde eventuell im 15. Jahrhundert angefügt, neben einem Kreuzrippengewölbe sind im Erdgeschoss des Turmes Reste von spätgotischen Wandmalereien dieser Zeit erhalten. Im Dreißigjährigen Krieg, 1622, wurde Sulzbach niedergebrannt und die Kirche in Mitleidenschaft gezogen. Die massiven Außenmauern mit dem hohen Schildgiebel, der an die Klosterkirche Konradsdorf erinnert, dürften ebenso wie der Turm den Brand überstanden haben. Nach dem Krieg wurde die Kirche 1652 bis 1660 wieder hergestellt.

In den Jahren 1724/25 wurde die Kirche dann grundlegend barock umgestaltet und ausgebaut. Darauf bezieht sich die Datierung durch die Maueranker am Kirchengiebel, die anlässlich des Umbaus eingezogen wurden. Im Inneren besticht die barocke Ausstattung des 18. Jahrhunderts. Der tonnengewölbte Saal mit schlichter Stuckierung wird von der zweiseitigen, doppelstöckigen Empore mit bemalten Kassetten und filigran durchbrochenen Abschlussleisten geprägt. Über dem eleganten Altaraufbau von 1732 beherrscht die gewaltige Orgel, von der Orgelbauwerkstatt Wegmann aus Frankfurt 1779/81 gebaut, den

Eine der ältesten Kirchen im Kreis

Raum. Sowohl für die Orgel als auch für die Schnitzornamente des prachtvollen Prospektes wurden Teile aus Frankfurt hier wieder verwendet: Die aus dem Jahr 1626/27 stammende Orgel der Frankfurter Katharinenkirche war Grundlage der neuen Orgel, Georg Friedrich Schnorr verwandte bei seinem 1780/81 gebauten Prospekt neben älteren Werkstücken auch einen Frankfurter Adler, den Israel Gellinger 1682 geschnitzt hatte. Die reiche barocke Ausstattung wird von einer spätbarocken Kanzel mit Schalldeckel und einem Pfarrstand mit hohem, durchbrochenem Aufsatz ergänzt. Unter den meist schlichten protestantischen Kirchen der Region ein verstecktes Barockjuwel! ●

S

Sulzbach
Gefallenendenkmal

❌ Eschborner Straße 2a

◈ Kath. Gemeinde

❶ Frei zugänglich in der Grünanlage vor der kath. Pfarrkirche

Vor dem katholischen Gemeindezentrum steht in einer Grünanlage das beeindruckende Ehrenmal für die Gefallenen des Ersten und des Zweiten Weltkrieges. Die überlebensgroße Sitzfigur einer trauernden, erschöpften Frau mit ausgemergelten Gesichtszügen wurde von dem Gießener Bildhauer Carl Bourcarde aus zwei Blöcken Basaltlava geschaffen und 1961 am Volkstrauertag hier aufgestellt. In dem gestuften Sockel lassen sich zwei kleine Bronzetüren mit umlaufendem Schriftband „Der Toten gedenkend – Die Lebenden mahnend" und den Jahreszahlen „1914-1918" und „1939-1945" zu einer Nische öffnen. In der kleinen Öffnung liegt ein Gedenkbuch mit den Namen der Gefallenen und Vermissten Sulzbachs. Die Signatur des Künstlers mit Jahreszahl ist seitwärts im Sockel eingeschlagen.

Denkmal für die Gefallenen der beiden Weltkriege

Carl Bourcarde, der von 1899 bis 1994 in Gießen lebte und arbeitete, studierte in Mainz und München Bildhauerei, ehe er 1927 an die Gewerbeschule Gießen berufen wurde. Im Jahr 1943 gründete er mit 14 Künstlern den Oberhessischen Künstlerbund. Sein Interesse galt immer den Menschen, die er in zahlreichen Portraitbüsten, Reliefs und Großplastiken mit beeindruckender Intensität darstellte. In seinen Portraitbüsten und früheren Großplastiken wie dem „Gießer" oder der Hauptverwaltung der Buderuswerke in Wetzlar, dem Mahnmal auf dem Friedhof in Krofdorf-Gleiberg und dem Reliefbild am Eingang der Bergkaserne in Gießen, drei Werke aus den Jahren 1936 bis 1938, wurde er stark von dem Realismus seines Münchner Lehrers, Professor Hermann Hahn, geprägt. In seinem Spätwerk der 1950er und 60er Jahre zeigt er in dem sehr ruhigen, strengen Aufbau seiner Großplastiken mit ihren knappen Bewegungen und reduzierten Formen starke Anklänge an die berühmtesten deutschen Künstler des Expressionismus, an Ernst Barlach und Käthe Kollwitz. In seiner Blockhaftigkeit erinnert das Denkmal sehr an Barlachs Grabmal „Mutter Erde" von 1920, das auf dem Getruden-Friedhof in Güstrow steht.

Weitere beeindruckende Mahnmale für die Opfer des Zweiten Weltkrieges hat Carl Bourcarde in Hattersheim, Wetzlar und Aßlar geschaffen. ●

Sulzbach

Einige der etwa 80 Veteranengrabsteine

Veteranengrabsteine

- ❌ Haingrabenstraße
- ☁ Gemeinde
- ➊ frei zugänglich

In einer Ecke des alten Friedhofes überrascht ein einheitlich angelegter Veteranenfriedhof mit etwa 80 hohen, schlanken Granitstelen auf gestuften Sockeln. Ihre Vorderseite ist im Wechsel zwischen polierten und unpolierten Flächen annähernd gleich gestaltet. In einem schmal-hohen, polierten Rahmen ist ein ovales Feld ausgespart, das im oberen Drittel einen Lorbeerkranz mit eingeschriebenem Eisernem Kreuz aufweist. Darunter stehen Name und Lebensdaten des Verstorbenen und zumeist sein Dienstgrad und seine Einheit. Die ältesten Grabsteine datieren gegen Ende des Ersten Weltkrieges, die jüngsten in die zweite Hälfte des 20. Jahrhunderts. Gemeinsam ist allen Verstorbenen, dass sie noch im 19. Jahrhundert geboren wurden und schon zu Zeiten Kaiser Wilhelms II. dem Heer angehört hatten. Die Gräber aus den letzten Jahrzehnten dokumentieren das starke Zusammengehörigkeitsgefühl der Veteranen, die mit ihren größtenteils in den Kriegen gefallenen Kameraden gemeinsam bestattet werden wollten. Die Form und Ausgestaltung der Grabmäler wurde allenfalls beim Schriftbild modernisiert, ansonsten behielt man den historistischen Stil der ältesten Gräber bei. Die Anlage des Veteranenfriedhofs steht mit ihren Einzelgräbern und ungewöhnlich aufwändig gestalteten Grabstelen in auffälligem Gegensatz zu den üblichen Soldatenfriedhöfen mit schlichten kleinen Kreuzen oder Platten in Rasenflächen. Hier wurden die Soldaten nicht als häufig anonyme Gefallene vom Staat bestattet, sondern von ihren Familien. Sie wurden nicht alle Opfer der Kriege, hatten aber eine gemeinsame Vergangenheit als Soldaten. Dieser ungewöhnliche Veteranenfriedhof dürfte einmalig in Hessen sein.

Am Rande des Gräberfeldes erinnert ein Denkmal von 1876 an die Gefallenen des Deutsch-Französischen Krieges von 1870/71. Das streng klassizistisch aufgebaute Sandsteindenkmal in Form eines Obelisken auf einem Rechtecksockel ist wie die meisten Kriegerdenkmäler seiner Zeit mit Lorbeerkränzen und einem Bronzeadler als Siegesdenkmal gestaltet. Es wurde vom alten Kirchhof hierher transloziert. ●

U

Die spätgotische Hallenkirche war einst Stadt- und Hofkirche Nassau-Usingens

Usingen
Evangelische Laurentiuskirche

- ⊗ Kirchgasse 10
- ⬡ Ev. Kirchengemeinde Usingen
- ⬢ Besichtigung von Gruft und Turm im Rahmen von Führungen nach Voranmeldung im Gemeindebüro, Pfarrgasse 7, Tel. 06081 3022

Die Laurentiuskirche ist eine spätgotische Stadtkirche an der Stelle zweier Vorgängerbauten. Einer davon wurde 1207 im Rahmen eines Gütertausches zwischen dem Reich und den Grafen von Diez erwähnt. Als älteste Pfarrkirche im Usinger Land war sie aber schon vorher von großer Bedeutung. Später wurde sie Hofkirche der neu gegründeten nassauischen Teillinie Nassau-Usingen und Grablege des Fürstenhauses. In der Gruft ruhen heute noch unter anderem die Gebeine des ersten Herzogs des Herzogtums Nassau, Friedrich August von Nassau-Usingen.

Beeindruckend ist die exponierte Lage der Kirche auf einem Felssporn am Südrand der Altstadt sowie der mächtige Westturm. Sein Grundstein wurde 1490 gelegt, vorausgegangen war ein Vertrag des Rates der Stadt mit dem Maurermeister Hans Kolter. Dem Turmbau schloss sich der Bau des Langhauses mit eingezogenem polygonalen Chor und Sakristei an. Die Kirche gehörte im 16. Jahrhundert zur Diözese Mainz. Das Mainzer Rad ziert daher den Schlussstein des Sternrippengewölbes in der Sakristei. Der Turm, das Langhaus und der Chor besaßen Maßwerkfenster, die sich stilistisch Frankfurter Kirchen in der Folge des Dombaus zuordnen lassen. 1635 brannte die Kirche ab.

Um die Mitte desselben Jahrhunderts betrieb die Landesherrin Anna Amalia von Nassau-Saarbrücken den Wiederaufbau, den sie in die Hände des Hanauer Baumeisters August Rumpf legte. Rumpf nutze dazu Bauteile der aufgegebenen Kirche am Landstein im Weiltal. Das Werkssteinportal zwischen Turm und Langhaus mit gekreuztem Stabwerk stammt ebenso von dort wie die achteckigen Pfeiler, welche die Rundbögen tragen und Haupt- und Seitenschiffe trennen. Die auffälligste Veränderung bekam der Kirchturm mit der oktogonal geschweiften Haube anstelle des alten spitzen Turmhelms. Die Fenster der Südseite und die Ausmalung der Kirche sind eine Erneuerung aus der Zeit um 1900. Von der barocken Ausstattung sind unter anderem die Kanzel von 1653 sowie der Orgelprospekt von 1718 erhalten. ●

*Das Rathaus wurde
1687 neu erbaut,
die anschließenden
Bürgerhäuser sind
noch älter*

Usingen

Historisches Rathaus-Ensemble

❌ Schlossplatz

🔼 Stadt Usingen

❓ Besichtigung zu den Öffnungszeiten der
Verwaltung

ℹ️ Tel. 06081 10240
www.usingen.de

Das bestehende Rathaus ist ein barocker
Neubau von 1687, der Ende der 1990er
Jahre umfassend saniert wurde. Dabei
wurde das alte Raumgefüge weitgehend
rekonstruiert und der Altbau mit dem
alten Pfarrhaus, einem Bürgerhaus sowie
einem Neubau zu einem Verwaltungs-
komplex vereinigt. Der barocke Neubau
ersetzte einen Vorgängerbau, von dem
nur der Gewölbekeller erhalten ist. Er
gehörte zu dem 1433 als Spielhaus
erwähnten Rathaus. Unmittelbar vor seiner zum Schloss gelegenen Seite lag der
mittelalterliche Stadtbrunnen, welcher
vom barocken Rathaus überbaut wurde.
Er ist im Inneren noch erhalten, verfüllt
und durch eine Bronzeplatte im Fußboden sichtbar gelassen.

Das Erdgeschoss nimmt eine Halle
mit einem mächtigen Tragwerk aus vier
Stützen und Unterzügen ein, welche die
Last der Obergeschosse aufnehmen. Für
den heute als Bürgerbüro genutzten
Raum ist die historische Nutzung als
„Mehlhalle" überliefert. Das Rathaus war
gleichzeitig Unterstellort der Feuerspritze
und des Totenwagens. Zur erhaltenen
Originalausstattung gehört noch eine alte
Treppenspindel, die nur als Nebentreppen-
haus genutzt wird. Der dreigeschossige
Fachwerkbau zeigt außen an der dem
Schloss und der Kirche zugewandten Seite
einfache Zierformen. Sein Walmdach ziert
ein Dachreiter der ehemals eine Glocke
aufnahm und heute mit einem Nachbau
der alten Wetterfahne abschließt.

Zur Attraktivität des Rathausensem-
bles gehören die beiden in der Wilhelmjstraße anschließenden Wohnhäuser. Sie
gehörten um 1600 dem nassauischen
Verwalter des nahegelegenen Zisterzien-
serinnenklosters Thron, Wendel Karter,
der als Eckfigur am oberen Haus dargestellt ist. Eine Holztafel mit lateinischer
Inschrift an der Traufseite ist einer für
das 16. Jahrhundert belegten Armen-
küche an gleicher Stelle zuzuordnen. Das
untere anschließende Haus, heute
Rathauscafé, ist mit 1577 das älteste
inschriftlich datierte Wohnhaus der Stadt.
Das Fachwerk musste bei der jüngsten
Sanierung vollständig ersetzt werden.
Ein Eckpfosten mit Schnitzwerk befindet
sich im heutigen Ratssaal, der im Dachgeschoss untergebracht ist. ●

U

Usingen
Hugenottenkirche

⊗ Marktplatz 23

⬆ Stadt Usingen

🕐 Bücherei Mo 15–18 Uhr, Di 10–13 Uhr
und 17–19 Uhr, Mi 10–13 Uhr,
Fr 10–18 Uhr

ℹ www.usingen.de

Die so genannte Hugenottenkirche ist Teil der Neustadt, die unter Fürst Walrad von Nassau-Usingen um 1700 für Glaubensflüchtlinge angelegt wurde. Sie wurde für eine reformierte Gemeinde gebaut, zu der auch Mitglieder der Fürstenfamilie gehörten und zuletzt waren unter den Neustadtbügern auch viele

Die Hugenottenkiche ist eine architekturgeschichtliche Besonderheit und Hauptgebäude der barocken Usinger Neustadt

einheimische Handwerker zu finden. Die Platzanlage als Kern der Neustadt wurde von Johann Emmerich Küntzel geplant, der bereits den Wiederaufbau der Oberstadt nach dem Brand von 1692 geleitet hatte. Der Grundstein zur Kirche wurde im August 1700 gelegt und noch in den ersten Jahrzehnten des 18. Jahrhunderts wurde die West- und Ostseite des Platzes mit einem einheitlichen Haustyp geschlossen.

Die reformierte Kirche ist der Bauform nach eine Ausnahmeerscheinung im Usinger Land. Es handelt sich um eine Querkirche und sie weist besondere Ähnlichkeit mit dem ehemaligen Hugenottentempel in La Rochelle an der französischen Atlantikküste auf. Möglicherweise stammt die Idee zur Bauform vom Fürsten selbst, denn dieser studierte an der Hugenotten-Universität Saumur. Ausgeführt wurde die Kirche als reiner Backsteinbau vom einheimischen Maurermeister Benedikt Burtscher, der als Hofbaumeister mehrere Kirchen im Usinger Land baute. Neben Schriftstücken ist ein Fassadenaufriss sowie eine Grundrisszeichnung der Hugenottenkirche von seiner Hand erhalten. Die Kirche besaß ehemals nachgotische Spitzbogenfenster und spitzbogige Seitenportale und war eine eingeschossige, nicht unterkellerte Saalkirche.

Nach der Kirchenunion wurde die Nutzung als Kirche aufgegeben und eine Schule eingerichtet. Dabei wurde eine Zwischendecke eingezogen, ein Keller eingebaut und die ehemaligen Spitzbogenfenster durch die heutigen Geschossfenster ersetzt. Ehemals wurden in der Kirche hochstehende Persönlichkeiten bestattet. Hinter der Kirche lag der Friedhof der reformierten Gemeinde. Trotz der Veränderungen des 19. Jahrhunderts ist die Hugenottenkirche eine architekturgeschichtliche Rarität im Hochtaunuskreis und Vorbild für den protestantischen nassauischen Kirchenbau. ●

Der Wohnbau des Junkernhofes von 1693

U

Usingen

Junkernhof

- ❌ Wilhelmjstraße 15
- 🏠 Hausgemeinschaft Junkernhof
- ☎ nach telefonischer Rücksprache
  Tel. 06081 66761

Am Rande der einstigen Neustadt prägt ein auf der Stadtmauer aufsitzender, repräsentativer, zweigeschossiger Fachwerkbau das Stadtbild von Usingen, der sogenannte Junkernhof. Die Geschichte dieses stattlichen Adelshofes lässt sich bis in die Mitte des 14. Jahrhunderts zurück verfolgen. Das Gelände des Junkernhofes war mit mehreren Häusern bebaut, von denen Reinhard von Schletten die Badstube 1563 aus herrschaftlichem Besitz kaufte. 1568 wurde Schletten Amtmann von Usingen. 1570 konnte er die beiden benachbarten Häuser erwerben und so die drei Häuser zusammenlegen. 1586 erwarb er ein angrenzendes Grundstück für die Anlage eines Gartens, 1588 arrondierte er seinen Besitz durch den Kauf eines weiteren Hauses. Nach dem Tode Schlettens erbte Philipp von Wachenheim den freiadligen Hof. Im 17. Jahrhundert wurde die Stadt Usingen von drei Stadtbränden heimgesucht, 1624, 1635 und 1692. Der dritte Stadtbrand brach auf dem Gelände des Hofes aus und zerstörte große Teile der Stadt.

Im Rahmen der barocken Stadtplanung des Stadtbaumeisters Johann E. Künzel wurde das Wohnhaus 1693 in seiner heutigen Form über den alten Kellern errichtet. 1706 verkauften die Erben den Hof und in der Folgezeit wurde er verpachtet. Unter anderem wurde eine Strumpffabrik im Hof eingerichtet, die der hugenottische Tuchfabrikant Isaac Grandpierre aus Friedrichsdorf 1775 übernahm, als er Eva Marie Hospital, geborene Jäckel, die Witwe des Gründers, heiratete. Er übergab später die Firma seinem Sohn Jean-Henri, der den Junkernhof 1809 ersteigerte und dort eine Färberei einrichtete. Ab 1839 wurden die Hofgebäude unterschiedlich genutzt, 1929 wurden die Wirtschaftsgebäude abgebrochen und das Wohnhaus umgebaut.

Seit 2002 renovieren die Erben den Junkernhof in liebevoller Detailarbeit denkmalgerecht. Bei bauhistorischen und archäologischen Untersuchungen während der Ausschachtungsarbeiten konnten sie unter anderem eine große Zahl wertvoller Ofenkachelfragmente und Keramikscherben aus der Erbauungszeit bergen, die eine Vorstellung von der einstigen Ausstattung des Hauses ermöglichen. ●

Usingen – Kransberg

Kirche Sankt Johannes der Täufer

- ❌ Schloßstraße/Haingasse
- 🔼 Kath. Kirche
- 🔑 Schlüssel erhältlich im Gemeindebüro, Schloßstraße 1 (unterhalb der Kirche), Tel. 06081 2976

Das Dorf Kransberg entwickelte sich unter Falkensteiner Herrschaft um die im 13. Jahrhundert gegründete Burg. Das ältere Pfarrzentrum war die Kirche auf dem Holzberg, wo heute noch eine alte Marienkapelle in malerischer Umgebung am Rande des Usatals steht. Nach der Reformation wurde das kurtrierische Dorf wieder katholisch. Bis zur Eingliederung in das Herzogtum Nassau gehörte die Herrschaft Kransberg den Waldbotten von Bassenheim. Das Bauwesen wurde vor allem im 19. Jahrhundert im Sinne des gotischen Historismus geprägt. Neben Schlosskapelle und dem Schloss selbst ist die Kirche St. Johannes das herausragende Beispiel aus dieser Zeit. Eine Stiftung zugunsten der Kransberger Kirche im Testament des Frankfurter Maurermeisters Johannes Discher gab Anlass zu einem Neubau der Johanneskirche als Ersatz der zu klein gewordenen Kirche unmittelbar am Fuße der Burg.

Diese wurde 1895 durch die bestehende Schlosskapelle ersetzt.

Der Grundstein der Johanneskirche wurde 1872 gelegt, 1875 erfolgte die Weihe. Sie wurde vom Limburger Kirchenbaumeister Contzen im neogotischen Stil gestaltet. Auf eine Ostung des Chores musste man wegen des beschränkten Bauplatzes auf dem felsigen Hang verzichten. Der Baukörper aus unverputztem Bruchstein steht über dem Grundriss eines Langhauses mit eingezogenem polygonalen Chor und einem Turm. Das Äußere wird bestimmt vom Wechsel von Strebepfeilern und Maßwerkfenstern sowie dem unten viereckigen Turm mit halbrund angesetztem Treppenturm und seinem oktogonalen Obergeschoss mit spitzem Helm. Der einschiffige Innenraum ist mit gotischen Gliederungselementen und gotisierender Malerei prachtvoll ausgestaltet. Sowohl der Josefs- als auch der Marien-Altar stammen aus dem späten 19. Jahrhundert, der neu angeschaffte Hoch-Altar wurde 1933 unter Einschluss von Reliquien zweier Märtyrer, des heiligen Victorianus und der Fausta. neu geweiht. Das kunsthistorisch bedeutendste Ausstattungsstück ist die Kanzel aus dem Limburger Dom, die dort 1875 ausrangiert wurde. Der üppig verzierte Kanzelkorb und der Schalldeckel wurden 1609 von Wendel Dietterlein aus Eichenholz gefertigt. ●

Die neogotische Pfarrkirche Sankt Johannes der Täufer thront über dem Dorf der alten Kransberger Herrschaft

Usingen – Kransberg
Schloss Kransberg

Die Reste der mittelalterlichen Burganlage verbergen unterirdische Anlagen aus dem Zweiten Weltkrieg

❌ Schloss Kransberg

⊘ privat

ℹ Tel. 06081 682-0
www.schloss-kransberg.de

Auf einem ins Wiesbachtal steil abfallenden Felskamm wurde um 1200 anstelle der nördlich im Holzbachtal gelegenen Holzburg die Burg Kransberg durch Eberwin Cranich von Kransberg als Reichslehen im Auftrag der Staufer angelegt. Schon 1310 kam die Burg in Besitz der Herren von Falkenstein, auf dem Erbweg 1418 an die Herren von Eppstein und nach verschiedenen Erbteilungen 1535 an die Grafen von Stolberg-Königstein. Von diesen gelangte sie 1581 in Besitz des Kurfürsten von Mainz. Nach weiteren Besitzerwechseln fiel sie an Preußen und wurde 1874 an die Familie von Biegeleben versteigert, die sie in neugotischem Stil erweitern und umgestalten ließ. Damit avancierte die Burg zum Schloss Kransberg.

Im Dritten Reich schien Kransberg als Stützpunkt für militärische Operationen an der Westfront geeignet, entsprechend dem Führerhauptquartier „Wolfsschanze" in Ostpreußen. Die damalige Besitzerin Emma von Scheidlein wurde enteignet. Albert Speer und Fritz Todt bauten den Fels unter Schloss Kransberg mit einem aufwändigen System von Bunkern und Stollen als Teil des Führerhauptquartiers „Adlerhorst" aus. Selbst die unterhalb der Schlossanlage romantisch auf einer Felsterrasse stehende Kapelle, die nach Niederlegung der alten Pfarrkirche 1893-1895 als Gruft der Familie von Biegeleben in neugotischen Formen errichtet worden war, wurde als Ausgang der unterirdischen Bunker in das System mit einbezogen. Während der Ardennenoffensive bewohnten vorwiegend Hermann Göring und Heinrich Himmler das Schloss. Adolf Hitler verbrachte in der Umgebung von Kransberg den Winter 1944/45, ehe er sich am 15. Januar 1945 in seinen Bunker nach Berlin zurückzog. Nach 1945 nutzten die amerikanischen Streitkräfte die Anlage als Vernehmungszentrum „Dustbin", in dem zahlreiche Wissenschaftler und ehemalige Nationalsozialisten verhört wurden. ●

U

Usingen – Merzhausen
Gerichtshaus

- ❌ Langgasse 9
- ⬧ Ev. Kirchengemeinde
- ❶ Besichtigung nach Absprache
- ❶ Gemeindebüro, Langgasse 3
  Tel. 06081 66467
  freitags 9.30–11.30 Uhr

Merzhausen hatte ehemals Bedeutung als Kirchspielort sowie als Vorort eines Gerichtssprengels. Dieses Niederstockheimer Gericht wurde, wie das angrenzende Obergericht, von den Herren von Stockheim aus Reichsbesitz seit dem 13. Jahrhundert gebildet und von Kurpfalz zu Lehen getragen. Stammsitz der Stockheimer war eine Wasserburg bei Usingen. Neben den Stockheimer Herren selbst hatten die Grafen von Nassau-Weilburg sowie die Herren von Reifenberg Rechte am Niedergericht, welche sie sich immer wieder gegenseitig streitig machten. Dies war auch in den 30er Jahren des 16. Jahrhunderts der Fall, als das Gerichtshaus gebaut wurde. Die maßgeblichen Persönlichkeiten waren Marquard von Stockheim und Carl von Stockheim, beide in Diensten des Grafen Philipp III., der für seine rege Bautätigkeit bekannt ist. Die Bauhölzer des alten Merzhausener Rathauses

werden in die Zeit zwischen 1530 und 1536 datiert. Sie wurden zu einem typischen Renaissancefachwerk verzimmert, das sich durch seine Geschossbauweise sowie durch die markante Form der gekreuzten Streben auszeichnet. Das Erdgeschoss nimmt eine Halle mit zwei mächtigen Holzstützen in der Mittelachse auf, welche die Last der Deckenbalken trugen.

Das Haus diente amtlichen Zwecken, so wurden beispielsweise Eigentums- und Erbangelegenheiten geregelt und von den Schöffen unter der Leitung eines Schultheißen auch Streitigkeiten auf der Ebene eines Niedergerichtes verhandelt. Im oberen Stockwerk war ein kleiner Saal mit einer Mittelstütze. Das Dachgeschoss war Speicher für die Einkünfte aus der grundherrlichen Gerichtsbarkeit. Der Haupteingang lag ehemals an der Giebelseite, an die sich heute ein Anbau anschließt. Trotz der genannten Formen ist das Fachwerk sehr schlicht ohne weitere besondere Zierformen und weist in der näheren Region Ähnlichkeit mit dem Eichelbacher Hof sowie dem Pfarrhaus in Rod an der Weil auf. Die barocke vom nassauischen Baumeister Johann Philipp Bager 1767 gebaute Kirche bildet mit dem Gerichtshaus noch heute ein eindrucksvolles Ensemble kirchlicher und weltlicher Macht. ●

Das Fachwerkhaus aus dem 16. Jahrhundert war Sitz des Stockheimer Niedergerichts

Der Taunus

Johann Isaak von Gerning

„Der Taunus und der Rheticus sind die höchsten Berge (von Germanien) – abgesehen von denjenigen, deren Namen ein römischer Mund kaum aussprechen kann." Diese bemerkenswerte Einordnung, vorgenommen von Pomponius Mela in seiner Weltbeschreibung aus der Zeit 43/44 nach Christus, ist die erste Nennung des geografischen Namens „Taunus" in der Literatur. Auch bei Tacitus ist von einem „mons Taunus" die Rede, und die römische Gebietskörperschaft rund um die Stadt Nida, heute Frankfurt-Heddernheim, trug den Namen „civitas Taunensium". Mit dem Ende der römischen Herrschaft in Germanien scheint jedoch auch der Name „Taunus" untergegangen zu sein. Bis ins 18. Jahrhundert ist als Name für den Gebirgszug nördlich der Mainebene lediglich die Bezeichnung „die Höhe" gängig, die sich bis heute in einigen Ortsnamen wie „Bad Homburg vor der Höhe" erhalten hat. Die gelehrte Frage, was die Römer mit dem Begriff „Taunus" gemeint haben könnten, sorgte dann in der Zeit um 1800 für die Umbenennung der „Höhe" und Entdeckung dieser Landschaft als geografische und kulturelle Einheit. Maßgeblich hierfür war der Gelehrte, Sammler und Schriftsteller Johann Isaak von Gerning (1767–1837).

Er sorgte mit seinem Lehrgedicht „Die Heilquellen am Taunus" maßgeblich für die Wiederbelebung des antiken Begriffs und definierte seinen Inhalt: Seither steht „Taunus" für die Mittelgebirgslandschaft zwischen Main und Lahn, Rhein und der Wetterau.

Das Interesse von Gernings und seiner Zeitgenossen galt besonders den reichen Zeugnissen der Vor- und Frühgeschichte, an erster Stelle dem römischen Limes und den zugehörigen Kastell- und Turmbauten. Auch heute noch sind diese archäologischen Stätten, die inzwischen zum Weltkulturerbe zählen, herausragende historische Sehenswürdigkeiten. Der Obergermanische Limes zieht sich nördlich des Taunuskamms von West nach Ost quer durch das Mittelgebirge; Wall und Graben als Markierung einer Grenze hatten dabei ein Nachleben weit über das Ende des Römischen Reiches hinaus und markieren über weite Strecken bis heute noch Gemeindegrenzen. Älter als die römischen Überreste sind die keltischen Anlagen: Ringwälle auf dem Altkönig sowie ein großes Oppidum im Heidetränktal, eine keltische Großstadt.

Die Geschichtslandschaft Taunus präsentiert sich heute überwiegend als eine Adelslandschaft mit eindrucksvollen Burg- und Schlossbauten. Im Hoch- und Spätmittelalter waren es vor allem die Herren von Eppstein sowie die Grafen von Diez, die hier eindrucksvolle Burgen hinterlassen haben. Seit dem Spätmittelalter setzten sich die Grafen und späteren Fürsten von Nassau als wichtigste Territorialherren durch. Als weitere bedeutende Territorialherren traten in der Neuzeit der Kurerzbischof von Mainz im südwestlichen Taunus sowie die Landgrafen von Hessen-Homburg mit einem kleinen Territorium am Südostrand des

Reiffenberg mit Burg (aus der Topographia Hassiae von Matthäus Merian dem Älteren, 1655)

Taunus hinzu. Die drei Territorialherren Nassau, Mainz und Hessen-Homburg haben die Geschichte der Region bis zur Napoleonischen Revolution entscheidend geprägt. Aus dieser Aufteilung resultiert die konfessionelle Vielfalt des Taunus: Hier ist auf engstem Raum ein Nebeneinander von katholischer, lutherischer und reformierter Konfessionskultur zu erleben. Alle drei Territorialherren bemühten sich um 1700 mit Nachdruck um die bessere Erschließung des Mittelgebirges durch Anlage neuer Siedlungen. Nassau-Usingen und Hessen-Homburg bedienten sich der französischen Glaubensflüchtlinge, die in Hugenottensiedlungen Friedrichsdorf, Homburg-Neustadt, Usingen-Neustadt und Hasselborn beziehungsweise in dem Waldenserdorf Dornholzhausen angesiedelt wurden. Der Kurfürst von Mainz besiedelte die Wüstung Seelenberg im Taunus neu und legte das Dorf Glashütten an.

Seit der Vor- und Frühgeschichte bis heute gilt: Die naturräumlichen Gegebenheiten der teilweise rauen Mittelgebirgslandschaft haben die Lebensumstände und die kulturelle Entwicklung der Region entscheidend geprägt. Dies gilt etwa mit Blick auf die Verkehrswege. Die wichtigen Taunuspässe, über die auch heute noch der Verkehr läuft, sind seit römischer und vermutlich auch vorrömischer Zeit bekannt und genutzt. Die Straßenverbindung über den Taunuspass „Rotes Kreuz" etwa wurde in römischer Zeit durch das Feldbergkastell gesichert. Im Mittelalter entstanden entlang dieser als Verbindung zwischen den Handelsstädten Köln und Frankfurt wichtigen Straße zahlreiche Burgen und die notwendige Infrastruktur, wie Poststationen, Gasthäuser und ähnliches. Heute vollzieht die Bundesstraße 8 den Verlauf dieser historischen Verkehrsader nach.

Dies gilt auch mit Blick auf die Wirtschaftsgeschichte: Der Wald als Rohstofflieferant, die Nutzung von Wasserkraft für Mühlenwerke, dazu Eisenverhüttung und -verarbeitung sowie Glasherstellung als Spezialgewerbe, die sich in sprechenden Ortsnamen wie „Schmitten" oder „Glashütten" niedergeschlagen haben. Auf der Grundlage der Lehmböden am Taunusrand entwickelte sich außerdem ein reiches Ziegler- und Häfnerhandwerk – diese Wirtschaftszweige haben die Kulturlandschaft des Taunus über die Jahrhunderte entscheidend geprägt.

Auf den natürlichen Gegebenheiten fußt auch der Reichtum des Taunus an Mineral- und Heilquellen, die der Region im 19. und 20. Jahrhundert eine Blütezeit bescherten. In Niederselters wurde das berühmte Selterswasser, vielfach als Synonym für Mineralwasser überhaupt verwendet, abgefüllt und verkauft, und am Taunusrand entwickelten sich die Bäder Ems, Homburg und Wiesbaden zu bedeutenden und weltläufigen Kurorten. Mit dem Kurbetrieb wurde der Taunus schon früh zu einer Tourismusregion, die entsprechend erschlossen wurde – etwa durch den Bau zahlreicher Aussichtstürme, durch die Rekonstruktion des Saalburgkastells, durch die Anlage des ältesten kontinentaleuropäischen Tennisplatzes sowie des ältesten deutschen Golfplatzes in Homburg oder auch durch die Gründung des Taunusklubs als einer der ältesten deutschen Wandervereine. Seit der zweiten Hälfte des 19. Jahrhunderts entstanden am Taunus-Südrand eine Reihe bemerkenswerter Villenbauten vor allem des Frankfurter Großbürgertums. Bis heute ist der Taunus ein beliebtes Naherholungsgebiet und eine bevorzugte Wohngegend für den Ballungsraum Frankfurt-Rhein-Main. ●

Blick vom Plateau des Großen Feldberg

Weilrod

W

Weilrod – Altweilnau

Burgruine Altweilnau

Seit 800 Jahren thront der Bergfried der Diezer Burg über dem Weiltal

❌ Burgberg

🏛 Land Hessen, Verwaltung der Staatlichen Schlösser und Gärten in Hessen

🕐 1. April–31. Oktober, im Winter bei gutem Wetter; Bergfried als Aussichtssturm begehbar

Die Burg Altweilnau erhebt sich auf einem Kegel am Rande des Weiltals, ihr gegenüber steht in Sichtweite Schloss Neuweilnau. Erhalten sind neben dem runden Bergfried Teile der Ringmauer mit einem Schalenturm. Zur Burg gehörte eine befestigte Siedlung, in der noch heute einige alte Fachwerkhäuser zu finden sind. Der Zugang führt durch einen gut erhaltenen Torturm aus dem 14. Jahrhundert.

1207 erhielten die Grafen von Diez, die Brüder Gerhard II. und Heinrich III., als Ersatz für die an das Erzstift Mainz abgetretene Vogtei Kastel von König Philipp von Schwaben Reichsbesitz im Hintertaunus, der zum Grundstock für die Herrschaft Weilnau wurde. Nur ein Jahr später, 1208, wurde die Burg Altweilnau im Weiltal urkundlich das erste Mal erwähnt. Graf Gerhard II. von Diez nannte sich bereits 1207 auch Graf von Weilnau. Die Weilnauer Herrschaft

erlangte unter Heinrich III. zunehmende Eigenständigkeit, während Gerhard II. den Diezer Stamm fortführte. Unter den nachfolgenden Generationen kam es 1303 zu einer Teilung der Herrschaft Weilnau, wobei eine von Diez völlig losgelösten Herrschaft Neu-Weilnau mit einer eigenen Burg entstand.

Die zur Burg gehörende Siedlung erhielt im Jahre 1336 für nur neun Tage die Stadtrechte bevor sie nach Einspruch des Nassauer Grafen wieder zurückgenommen wurden. Nach dem Erlöschen der Diezer Linie kam Altweilnau teils an Nassau-Dillenburg, teils an wechselnde Herren. 1631 wurde es in der Hand der Weilburger Teillinie Nassau-Saarbrücken vereinigt und fiel später an Nassau-Usingen. Für die Nassauer hatte die Burg aber schon keine besondere Bedeutung mehr, sie war zu Anfang des 17. Jahrhunderts bereits nicht mehr bewohnt und wurde dem Verfall preisgegeben.

Mit der Herrschaft Weilnau war auch die Entwicklung der Stadt Usingen verknüpft, die Residenzstadt der selbstständigen Linie Nassau-Usingen wurde und Weilnau als landesherrliches Zentrum ablöste. ●

Weilrod − Altweilnau
Ortsbild

❌ über die B 275 erreichbar

🔵 Gemeinde Weilrod

ℹ www.weilrod.de/tourismus/geschichte.html

Im engen Weiltal liegt am Hang inmitten ausgedehnter Wälder der mittelalterliche Ort Altweilnau. Das Ortsbild wird dominiert von zwei hoch aufragenden Türmen, dem runden Bergfried der Grafen von Diez und dem unterhalb stehenden hohen Stadttor mit steilem Walmdach, ein Rest der einstigen Stadtbefestigung. Die Burg der Grafen von Diez wird 1208 urkundlich erstmals erwähnt. Einer der beiden Grafen, Gerhard von Diez, nannte sich seit dieser Zeit „von Weilnau". Aufgrund finanzieller Mißwirtschaft der Weilnauer Linie wurde 1302 die Herrschaft Diez-Weilnau durch Gerhard IV. von Diez offiziell in Alt- und Neuweilnau aufgeteilt. Im Jahre 1336 erhielt das Dorf Altweilnau von Kaiser Ludwig IV. die Stadtrechte, um sie bereits neun Tage später wieder auf Einspruch der Grafen von Nassau-Weilburg zu verlieren. Dennoch erhielt der Ort eine Befestigung mit sieben Stadttoren, von der nur der beeindruckende gotische Torturm von 1340 erhalten blieb. Ende des 14. Jahrhunderts kam ein Teil der Herrschaft an die Herren von Cronberg, der andere Teil durch Erbschaft an die Grafen von Nassau-Dillenburg, 1631 fiel die gesamte Herrschaft an Nassau-Weilburg-Saarbrücken.

Die Burg Altweilnau war um diese Zeit bereits verfallen und wurde als Steinbruch für die Häuser des Dorfes genutzt. In dem malerischen, engen Ortskern sind zahlreiche Fachwerkhäuser des 16. bis 19. Jahrhunderts erhalten. Das teilweise reich mit Nasen besetzte Zierfachwerk weist auf die Nähe zum Rheinland hin. Am Rathaus vorbei, einem Fachwerkbau von etwa 1800 mit Krüppelwalmdach

Blick durch das Stadttor in den alten Ortskern

und Dachreiter, durch die spitzbogige Öffnung des Torturmes Orts auswärts, führt der Weg zur Ruine der Burg, einer Spornburg auf dreieckigem Grundriss. Innerhalb einer teilweise erhaltenen Ringmauer liegt auf einem Plateau der runde Bergfried mit einem Durchmesser von acht Metern bei einer Mauerstärke von 2,50 Metern und einer Höhe von rund 15 Metern. Eine Innentreppe führt zur Aussichtsplattform mit einem weiten Blick über das Weiltal und direkt zum Schloss des unbotmäßigen Verwandten. ●

W

Weilrod – Altweilnau

Ruine Landstein

Die Ruine der Kirche als Rest eines wüst gefallenen Dorfes

- ❌ Landsteiner Mühle 1
   50 Meter hinter der Mühle
- ⬣ Gemeinde Weilrod
- ❶ jederzeit frei zu besichtigen

Im idyllischen Weiltal liegt an der Ein-
mündung des Niedgesbaches unmittelbar
neben der B 275 die Landsteiner Mühle,
ein Mühlenanwesen aus Fachwerk-
gebäuden, überwiegend wohl im 19. Jahrhundert errichtet. Hinter diesem bei
Wanderern und Ausflüglern beliebten
Lokal mit großem Biergarten liegt etwas
zurückversetzt eine auffällige Ruine mit
hohem Rechteckturm, die im ersten
Moment in dem an Burgruinen sehr
reichen Taunus, an den Rest einer mittelalterlichen Burg denken lässt. Die hohe
spitzbogige Fensteröffnung über einem
ausgebrochenen Portal führt allerdings
auf die richtige Spur: Es handelt sich um
die Ruine einer gotischen Kirche aus
dem 15. Jahrhundert. Sie gehörte zu
einem 1350 erstmals erwähnten Dorf, das
längst wüst gefallen und verschwunden

ist. Eine Kirche und eine dazugehörige
Kapelle in Seelenberg wurden 1272
durch Gottfried von Eppstein dem Prä-
monstratenserkloster Retters geschenkt.
Die Kirche war – wie alle Prämonstraten-
serkirchen – der Mutter Gottes geweiht.

Im 15. Jahrhundert wurde eine neue
dreischiffige Hallenkirche mit integriertem
Fassadenturm in gotischen Formen
errichtet. Die Liebfrauenkirche entwickelte
sich zu einem beliebten Wallfahrtsort im
Taunus. Im Jahre 1535, nach Übernahme
des Anteils der Grafen von Königstein an
Altweilnau durch das Kurfürstentum Trier,
wurde die Pfarrei Altweilnau aufgehoben.
Das Dorf Landstein war bereits 1556 teilweise verlassen, da nach der Reformation
die Wallfahrt keine wirtschaftliche Bedeutung mehr hatte. Die Kirche wurde nach
den Zerstörungen im Dreißigjährigen
Krieg weiter abgebrochen, die achteckigen Langhauspfeiler und Portalgewände
nach 1651 für den Kirchenbau in
Usingen weiter genutzt, der Turmhelm
und Glockenstuhl nach Kirberg verkauft.
Heute sind noch der Westturm mit den
beiden Seitenräumen und einige Reste

W

der Umfassungsmauern in Landstein erhalten und erzählen die Geschichte eines untergegangenen Dorfes. ●

Weilrod – Emmershausen
Kapelle

- ⊗ Bangertstraße
- ◆ Ev. Kirchengemeinde
- ① Schlüssel bei Familie Glaser, Bangertstr. 4
- ❶ Gemeindebüro Rod an der Weil
  Tel. 06083 356

Die kleine Kapelle erhebt sich auf einer Kuppe in der Ortsmitte nahe der Weil. An dieser exponierten Stelle vermuten Ortshistoriker die Lage der ehemaligen Burg, die im 13. Jahrhundert von den Grafen von Diez errichtet worden sein soll. Aus dieser Zeit, so wird angenommen, sei nur die Kapelle erhalten. Emmershausen war Gerichtsort und hatte seit dem späten Mittelalter und vor allem in nassauischer Zeit Bedeutung innerhalb der Eisenverhüttung im Weiltal. Eine damit zusammenhängende Sehenswürdigkeit ist die gusseiserne Grabplatte für Heinrich Sorg von 1621 im Chorraum. Sorg war Meister der Emmershausener Hütte, in der unter anderem kunsthistorisch hochgeschätzte Ofenplatten hergestellt wurden. Die Kapelle erhebt sich über einem kleinen

rechteckigen Grundriss mit eingezogenem Rechteckchor. Das hohe Alter der kleinen Kapelle wird an den kleinen Fenstern mit trichterförmiger Leibung ohne Einfassung festgemacht. Auf Bauveränderungen deutet die Jahreszahl „1608" an der Kanzel hin. Dabei wurden die Empore vor der West- und Nordseite eingebaut sowie die Holzstütze in der Raummitte, die über einem Sattelholz einen Längsunterzug unter den Deckenbalken trägt. Auf dem Satteldach sitzt ein Dachreiter mit zwei Glocken, die heute noch von Hand geläutet werden. Die Fenster der Südseite wurden vergrößert, ebenso die Tür und der Chorbogen.

Die Ausstattung zeigt noch heute anschaulich, wie einfach die Dorfkirchen jener Zeit im Usinger Land waren. Zum rustikalen Gesamtbild gehört auch die schlichte, nur mit einer Holztür geschlossene Sakramentsnische in der Nordwand des Chores. Die Gestaltung des Außenbaus mit dem steinsichtig aufgetragenen Putz soll die altertümliche Rustizität der Dorfkirche zwar unterstreichen, ist aber nicht historisch. Im 15. Jahrhundert waren die Hattsteiner Herren in Emmershausen begütert und besaßen auch die Gefälle an der Kapelle. Nach der Reformation gehörte der ehemals dem heiligen Jakob geweihte Sakralbau zum protestantischen nassauischen Kirchspiel Rod an der Weil. ●

Ein rustikales Erscheinungsbild zeichnet die Kapelle in Emmershausen aus

195

W

Weilrod – Gemünden
Backhaus mit gotischen Wandmalereien

- ✖ Laubacher Straße 2
- ◆ Gemeinde Weilrod
- ❶ Besichtigung nach Absprache, Kontakt über Bruno Rühl, Tel. 06083 1060 Am Sattelbach 9, 61276 Weilrod

Gemünden teilt mit dem nahegelegenen Laubach das Schicksal, ein geteiltes Dorf gewesen zu sein. Die eine Hälfte gehörte zu Nassau, die andere zu Stockheim. Mit der geteilten Herrschaft war auch eine kirchliche Spaltung verbunden, die eine Hälfte pfarrte erst nach Grävenwiesbach, dann nach Rod an der Weil, die andere nach Merzhausen. Das führte über Jahrhunderte hinweg zu Klagen auf allen Seiten und das, obwohl Gemünden seit Alters her eine eigene Kapelle hatte, die auf der Stockheimer Seite stand. Dort durften aber nur drei Mal im Jahr Abendmahlgottesdienste sowie Begräbnis- und Traugottesdienste gehalten werden.

Die Kapelle wurde 1580 erstmalig erwähnt, dürfte aber bedeutend älter sein. Dafür sprechen die Wandmalereien, die 1996 entdeckt wurden und stilistisch dem 15. Jahrhundert angehören. Die erhaltenen Putzreste tragen Darstellungen aus dem Alten und Neuen Testament. Auf der Nordseite sind Adam und Eva vor dem Baum der Erkenntnis, die Heimsuchung und die Verkündigung erkennbar. Auf der Südseite ist die Begegnung des ungläubigen Thomas mit dem auferstandenen Christus dargestellt. Die Kapelle schloss im Osten mit einem dreiseitig gebrochenen Chor ab. Im 17. Jahrhundert wurde sie bereits als baufällig bezeichnet. Ein Wetterhahn mit der Jahreszahl 1733 weist auf eine Erneuerung des Dachgeschosses mit Fachwerkgiebeln hin. Nach Aufgabe der Kapelle 1828 baute man das Gebäude zu einem Backhaus um. Dabei fand der Backofen im Chorraum Aufstellung, der Gemeinderaum wandelte sich zur Backstube. 1948 wurde das Gebäude massiv aufgestockt, mit einem Glockendachreiter versehen und im Obergeschoss die Bürgermeisterei untergebracht. Mit der Gemeindereform 1972 brauchte man kein Rathaus mehr und die Landfrauen richteten stattdessen eine Heimatstube ein, die Gegenstände aus dem bäuerlichen Leben präsentiert. Das Backhaus wird noch heute an besonderen Tagen zum Backen genutzt. Die Kapelle ist ein sehenswertes Beispiel, wie reich auch einfache Dorfkirchen im Spätmittelalter ausgemalt waren. ●

Im Erdgeschoss des alten Back- und Rathauses wurde 1996 mittelalterliche Malerei entdeckt

Weilrod − Hasselbach
Pfarrkirche Sankt Margaretha

W

❌ Limburger Straße, Ortsmitte

☁ Kath. Kirchengemeinde

🕐 nach Vereinbarung

📧 Gemeindebüro, Mittelstraße 2
Tel. 06083 2008   www.pr-selters.de
www.hasselbach-taunus.de

Die Hasselbacher Kirche ist eine Besonderheit, weil sie als Dorfkirche ungewöhnlich groß ausfällt, reich ausgestattet
und ihre Ausstattung aus der Bauzeit im
wesentlichen erhalten ist. Grund hierfür
war ein Brand, der im Oktober 1749 in
der Nähe ausbrach und die alte Kirche
völlig zerstörte. Nach der Grundsteinlegung im Mai 1751 kamen noch im
selben Jahr Langhaus und Turm unter
Dach und schon am 13. Juli 1752 wurde
die Kirche einschließlich drei neuer
Glocken geweiht. Als Architekt werden
ein Baumeister namens Appel und ein
Alexander Glöckner genannt.

Wer immer der Planer war, er hat
einen schlichten massiven Langbau mit
eingezogenem Chor, hohen Korbbogen-
fenstern und einem Turm mit achteckiger
Glockenhaube, Laterne und Zwiebelhelm
erstellt. Der Schöpfer des Hochaltars ist
mit Awinian aus Wetzlar namentlich
bekannt. Er hat 1752 einen dreigeschossigen hochbarocken Altar geschaffen, der
Platz für vier lebensgroße Heiligenfiguren
und vier Putten bot. Auf dem Hauptbild
ist die Himmelfahrt Marias dargestellt,
auf dem oberen Bild die heilige
Margaretha als Patronin der Kirche. Im
gleichen Stil gehalten ist ein Kreuzaltar,
der in einer Kartusche seinen Schöpfer
Mathias Staat sowie das Jahr 1751
angibt. Der Marienaltar wurde ebenfalls
1751 geschaffen und von einem Fräulein
zu Hohenfeld gestiftet. In der zentralen
Altarnische steht die gekrönte Muttergottes mit Zepter und Jesuskind, ihr zur

*Die Pfarrkirche St. Margaretha wurde zwei
Jahre nach einem Dorfbrand 1751 neu
errichtet*

Seite der heilige Christophorus und der
heilige Josef. Zu weiteren Heiligenfiguren
in der Kirche gehört eine heilige
Margaretha, der heilige Wendelin sowie
eine sehr schöne Pietà. Als ältestes Stück
wurde ein Renaissance-Grabmal von
1527 in die neue Kirche übernommen,
das Philipp von Rheinberg vom nahegelegenen befestigten Hof Eichelbach
abbildet. Die Orgel wurde um 1788 von
der Orgelbauerfamilie Stumm aus
Sulzbach im Hunsrück gebaut aber im
Laufe der Zeit modernisiert. Von den drei
Glocken ist nur noch eine ursprüngliche
Glocke erhalten. ●

W

Weilrod – Hasselbach
Vogelburg und Marienkapelle

✖ Vogelburg Vogelpark 1, Marienkapelle
50°19'54.31" N, 8°20'37.60" O

◆ privat

❓ Vogelburg 1. März–1. November täglich
10–18 Uhr, im Winter nur sonn- und feiertags, Kapelle jederzeit frei zugänglich

ℹ Tel. 06083 1040

Vogelburg

Ein kulturelles Erlebnis der besonderen
Art erwartet den Besucher in der Vogelburg in Weilrod-Hasselbach. An einem
weiten Hang erstreckt sich eine fremd-
artig wirkende Bebauung, die einerseits an
eine Burg, aber ebenso gut an ein süd-
ländisches Bergdorf erinnert. Im Inneren
überrascht eine reiche Bepflanzung
mit immergrünen Gehölzen, die in Höfen
und Gängen zwischen Fantasiearchitek-
turen aus wiederverwandten Bauteilen
abgebrochener Gebäude – meist des
19. Jahrhunderts – errichtet wurde.
Hier wurden rundbogige Torgewände,
Sprossenfenster in feinen Eisenprofilen
aus einer Orangerie, gotisierende
Fenstergewände und Pilaster der Neorenaissance zu einem märchenhaften

Gassengewirr zusammengefügt, für das
der Besucher einen Ariadnefaden
benötigt, um den Ausgang wieder zu
finden. Dazwischen tummeln sich in allen
Räumen und auch im Freien zahllose
Papageien aller Farben und Arten. Diese
tierischen Bewohner sind Anlass für die
einmalige Anlage. Auf Initiative eines
Vogelliebhabers entstand die Vogelburg
ab 1981 als Asyl für nicht artgerecht
gehaltene Papageien, die von überall
hierher gebracht werden. Die Vogelburg
wurde längst zu einem beliebten Ziel für
Familienausflüge, denn in keinem Zoo
kann man derart viele Papageien so nah
erleben.

Maria-Hilf-Kapelle

Wenige Meter unterhalb des Weges zur
Vogelburg steht im Wald eine kleine
Marienkapelle, die 1892 in neogotischen
Formen errichtet wurde. In der liebevoll
restaurierten Kapelle steht auf einem
barockisierend gefassten Altartisch die
Kopie des Maria-Hilf-Gnadenbildes vom
Hochaltar des Innsbrucker Domes von
Lucas Cranach, umgeben von zahl-
reichen Marmortafeln mit Bitten und
Danksagungen an Maria. Vermutlich

Zwei Bewohner der Vogelburg (links), Maria-Hilf-Kapelle mit Gnadenbild und Votivtafeln (oben)

W

wurde die Maria-Hilf-Kapelle aus einem konkreten Anlass gestiftet. Auch unter Berücksichtigung der Geschichte, dass diese Gegend vorübergehend zum Erzbistum Trier gehörte, stellt die Kapelle im Taunus ein seltenes Zeugnis von Volksfrömmigkeit dar, während derartige Marienkapellen in überwiegend katholischen Gegenden noch zahlreich erhalten sind. •

Weilrod – Neuweilnau
Schloss Neuweilnau

⊗ Schloßstraße

◉ Forstamt Weilrod

🛈 nach Absprache Tel. 06083 9132-0
Hof während der Bürozeiten offen

🛈 www.weilrod.de/tourismus/historisches/
64-schloss-neuweilnau.html

Im engen Weiltal erhebt sich in Sichtweite der Burg Alt-Weilnau auf dem gegenüberliegenden Rödelnberg das Renaissanceschloss Neu-Weilnau mit seinem markanten, weithin sichtbaren Torhaus. Erst von Nahem merkt man, dass es sich bei diesem imposanten Gebäude mit drei Zwerchhäusern und leuchtend rot-weiß bemalten Klappläden nur um das Torhaus handelt und erst nach Durchschreiten des rundbogigen Tores nimmt man das zweigeschossige, lang gestreckte Schlossgebäude mit seinem oktogonalen, schlanken Treppenturm wahr. Die ursprünglich an dieser Stelle gegründete Burg Neu-Weilnau wurde 1302 von Graf Gerhard IV. von Diez für seine Vettern Heinrich II. und Reinhard von Weilnau zwecks Gütertrennung der gemeinsamen geerbten Diezschen Territorien errichtet. Er selbst blieb auf der Stammburg Alt-Weilnau. Durch Verpfändung kam die Burg des ständig in Geldnöten steckenden Grafen Heinrich von Weilnau 1326 an Graf Gerlach von Nassau. 1472 wurde sie von dem Grafen Phillip II. zur Neben-

residenz der Grafen von Nassau-Weilburg erhoben, bis diese ihre Residenz 1574 nach Saarbrücken verlegten.

Seine Nachkommen bauten die mittelalterliche Burganlage zwischen 1498 und 1563 zu der auf drei Seiten geschlossenen Renaissanceanlage um. Die Umbauten unter Graf Ludwig I. sind unbekannt, in der heutigen Form entstand die Schlossanlage unter Graf Albrecht von Nassau–Weilburg durch Johann Seck in den Jahren 1563 bis 1566. Neben einem in die Schlossanlage integrierten spätmittelalterlichen Gebäude im Osten blieben die Befestigungsanlagen und der Bergfried der Burg ursprünglich erhalten, wurden aber 1709 bis auf einige Mauerreste und den Stumpf des Bergfrieds abgebrochen. Nach umfangreichen Erneuerungen wurde in der Schlossanlage 1816 eine Herzoglich Nassauische Oberförsterei etabliert, seit 1946 ist sie Sitz eines Hessischen Forstamtes. Seit einigen Jahren befindet sich auch das Standesamt in dem Schloss und die repräsentativen Räume sowie das Kellergewölbe können für Familien- und Betriebsfeiern gemietet werden. •

Das hohe Torgebäude von Schloss Neu-Weilnau verbirgt zunächst das eigentliche Schloss

W

Weilrod – Rod an der Weil

Eichelbacher Hof

Eichelbacher Hof,
50°19'15.49" N, 8°21'9.7" O

Land Hessen

Restaurant Mi, Sa, So 12-17 Uhr
Mittagstisch 12-14.30 Uhr,
sonn- und feiertags Tischreservierung erbeten, Tel. 06083 2467

Im Hintertaunus liegt unweit der alten Straße „Rennweg" idyllisch im Talgrund der dreiseitig umschlossene Eichelbacher Hof. In der einsamen Lage wird der Besucher überrascht vom Anblick des beeindruckenden, langgestreckten Wohnhauses in Renaissanceformen mit zwei polygonalen Ecktürmen unter geschwungenen Hauben. Auf einem hohen, massiven Erdgeschoss trohnt frisch restauriert das Obergeschoss von 1568 in reichem Zierfachwerk. Der Wohnbau war einst der Ostflügel einer befestigten Hofanlage auf quadratischem Grundriss mit Ecktürmen und Wassergräben, die zu einer kleinen, nördlich davon gelegenen Turmburg gehörte, die im 13. Jahrhundert zum Schutz der viel frequentierten Rennstraße errichtet worden war. Das gesamte Gebiet war in Besitz der Grafen von Diez-Weilnau und kam 1326 an die Grafen von Nassau. Im Jahre 1339 werden der befestigte Hof und die Herren von Reinberg, Burgmannen aus Neu Weilnau in Eichelbach, erstmals urkundlich genannt. Friedrich von Hattstein eroberte die Burg 1353 im Rahmen einer Fehde für vier Jahre. In dieser Zeit brachte er den Verkehr auf der Rennstraße durch zahllose Überfälle und Plünderungen der Reisenden praktisch zum Erliegen. 1357 konnte Siegfried von Reinberg endlich seinen Besitz zurück gewinnen. Im 15. Jahrhundert war die Burg bereits stark verfallen und die Familie wohnte auf dem befestigten Hofgut, dessen Herrenhaus 1568 erneuert wurde. Nach dem Tod des letzten männlichen Erben, Marquart von Reinberg, fiel der Eichelbacher Hof 1615 wieder an die Grafen von Nassau-Weilburg. 1642, mitten im Dreißigjährigen Krieg, wurde der einsam liegende Hof als halb zerfallen beschrieben, er war mit Sicherheit im Zuge der Kriegsereignisse verlassen und geplündert worden. Inzwischen in Besitz der Fürsten Nassau-Usingen, diente er von 1786 bis 1920 als Forstamt. Der seit einigen Jahren mit Hilfe der hessischen Denkmalpflege liebevoll restaurierte Hof ist heute ein beliebtes und viel besuchtes Ausflugsziel mit einer guten, bodenständigen Küche in ländlicher Idylle. ●

Der Wohnbau des Eichelbacher Hofes mit Renaissanceerker

W

Das Pfarrhaus aus dem 16. Jahrhundert war einst mit Fallgatter und Pechnase wehrhaft ausgestattet

Weilrod – Rod an der Weil

Pfarrhaus

❌ Am Kirchberg 3

🔼 Ev. Kirchengemeinde, Kirchgasse

ℹ️ Das Gebäude wird als Pfarrhaus und Pfarramt genutzt, Tel. 06083 356

Der Pfarrhof mit Kirche ist ein imposantes Ensemble auf einem Bergsporn am Rande des engen Weiltals. Vom Tal aus fällt zunächst die Kirche ins Auge, ein historisierender Neubau von 1891 mit einem älteren Turmmauerwerk. Von der Nord- und Westseite aus gesehen dominiert der hohe Baukörper des Pfarrhauses. Lediglich die Turmspitze überragt das Pfarrhaus mit seinem hohen Dachgeschoss. Das Gebäude setzt sich aus zwei alten Bauphasen zusammen. Das zweigeschossige massive Untergeschoss soll noch aus dem 13. Jahrhundert stammen.

Es handelte sich um ein befestigtes Haus, denn die Tür war mit einem Fallgatter und darüber mit einer Pechnase gesichert. Von einer wehrhaften Einfriedigung muss ausgegangen werden. Darüber erhebt sich ein Fachwerkgeschoss und über diesem ein steiles Krüppelwalmdach. An der Giebelseite ragt aus dem ersten Obergeschoss noch ein Erker hervor. Eine besondere Ästhetik erhält der Bau durch die doppelte Verstrebung der Eckpfosten sowie durch die sich überkreuzenden geschwungenen Streben der statisch relevanten Wandpfosten. Die markante Fachwerkform ist für das 16. Jahrhundert charakteristisch. Dazu kommen als Zierformen und zur Aussteifung der Gefache die Feuerböcke, wie die geschwungenen Andreaskreuze genannt werden. Der Fachwerkaufbau ist durch eine Balkeninschrift sicher datiert und neben der Jahreszahl „1522" erscheint auch der Name des zur Bauzeit amtierenden Pfarrers „Johannes Hell". Von Hell ist überliefert, dass er vom Schlosskaplan zu Neuweilnau, Henricus Romanus, 1536 gerügt wurde, weil er in Rod an der Weil evangelisch predigte, aber in der von ihm mitversorgten Hasselbacher Kirche noch ein „Papist" sei. Er sollte an beiden Orten evangelisch predigen oder Hasselbach verlassen. Die Hasselbacher Besoldung und das Pfarrhaus waren ihm so lieb, dass er blieb und fortan nur noch evangelisch predigte. Zum Ensemble der genannten Gebäude gehört auch die Pfarrscheune von 1707, die 2004 beispielhaft modernisiert wurde und eine neue Nutzung als Gemeindesaal bekommen hat. ●

Fachbegriffe

Abtei: Kloster, dem ein Abt oder eine Äbtissin vorsteht

Altan: Hochterrasse

Apsis, Pl. **Apsiden**: halbkreisförmiger überkuppelter Chor

Architrav: in der Architektur auf einer Stützenreihe ruhender Horizontalbalken

Bäderstil: um die Mitte des 19. Jahrhunderts in Badeorten errichtete, meist 2- bis 4-geschossige Wohn- und Logierhäuser in einfachen klassizistischen Formen und regelmäßiger Gliederung der Putzfassaden durch Fenster; später insbesondere durch filigrane gusseiserne Balkons verziert

Basilika: Kirche, deren Mittelschiff mit Lichtgaden höher ist als die beiden Seitenschiffe

Bergfried: Hauptturm einer Burg

Biforenfenster: Fensteröffnung mit zwei Fenstern (zumeist gekuppelte Fenster)

Butzen: runde Glasscheiben, die von Glasbläsern hergestellt wurden; sie wurden aneinander gereiht, in Blei gefasst und zum Verglasen von Fenstern verwendet

C14-Methode: auch Radiokarbonmethode, Verfahren zur Datierung kohlenstoffhaltiger Materialien

Chor: aus dem Altardienst ausgeschiedener, meist nach Osten gerichteter Raumteil einer Kirche

Dachreiter: auf dem Dachfirst aufgestellter Zierturm

Dendrochronologie: Jahrringanalyse, anhand derer das Fälldatum eines Holzes zu bestimmen ist

Diamantierte Eckquader: Steinquader mit plastisch hervortretenden regelmäßigen Flächen

Dreiecksgiebel: architektonische Form, bei der das Giebelfeld allseitig geschlossen dreieckig betont wird; findet sich oft als Stilelement über Fenster- und Portalöffnungen

Drempel (auch **Kniestock**): in der Architektur über den Fußboden des Dachgeschosses aufragende Wand

Empore: erhöhte Galerie oder Tribüne, die mit einer Seite zu einem größeren Innenraum hin geöffnet ist

Epitaph: in oder an einer Kirche angebrachte Grabplatte, die oft mit Namen und Todesdaten versehen ist

Fayencen: besondere kunsthandwerklich hergestellte Keramik

Fortifikation: militärische Befestigung

Ganerbschaft: gemeinsam verwalteter Familienbesitz

gekuppelte Fenster: zumeist zwei (Zwillingsfenster), gelegentlich auch mehrere, oft durch Pfosten getrennte Fensteröffnungen, die von einem Gewände eingefasst werden

Gesims: aus einer Wand hervortretender waagerechter Streifen zur Betonung horizontaler Bauabschnitte

Gewände: schräge Einschnittfläche einer Tür oder eines Fensters in die Mauer

Gotik: kulturgeschichtliche Epoche, in Deutschland zwischen ca. 1230 und 1530, zumeist unterteilt in Frühgotik (bis ca. 1250), Hochgotik (ca. 1250 bis 1350) und Spätgotik (ca. 1350 bis 1550)

Gouache: wasserlösliche Farbe aus verschiedenen Pigmenten mit Kreidezusatz, als Bindemittel dient Gummi Arabicum

Gratgewölbe: Form des Kreuzgewölbes, bei dem sich an den Kanten Rippen oder Grate bilden

Haubenlaterne: besondere Dachform eines Dachreiters oder Turmes

Historismus: Architekturphase, in der auf Stilelemente verschiedener früherer Epochen zurückgegriffen wurde; in Deutschland zwischen ca. 1860 und 1900-14

Ikonostase: mit Ikonen geschmückte Wand mit drei Türen, die den Raum für die Kirchengemeinde vom Altarraum trennt

Immaculata: eigentlich „die Unbefleckte", wird zumeist als Beiname für Maria verwendet

Kellerei: Sitz eines Steuerbeamten

Kemenate: ursprünglich ein heizbarer Wohnraum (Kaminraum)

Klassizismus: kulturgeschichtliche Phase, in Deutschland zwischen ca. 1760 und 1850, ihr werden Stilrichtungen wie Zopfstil bzw. Louis-seize (1760-90), Empire (1804-14) und Biedermeier (1815-48) zugeordnet

Konvent: Gemeinschaft der Mönche oder Nonnen in einem Kloster

Konventualin: Stiftsdame

Kreuzgewölbe: Gewölbe, das sich über zwei aufeinander zulaufenden und in der Höhe schneidenden Gewölben aufspannt

Kubatur: in der Architektur die Bezeichnung des Volumens eines Baukörpers

Kurtine: gerader Wall zwischen zwei Bastionen

Laubengang: überdachter Weg in der Fassade eines Gebäudes, der durch ein zurückspringendes Stockwerk entsteht und (einseitig) von Holzsäulen getragen wird

Lettner: steinerne oder hölzerne Schranke, die den Altarraum vom Kirchenraum abtrennt

Lisene: leicht vorspringender, senkrechter Mauerstreifen zur Gliederung einer Wand

Mansarddach: Dachform mit im unteren Bereich abknickenden Dachflächen zur Vergrößerung des Wohnraumes

Maßwerk: mit dem Zirkel abgemessenes Bauornament, meist an Fenstern

Mediatisierung: Unterstellung eines reichsunmittelbaren Gebiets unter einen Landesherrn; hier: Aufhebung der Reichsunmittelbarkeit der Steinschen Besitzungen und Unterstellung unter das Herzogtum Nassau

Mensa: bezeichnet in der christlichen Tradition den Altar oder die Altarplatte

Mittelrisalit: siehe Risalit

Neobarock: Architekturphase des Historismus, in Deutschland zumeist nach ca. 1880

Netzgewölbe: Gewölbeform der späten Gotik mit maschenartig überkreuzten Rippen

Obelisk: hoher, im Querschnitt quadratischer, sich nach oben verjüngender Steinpfeiler mit stumpfer, pyramidenförmiger Spitze

Obergaden: der über die Seitenschiffe erhöhte obere Teil des Mittelschiffs einer Basilika

oktogonal: achteckig

Palas: Herrschaftlicher Wohn- und Repräsentationsbau

Patronat: mit einer Kirche verbundener Rechtstitel, der die Rechte und Pflichten des Inhabers, meist einer Person, einem weltlichen oder geistlichen Herren oder einer Herrschaft, festlegt

Pietà: Darstellung der Schmerzhaften Muttergottes, bei der die Maria den toten Christus auf dem Schoss hält, auch Vesperbild

Pilaster: pfeilerförmiger Wandvorsprung mit Basis und Kapitell

polygonal: vieleckig

Pseudobasilika: Mischform zwischen Hallenkirche und Basilika

Putte: meist nackte Kinderfigur in der Malerei und Kunst des Barock

Queroblong: Querrechteckig mit abgerundeten Ecken

Renaissance: kulturgeschichtliche Epoche, in Deutschland zwischen ca. 1500 und 1600

Retabel: Altaraufsatz, Altarrückwand

Risalit: in ganzer Höhe einer Gebäudefassade vorspringender Teil, stets an den von der Symmetrie vorgegebenen Stellen, wie Mitte (Mittelrisalit) oder Ecke (Eckrisalit)

Rollwerk: Dekorationsform der deutschen Renaissance aus dreidimensional verschlungenen und aufgerollten Elementen

Rotunde: Gebäude oder Gebäudeteil mit kreisrundem Grundriss

Runse: kurze steilwandige Talrinne mit kerbförmigem Querschnitt

Sakristei: einer Kirche angefügter Raum zur Aufbewahrung der liturgischen Geräte, Paramente, Bücher etc.

Säkularisation: Auflösung der Kirchengüter unter dem Einfluss Napoléon Bonapartes durch den Reichsdeputationshauptschluss von 1803

Schalenturm: an der Rückseite zumeist offener Turm in Befestigungsanlagen

Schallarkaden (auch **Klangarkade**): Arkadenöffnung in Höhe der Glocken eines Glockenturmes, die den Klang ungehindert ins Freie gelangen lassen

Seraphimen: sechsflüglige Engel in der Kunst und der Bauplastik

Spolien: zweitverwendete Werkstücke im Mauerwerk

Sprenggiebel: dreieckiger oder segmentförmiger, nach oben offener Abschluss über Türen oder Fenstern

Substruktion: Unterbau zum Ausgleich von Terrainunterschieden oder zur Festigung des Untergrundes

Textura: gotische Gitterschrift

Trockenmauer: Mauerwerk ohne Mörtelverbund

Tympanon: Schmuckfeld in einem betonten Bauteil über einem Portal

Umlaufberg: von einem Fluss umflossene Geländehöhe

Veranda: laubenartiger, überdachter Anbau, meist verglast und mit Verbindung zu einem Wohnraum

Viadukt: Brücke zur Überführung eines Weges oder einer Eisenbahnlinie über ein Tal

Villa rustica: römischer Gutshof

Vogtei: Amtsgebäude eines Vogtes (Verwalters)

Volutengiebel: zumeist Stilelement über Fenster- und Portalöffnungen mit spiral- oder schneckenförmig eingerollten seitlichen Abschlüssen (Voluten)

Zwerchhaus: quer zum Giebel angeordneter Dachausbau, dessen Vorderfront mit der Fassade abschließt

Zwinger: Bereich zwischen innerer und äußerer Befestigungsmauer

Literaturhinweise

700 Jahre Hasselbach, ein Dorf erzählt. Hrsg. vom Festausschuss 700 Jahre Hasselbach. Hasselbach 2006.

1000 Jahre Pfarrei Münster. Aus der alten und neueren Geschichte der Pfarrgemeinde. Hrsg. von der Pfarrgemeinde Kelkheim-Münster. Kelkheim-Münster 1994.

1200 Jahre Usingen. Beiträge zur Geschichte der ehemaligen Residenz- und Kreisstadt. Usingen 2001.

Anonymus: Rein in den Main. Abwasserableitung und Abwasserbehandlung in Frankfurt am Main. Frankfurt 2004.

Baeumerth, Angelika: Evangelische Kirche Friedrichsdorf. Marburg 1988.

Baeumerth, Karl: Das Pfarrhaus in Rod an der Weil und das alte Rathaus in Merzhausen. In: Heimat Hochtaunus. Frankfurt 1988, S. 192ff.

Bamberger, Gerald: Planung und Neubau der evangelischen Kirche in Friedrichsdorf 1822-1837 aktenmäßig dargestellt. In: Friedrichsdorfer Schriften. Materialien zu Geschichte, Kunst und Kultur der Stadt Friedrichsdorf 11, 2011, S. 78-125.

Bäppler, Wilhelm: Kirche und Pfarrhaus zu Rod an der Weil. In: Usinger Land. Heimatbeilage zum Usinger Anzeiger, 1985, Nr. 2.

Baron Döry, Ludwig: Kirchenführer St. Martin Ober-Erlenbach. Bad Homburg 1983. Sonderdruck aus: Bad Homburg vor der Höhe 782-1982. Beiträge zur Geschichte, Kunst und Literatur, Bad Homburg 1983.

Bauer, Sophie. Die Johanniskirche in Kronberg. Frankfurt o.J.

Becht, Manfred: 875 Jahre Hattersheim. Frankfurt 2007.

Bierwirth, Joachim: Merzhausen im Taunus 1293-1993. Merzhausen 1993.

Blisch, Bernd: Klassizismus zwischen Main und Taunus – Christian Zais als nassauischer Landbaumeister. In: Rad und Sparren 37, 2007, S. 1-25.

Blume, Friedhelm und Dybowska, Elzbieta: Die Landgräfliche Gartenlandschaft Bad Homburg v.d. Höhe – Wiederherstellung eines Gartendenkmals. In: Jahrbuch Hochtaunuskreis 16, 2008, S. 125–132.

Bock, Hartmut: Kloster Retters. In: Kelkheim im Taunus. Beiträge zur Geschichte seiner Stadtteile. Kelkheim (Taunus) 1980, S. 34–82.

Bothe, Rolf (Hrsg): Kurstädte in Deutschland. Zur Geschichte einer Baugattung. Berlin 1984.

Burger, Daniel: Die Römer im Main-Taunus-Kreis. Römisches Militär und ländliche Besiedlung zwischen Taunus und Main vom 1. bis 3. Jahrhundert n. Chr. Wiesbaden 2011.

Cremer, Folkhard (Bearb.): Kunstdenkmäler in Hessen II. Regierungsbezirk Darmstadt. 2008.

Datzkow, Beate: Das Gotische Haus im Großen Tannenwald zu Bad Homburg v.d. Höhe. Bad Homburg v.d. Höhe 2003.

Eisenbach, Ulrich und Hardach, Gerd (Hrsg.): Reisebilder aus Hessen. Fremdenverkehr, Kur und Tourismus seit dem 18. Jahrhundert. Darmstadt 2001.

Ernst, Eugen: Das Weiltal. Heimat zwischen Feldberg und Lahn. Weilrod 2005.

Evangelisches Pfarramt Eppstein (Hrsg.): Die Eppsteiner Talkirche. Kunstdenkmal der Spätgotik, Grablege der Herren von Eppstein. Eppstein o. J.

Faltblatt „Die Höchster Altstadt". Hrsg. von der Bürgervereinigung Höchster Altstadt e.V. Informationsflyer zur Skulpturenachse, o. J.

Förderkreis Denkmalpflege Main-Taunus-Kreis e.V. (Hrsg.): Bildstöcke und Wegkreuze im Main-Taunus-Kreis, Frankfurt-Höchst 1985.

Friedrich, Waltraud: Kulturdenkmäler in Hessen. Main-Kinzig-Kreis II. Wiesbaden 2011.

Häring, Friedhelm und Bourcade, Carl: Das bildhauerische Werk. Gießen 1984.

Heimbuch, Theo: Das älteste Wegkreuz im Main-Taunus-Kreis steht in Wicker. In: Zwischen Main und Taunus 6, 2007, S. 40-41.

Heitzendörfer, Wolfram u.a.: Hessen. Denkmäler der Industrie und Technik. Katalog zur Wanderausstellung des hessischen Museumsverbandes. Berlin 1986.

Heynold, Constanze: Shalom – Ein Zeichen für den Frieden. Frankfurt 2002.

Hils-Brockhoff, Evelyn und Hock, Sabine: Die Paulskirche. Symbol demokratischer Freiheit und nationaler Einheit. Frankfurt 1998.

Historischer Verein 1999 Wicker e.V. (Hrsg.): Wickerer Heimatbuch – 1100 Jahre Dorfgeschichte. Flörsheim am Main 2010.

Jüdisches Museum Frankfurt (Hrsg.): Ostend. Blick in ein jüdisches Viertel. 2. Aufl. Frankfurt am Main 2004.

Junker-Mielke, Stella und Walsch, Gerta: Gartenlandschaft in Bad Homburg v.d. Höhe. Die Landgräflichen Gärten. Entwicklungsgeschichte und gartenkünstlerische Wertung. Bad Homburg v.d. Höhe 2001.

Kaethner, Rudi H. und Martha: Usingen. Menschen und Ereignisse aus einer kleinen deutschen Stadt. Usingen 1981.

Kalinowski, Cornelia (Bearb.): Kirchenführer. Kirchen im Hochtaunuskreis. Bad Homburg 2006.

Knappe, Rudolf: Mittelalterliche Burgen in Hessen. 800 Burgruinen und Burgstätten. 3. Aufl. Gudensberg-Gleichen 2000.

Koppenhöfer, Johanna: Als Philipp Reis das Telefon erfand. Horb 1999.

Krahe, Friedrich-Wilhelm: Burgen des deutschen Mittelalters. Augsburg 1996.

Krause, Fritz: Die Kirchen in Steinbach - Beiträge zu ihrer Geschichte. Steinbach 2000.

Krementz, Wilfried: Bonifatiusüberlieferung in Kriftel. In: Zwischen Main und Taunus 10, 2002, S. 111-121.

Kromer, Joachim: Bad Soden am Taunus. Stadtgeschichte 1, Frankfurt 1990.

Kubach, Erich und Verbeek, Albert: Romanische Baukunst an Rhein und Maas. Berlin 1989.

Kunze, Dieter: Die Wohnstadt Limes in Schwalbach. Ein Beispiel der organischen Stadtlandschaft von Dr.-Ing. Reichow. In: Zwischen Main und Taunus 13, 2004, S. 134-139.

Kuschke, Mutgard: Relief-Schmuck um „Krieg und Frieden". Bad Nauheim 2011.

Landesamt für Denkmalpflege Hessen (Hrsg.): Johann Baptist Enderle in Hochheim am Main. Wiesbaden 2008.

Lingau, Stefan und Olbricht, Tina: Taunus. Impressionen einer Kulturlandschaft. Frankfurt 2009.

Lingens, Peter: Albert Lindheimer, der unbekannte Mäzen. Zur Eröffnung des Bad Homburger Museums 1916. In: Unser Homburg 54, August 2011, S. 7-10.

Luschberger, Franz: Königin Victoria und der Hochheimer Wein. In: Zwischen Main und Taunus 12, 2004, S. 70-76.

Main-Taunus-Kreis (Hrsg): „...und gründet sein Gewölbe auf die Erde". Der Kirchenführer des Main-Taunus-Kreises. Frankfurt 2011.

Metternich, Wolfgang: Die städtebauliche Entwicklung von Höchst am Main. Frankfurt 1990.

Michel, Reinhard: Die Burg Reifenberg (Taunus) in neuer Sicht. In: Hochtaunusblätter 14, 1995, S. 1–112.

Mielke, Heinz-Peter: Aus dem Leben und Wirken des Hofbaumeisters Benedikt Burtscher. In: Usinger Land. Heimatbeilage zum Usinger Anzeiger 4, 1977.

Milas-Quirin, Ulrike: Die Schleusensiedlung in Eddersheim. In: Zwischen Main und Taunus 6, 1998, S. 148-153.

Milas-Quirin, Ulrike: Das Gasthaus Zum Nassauer Hof. In: Zwischen Main und Taunus 7, 1999, S. 63-67.

Nitz, Michael; Balsam, Simone und Bonin, Sonja: Kulturdenkmäler in Hessen. Main-Taunus-Kreis. Wiesbaden 2003.

Ottersbach, Christian: Frankfurt & Rhein-Main. Burgen und Schlösser. Petersberg 2010.

Picard Bertold: Zur spätgotischen Ausstattung der Eppsteiner Talkirche. Altäre, Lettner, Herrenstand und -gang. In: Rad und Sparren 14, 1986, S. 12-19.

Picard, Bertold: Eppstein im Taunus, Frankfurt 1968.

Picard, Bertold: Geschichte in Eppstein. Führer durch die Stadtteile Bremthal, Ehlhalten, Eppstein, Niederjosbach und Vockenhausen. Frankfurt 1995.

Historisches Museum Frankfurt (Hrsg.): Porzellanstadt Höchst. Frankfurt am Main. Faltblatt des Museums, o.J.

Raabekazze Flörsheim e.V. (Hrsg.): Die Flörsheimer Kriegergedächtnis-Kapelle. o.O. 1994

Rödel, Volker: Ingenieurbaukunst in Frankfurt am Main 1806-1914. Frankfurt 1983.

Rödel, Volker: Fabrikarchitektur in Frankfurt am Main 1774 – 1924. Die Geschichte der Industrialisierung der Stadt Frankfurt am Main im 19. Jahrhundert. Frankfurt 1984.

Rödel, Volker: 100 Jahre Wasserwerk Hattersheim. Trinkwasser für Frankfurt und die Region. Frankfurt 2007.

Ronner, Wolfgang: Politik und Religion im alten Kronberg. Kronberg im Taunus 1983.

Rowedder, Eva: Kulturdenkmäler in Hessen. Stadt Bad Homburg v.d. Höhe. Wiesbaden 2001.

Saltenberger, Frank-Michael und Annette: Der alte Marktplatz und die ehemals reformierte Kirche in Usingen. In: Jahrbuch des Hochtaunuskreises 1, 1993, S. 103-118.

Saltenberger, Frank-Michael: Das Usinger Rathaus. In: Jahrbuch des Hochtaunuskreises 5, 1997, S. 231-242.

Saltenberger, Frank-Michael: Die gotische St. Laurentiuskirche in Usingen. Bauformenanalyse und Rekonstruktion der Maßwerkfenster. In: Jahrbuch des Hochtaunuskreises 16, 2008, S. 318-326.

Schomann, Heinz; Rödel, Volker und Kaiser, Heike: Denkmaltopographie Stadt Frankfurt am Main. 2. Aufl. Frankfurt 1994.

Simon, Petra und Behrens, Margrit: Badekur und Kurbad. Bauten in deutschen Bädern 1780–1920. München 1988.

Stadt Schwalbach (Hrsg.): 50 Jahre Wohnstadt Limes. Eine organische Stadtlandschaft von Hans Bernhard Reichow. Bad Schwalbach 2009.

Stahl, Patricia: Höchster Porzellan 1746-1796. Frankfurt 1994.

Struck, Wolf-Heino: Geschichte von Hattersheim. Hattersheim 1964.

Thiel, Andreas: Der Limes als UNESCO-Welterbe. Beiträge zum Welterbe Limes 1. Bad Homburg 2008.

Tracht, Daniela: Die Volksheilstätte Ruppertshain im Taunus. Kelkheim 2004.

Träger, Beatrice: Der letzte Ritter von Reifenberg. In: Heimat Hochtaunus, Frankfurt am Main, 1988. S. 95ff.

Trier, Hildegunde: „Ein Haus voll Glorie schauet weit über alle Land …" 125 Jahre Pfarrkirche St. Johannes der Täufer in Kransberg im Taunus. In: Jahrbuch des Hochtaunuskreises 11, 2002, S. 179-190.

Velten, Wilhelm: Deutsch–englische Beziehungen rund um den „hock" und den Hochheimer Königin-Victoriaberg. In: Hochheimer Spiegel 2, 1988, S. 59-93.

Verein Bonifatius-Route e.V. (Hrsg.): „Auf Spurensuche…". Die Bonifatius-Route von Mainz nach Fulda. 2. erg. Auflage 2005.

Verschönerungsverein Eppstein e. V. (Hrsg.): Festschrift zum 120. Geburtstag. Eppstein, 1998.

Vogel, Christian: Via Antiqua. Bonifatius' letzter Weg. Die Bonifatiusüberführung von Mainz nach Fulda und ihr Weg. Assenheim und Lißberg 2004.

Vogt, Barbara: Siesmayers Gärten. Frankfurt 2009.

von Hessen, Rainer: Friedrichshof: „A country home". In: Das kulturelle Erbe des Hauses Hessen. Quellen und Forschungen zur hessischen Geschichte. Darmstadt und Marburg 2002.

Voss, Christian: Wandmalereien im Backes von Gemünden. In: Weilroder Geschichtshefte 15, 2010, S. 63-85.

Zaloudek, Diethelm: Ein Denkmal für Königin Victoria von England. In: 1250 Jahre Hochheim am Main. Hochheim 2004, S. 135-167.

Textnachweis

Bildnachweis

Verweis-Register

Altweilnau → Weilrod
Arnoldshain → Schmitten

Bergen-Enkheim → Frankfurt – Bergen-Enkheim
Bonames → Frankfurt – Bonames

Diedenbergen → Hofheim
Dornholzhausen → Bad Homburg v. d. Höhe

Eddersheim → Hattersheim
Emmershausen → Weilrod

Falkenstein → Königstein im Taunus
Fischbach → Kelkheim

Gemünden → Weilrod

Hasselbach → Weilrod
Heddernheim → Frankfurt – Heddernheim
Höchst → Frankfurt – Höchst
Hornau → Kelkheim

Kalbach-Riedberg → Frankfurt – Kalbach-Riedberg
Kirdorf → Bad Homburg v. d. Höhe
Kransberg → Usingen

Langenhain → Hofheim

Marxheim → Hofheim
Massenheim → Hochheim
Merzhausen → Usingen
Münster → Kelkheim

Neuweilnau → Weilrod
Nied → Frankfurt – Nied
Niederrad → Frankfurt – Niederrad
Niederreifenberg → Schmitten

Ober-Erlenbach → Bad Homburg v. d. Höhe
Oberliederbach → Liederbach
Oberrad → Frankfurt – Oberrad
Oberreifenberg → Schmitten
Ostend → Frankfurt

Preungesheim → Frankfurt – Preungesheim

Rod an der Weil → Weilrod
Ruppertshain → Kelkheim

Schwanheim → Frankfurt – Schwanheim
Seckbach → Frankfurt – Seckbach
Seelenberg → Schmitten
Seulberg → Friedrichsdorf

Wallau → Hofheim
Weilbach → Flörsheim
Weißkirchen → Oberursel (Taunus)
Wicker → Flörsheim

Zeilsheim → Frankfurt – Zeilsheim